应用型本科财务管理、会计学专业精品系列规划教材

管理会计

主　编　周　瑜　申大方
副主编　张云娜　张立伟　唐　羽

北京理工大学出版社
BEIJING INSTITUTE OF TECHNOLOGY PRESS

内容简介

管理会计是会计学的两大分支之一，是以强化企业内部经营管理、提高经济效益为目标的一门应用性课程。本书的目标是以实践技能操作为工具，以管理会计职业发展与规划、管理会计职能运用为目标，融合理论分析、方法应用、实践操作为一体，提高学生创新意识和问题解决能力。通过对本书的学习，学生能够掌握管理会计先进理论和方法，以及中国特色管理会计体系构架。

本书可作为高等院校会计专业、管理院校有关专业学生学习管理会计的教材，也可作为广大企业管理会计从业者自学或进修管理会计课程的参考用书。

版权专有　侵权必究

图书在版编目（CIP）数据

管理会计/周瑜，申大方主编．—北京：北京理工大学出版社，2018.6（2018.7 重印）
ISBN 978 - 7 - 5682 - 5684 - 1

Ⅰ.①管…　Ⅱ.①周…②申…　Ⅲ.①管理会计 - 高等学校 - 教材　Ⅳ.①F234.3

中国版本图书馆 CIP 数据核字（2018）第 109867 号

| 出版发行 / 北京理工大学出版社有限责任公司 |
| 社　　址 / 北京市海淀区中关村南大街5号 |
| 邮　　编 / 100081 |
| 电　　话 /（010）68914775（总编室） |
| 　　　　　（010）82562903（教材售后服务热线） |
| 　　　　　（010）68948351（其他图书服务热线） |
| 网　　址 / http://www.bitpress.com.cn |
| 经　　销 / 全国各地新华书店 |
| 印　　刷 / 北京紫瑞利印刷有限公司 |
| 开　　本 / 787 毫米×1092 毫米　1/16 |
| 印　　张 / 17.5 |
| 字　　数 / 414 千字 |
| 版　　次 / 2018 年 6 月第 1 版　2018 年 7 月第 2 次印刷 |
| 定　　价 / 45.00 元 |

责任编辑 / 高　芳
文案编辑 / 赵　轩
责任校对 / 周瑞红
责任印制 / 李志强

图书出现印装质量问题，请拨打售后服务热线，本社负责调换

前言

管理会计与财务会计是现代企业会计的两大分支,是企业管理信息系统的重要组成部分。管理会计是将现代化管理与会计融为一体的综合性交叉学科,它是运用一系列的会计方法,收集、分类、汇总、分析和报告各种会计信息,借以进行预测、决策、规划、控制、考评等管理活动。通过对本课程的学习,学生能够了解现代管理会计学在会计学科体系中的地位和作用,掌握管理会计的基本内容和基本理论,学会在社会主义市场经济条件下和现代企业制度环境中,进一步加工和运用企业内部财务信息,预测经济前景、参与经营决策、规划经营方针、控制经营过程和考评责任业绩的基本程序、操作技能和基本方法。培养和锻炼会计专业学生应具备的管理能力,并使之具备在会计管理领域中分析、解决问题的能力,以及为企业决策提供信息支持的能力。

随着财政部《关于全面推进管理会计体系建设的指导意见》的正式发布,管理会计已经成为我国会计"升级版"的发展方向和重点,受到社会各界的高度关注。在新常态的大时代背景下,加快发展管理会计的步伐,是我国经济改革转型的迫切需要。作为财务工作者,必须深刻认识到全面推进管理会计体系建设的重要性,将管理会计理念融入本单位工作中,积极投入、深度参与,做好管理会计的参与者和实践者;大力推广管理会计理念、传播管理会计思想,并为构建管理会计体系建言献策,努力争当管理会计的引领者。

本书由从事多年大学管理会计教学工作的高校教师编写而成。书中全面、系统地介绍了管理会计基本理论、方法原理及其应用。此外,本书充分体现应用型本科教学特点,注重管理会计实践技能的操作和训练,并引入大量实际案例进行分析。本书还创新性地将我国管理会计实践发展和管理会计未来职业发展情况进行介绍,旨在帮助管理会计学习者了解国内外职业发展环境,在学习过程中做出科学的职业发展规划。

本书特点可概括为:①突出应用型本科教学特点,在介绍管理会计基本理论的同时,大量引入企业管理会计实际案例并进行解析。②强调实践技能的培养和训练,从内容设计到习题演练,注重理论联系实践。③介绍中国特色管理会计情况,从宏观视野上把握我国管理会计的发展历程，介绍目前管理会计在我国发展的总体情况，突出对中国特色管理会计体系的把握。④发展管理会计职业路径教材，从管理会计职业发展需求、职业技能需求出发，促使财务会计人才向管理会计人才转型。

本书由周瑜和申大方任主编。编写分工如下：第一章、第二章、第六章、第十二章由辽宁对外经贸学院周瑜编写；第三章、第四章、第五章、第七章由鞍山师范学院申大方编写；第八章、第九章、第十章、第十一章由辽宁科技学院张云娜编写，张立伟负责企业相关数据资料整理，沈阳工学院唐羽老师负责书中案例的搜集与整理，并进行全书的统稿和校对。

本书在编写过程中参考了国内多部相关著作，在此一并表示感谢。由于编者学识水平有限，编写时间仓促，书中难免有疏漏之处，恳请广大读者批评、指正。

编　者

目 录

第一章 管理会计概述 (1)

第一节 管理会计的形成与发展 (2)
一、西方管理会计的形成与发展 (2)
二、管理会计在我国的发展 (4)

第二节 管理会计的内涵与职能 (5)
一、管理会计的内涵 (5)
二、管理会计的职能 (5)

第三节 管理会计的对象与目标 (6)
一、管理会计的对象 (6)
二、管理会计的目标 (7)

第四节 管理会计与财务会计的联系与区别 (8)
一、管理会计与财务会计的联系 (8)
二、管理会计与财务会计的区别 (9)

第二章 成本性态及分析方法 (14)

第一节 成本及其分类 (16)
一、财务会计成本分类——经济职能 (16)
二、管理会计成本分类——成本性态 (17)
三、成本按其他标准分类 (18)

第二节 成本性态分类及其特点 (19)
一、固定成本 (19)
二、变动成本 (21)
三、混合成本 (23)

第三节 成本性态分析及其方法 (25)
一、成本性态分析的含义 (25)

二、成本性态分析方法 …………………………………………………………… (25)

第三章　变动成本法 …………………………………………………………………… (35)

第一节　完全成本法与变动成本法内涵 ……………………………………………… (36)
　　一、变动成本法的概念 …………………………………………………………… (36)
　　二、变动成本法的理论依据 ……………………………………………………… (37)
　　三、变动成本法的特点 …………………………………………………………… (37)

第二节　完全成本法与变动成本法比较 ……………………………………………… (38)
　　一、成本划分及成本构成内容的比较 …………………………………………… (38)
　　二、销售成本及存货成本水平的比较 …………………………………………… (39)
　　三、损益确定程序的比较 ………………………………………………………… (40)
　　四、分期损益的比较 ……………………………………………………………… (41)

第三节　变动成本法与完全成本法的评价 …………………………………………… (45)
　　一、变动成本法的优点 …………………………………………………………… (45)
　　二、变动成本法的缺点 …………………………………………………………… (46)
　　三、新经济技术条件下两种成本法的适用性 …………………………………… (47)
　　四、完全成本法与变动成本法的结合 …………………………………………… (47)

第四章　本-量-利分析法 ……………………………………………………………… (52)

第一节　本-量-利分析概述 …………………………………………………………… (53)
　　一、本-量-利分析的概念 ………………………………………………………… (53)
　　二、本-量-利分析的作用 ………………………………………………………… (53)
　　三、本-量-利分析的基本假设 …………………………………………………… (54)

第二节　保本及保利分析 ……………………………………………………………… (54)
　　一、本-量-利分析的基本公式 …………………………………………………… (54)
　　二、本-量-利分析的相关指标 …………………………………………………… (55)
　　三、保本分析 ……………………………………………………………………… (56)
　　四、保利分析 ……………………………………………………………………… (59)
　　五、企业经营安全程度的评价 …………………………………………………… (60)

第三节　本-量-利关系因素分析 ……………………………………………………… (62)
　　一、本-量-利关系图 ……………………………………………………………… (62)
　　二、影响保本点及利润的因素 …………………………………………………… (64)
　　三、实现保本和保利目标时各有关因素临界值的确定 ………………………… (64)
　　四、为保证目标利润实现应采取的单项措施 …………………………………… (66)
　　五、为保证目标利润实现应采取的多项措施 …………………………………… (66)

第四节　利润敏感性分析 ……………………………………………………………… (67)
　　一、敏感性分析的含义及意义 …………………………………………………… (67)
　　二、敏感系数 ……………………………………………………………………… (67)

三、利润敏感性分析对决策的帮助 ································· (69)
　　四、本-量-利分析的评价 ··· (70)

第五章 预测分析 ··· (74)

第一节 经营预测概述 ··· (75)
　　一、经营预测的意义 ··· (75)
　　二、经营预测的方法 ··· (76)
　　三、经营预测的基本程序 ··· (77)
　　四、经营预测应注意的问题 ······································· (77)

第二节 销售预测 ··· (78)
　　一、判断分析法 ··· (78)
　　二、趋势预测分析法 ··· (81)
　　三、因果预测分析法 ··· (83)
　　四、产品寿命周期推断法 ··· (85)

第三节 成本预测 ··· (86)
　　一、成本预测概述 ··· (86)
　　二、成本水平及变化趋势预测 ····································· (86)
　　三、目标成本的预测 ··· (87)

第四节 利润预测 ··· (89)
　　一、目标利润的预测 ··· (89)
　　二、运用利润的敏感系数指标预测利润 ····························· (89)
　　三、运用经营杠杆系数（DOL）预测利润 ···························· (91)

第六章 短期经营决策 ··· (97)

第一节 决策的概念及分类 ··· (98)
　　一、决策的概念 ··· (98)
　　二、决策的分类 ··· (98)
　　三、决策分析使用的成本概念 ····································· (100)

第二节 短期经营决策常用分析方法 ································· (102)
　　一、边际贡献分析法 ··· (102)
　　二、差量分析法 ··· (103)
　　三、相关成本分析法 ··· (104)
　　四、成本无差别点分析法 ··· (105)

第三节 生产决策 ··· (105)
　　一、新产品开发的品种决策分析 ··································· (105)
　　二、亏损产品决策分析 ··· (108)
　　三、特殊价格追加订货的决策分析 ································· (110)
　　四、半成品是否进一步加工的决策分析 ····························· (113)

五、联产品是否进一步加工的决策分析 ………………………………… (114)
　　六、零部件自制还是外购的决策分析 ………………………………… (114)
　　七、选择不同工艺进行加工的决策分析 ……………………………… (116)
第四节　定价决策 ……………………………………………………………… (117)
　　一、定价影响因素 ……………………………………………………… (117)
　　二、定价方法 …………………………………………………………… (117)
　　三、定价策略 …………………………………………………………… (121)
第五节　存货决策 ……………………………………………………………… (123)
　　一、存货决策意义和基本要求 ………………………………………… (123)
　　二、存货相关成本构成 ………………………………………………… (123)
　　三、经济订货量 ………………………………………………………… (124)

第七章　长期投资决策 ………………………………………………………… (131)

第一节　长期投资决策概述 …………………………………………………… (132)
　　一、长期投资决策的概念和长期投资的特征 ………………………… (132)
　　二、长期投资的分类 …………………………………………………… (133)
　　三、长期投资决策的意义 ……………………………………………… (134)
　　四、长期投资决策的相关概念 ………………………………………… (134)
第二节　投资决策影响因素 …………………………………………………… (135)
　　一、资金时间价值 ……………………………………………………… (135)
　　二、现金流量 …………………………………………………………… (146)
第三节　长期投资决策评价指标 ……………………………………………… (154)
　　一、静态评价指标 ……………………………………………………… (154)
　　二、动态评价指标 ……………………………………………………… (157)
　　三、长期投资决策评价指标的运用 …………………………………… (163)

第八章　全面预算 ………………………………………………………………… (169)

第一节　全面预算概述 ………………………………………………………… (170)
　　一、预算制度的演进 …………………………………………………… (170)
　　二、全面预算的内涵 …………………………………………………… (170)
　　三、全面预算的内容 …………………………………………………… (171)
　　四、全面预算的作用 …………………………………………………… (171)
　　五、全面预算编制的原则 ……………………………………………… (172)
第二节　全面预算体系编制 …………………………………………………… (172)
　　一、全面预算编制程序 ………………………………………………… (172)
　　二、生产经营预算编制 ………………………………………………… (173)
　　三、财务预算编制 ……………………………………………………… (178)
第三节　全面预算编制方法 …………………………………………………… (182)

一、固定预算与弹性预算 ………………………………………… (182)
　　二、增量预算与零基预算 ………………………………………… (182)
　　三、定期预算与滚动预算 ………………………………………… (183)
　　四、预算方法与各种预算之间的关系 …………………………… (184)

第九章　成本控制 …………………………………………………… (190)

第一节　成本控制概述 ……………………………………………… (191)
　　一、成本控制含义 ………………………………………………… (191)
　　二、成本控制内容 ………………………………………………… (191)
　　三、成本控制分类 ………………………………………………… (192)
　　四、成本控制原则 ………………………………………………… (193)
　　五、成本控制方法 ………………………………………………… (193)

第二节　标准成本控制 ……………………………………………… (194)
　　一、标准成本的含义及种类 ……………………………………… (194)
　　二、标准成本法 …………………………………………………… (195)
　　三、标准成本的制定 ……………………………………………… (196)
　　四、成本差异分析与处理 ………………………………………… (200)
　　五、成本差异账务处理的方法 …………………………………… (204)

第三节　作业成本控制 ……………………………………………… (205)
　　一、作业成本法概述 ……………………………………………… (205)
　　二、作业成本法举例 ……………………………………………… (206)

第四节　其他成本控制方法 ………………………………………… (211)
　　一、经济订货批量法的含义 ……………………………………… (211)
　　二、经济订货批量法的公式 ……………………………………… (211)

第十章　责任会计与业绩考评 ……………………………………… (217)

第一节　责任会计概述 ……………………………………………… (219)
　　一、责任会计的含义 ……………………………………………… (219)
　　二、责任会计的内容及责任会计制度的建立原则 ……………… (219)

第二节　责任中心 …………………………………………………… (220)
　　一、责任中心的含义与特征 ……………………………………… (220)
　　二、责任中心的种类及考核指标 ………………………………… (221)

第三节　内部转移价格 ……………………………………………… (224)
　　一、内部转移价格的含义、作用及制定原则 …………………… (224)
　　二、内部转移价格的种类及制定方法 …………………………… (225)

第四节　责任预算与业绩考核 ……………………………………… (229)
　　一、责任预算及其编制 …………………………………………… (229)
　　二、责任报告及其编制 …………………………………………… (230)
　　三、业绩考核 ……………………………………………………… (230)

第十一章 新兴管理会计理论与方法 (234)

第一节 战略管理会计理论 (236)
一、战略管理会计产生的历史背景 (236)
二、战略管理会计的含义 (236)
三、战略管理会计的主要特征 (236)
四、战略管理会计的内容 (237)
五、战略管理会计的方法 (239)

第二节 质量成本理论 (239)
一、质量成本的含义和作用 (239)
二、质量成本管理的原则和程序 (240)
三、质量成本项目的构成 (241)

第三节 环境会计理论 (243)
一、环境会计产生的历史背景 (243)
二、环境会计的特征及目标定位 (244)
三、环境会计的确认和计量 (245)
四、环境会计的实施手段 (246)

第四节 社会责任会计理论 (247)
一、社会责任会计的含义及产生原因 (247)
二、社会责任会计的目标和内容 (248)
三、社会责任会计的基本假设和核算原则 (249)
四、社会责任会计的核算对象 (250)
五、社会责任会计的会计要素及计量模式 (250)

第十二章 管理会计职业生涯规划与发展路径 (255)

第一节 中国特色管理会计人才需求现状 (256)
一、管理会计总体发展滞后 (256)
二、管理会计人才匮乏 (256)
三、管理会计职业环境转变 (257)

第二节 管理会计职业发展与转型升级 (257)
一、现代组织对会计人才职业的需求 (257)
二、管理会计从业技能需求 (258)
三、实践转型管理会计 (259)

第三节 管理会计师职业道德规范与能力要求 (260)
一、管理会计师职业道德 (260)
二、管理会计师能力要求 (261)

附录 (264)

参考文献 (270)

第一章 管理会计概述

★ 案例导入

管理会计的春天来到了

2014年10月，财政部以财会〔2014〕27号印发《财政部关于全面推进管理会计体系建设的指导意见》（以下简称《指导意见》），明确了管理会计体系建设的指导思想和基本原则，提出了管理会计体系建设的总目标，并围绕该目标部署了相应的任务、具体措施和工作要求。自此开启了中国管理会计发展的新篇章，中国管理会计的春天来到了！

自《指导意见》发布以来，管理会计理论不断创新，管理会计实践日益丰富，一些大型企业逐步引进并挖掘管理会计理论和方法，管理会计的成功实践不断被提升和共享。与此同时，越来越多企业开始重视管理会计人才的培养和引进，将管理会计人才培养纳入企业战略规划。

在实践中为何管理会计发展如此迅猛，国家对管理会计体系建设推广范围如此之大，对管理会计人才的需求量如此之多？管理会计究竟是什么？学习管理会计如何能够帮助人们提升职业技能，助力职业发展，在成就自身的同时帮助企业提升价值。本章将对管理会计的基础理论问题进行介绍。

★ 学习目标

- 了解管理会计的形成与发展过程。
- 理解管理会计的目标与原则。
- 掌握管理会计的内涵、职能以及管理会计与财务会计的关系。
- 理解现代管理会计职业转变与创新发展。

★ 重点与难点

- 重点：理解管理会计的内涵与职能。
- 难点：掌握管理会计与财务会计之间的区别。

★ 职业技能

通过学习，掌握管理会计工作职能、工作范畴、服务对象以及与财务会计工作的联系和区别，明确管理会计岗位在企业经营管理中所扮演的角色，了解现代企业管理会计所需要掌握的基本技能和方法。

管理会计与财务会计是现代企业会计的两大分支，是企业管理信息系统的重要组成部分。财务会计衡量财富，管理会计创造财富，两者各司其职，共同为企业的经营管理、决策控制提供重要的信息支持。管理会计作为使用会计信息实施企业经营管理的重要工具，并不是管理学和会计学简单嫁接的结果，而是两种学科知识的交叉和融合，是对会计信息的充分挖掘和利用，是会计职能的延伸和再升华，是会计工作角色的转变和重新定位。伴随经济转型升级及社会组织形态的不断变化，管理会计的内涵与外延也日益丰富。作为管理会计学习者与从业者，必须了解管理会计的发展历程，理解管理会计的内涵与职能，明确管理会计与财务会计的职责分工，掌握现代管理会计职业转变趋势，创新发展具有中国特色的管理会计体系。

第一节 管理会计的形成与发展

一、西方管理会计的形成与发展

从西方会计发展史来看，管理会计是伴随经济社会环境、企业生产经营模式以及管理科学和科技水平的不断发展而逐步发展起来的，大致经历了以下三个阶段：

（一）成本决策与财务控制阶段

早期的管理会计萌芽于20世纪初，由于生产专业化、社会化程度的提高以及竞争日益激烈，企业的生存和发展不仅取决于产量的增加，更重要的是成本的降低，管理效率的重要性日益凸显。20世纪20年代，泰罗提出的以提高劳动生产率、标准化生产和专业化管理为核心的科学管理学说在美国许多企业中受到重视，"标准成本控制""预算控制"和"差异分析"等管理方法被引入企业内部的会计实务中。1922年，美国的会计工作者麦金西出版了第一部系统论述预算控制的专著——《预算控制论》，同年著名的会计学家奎因斯坦出版了首次以管理会计命名的书籍——《管理会计：财务管理入门》。1924年，麦金西又出版了一本名为《管理会计》的书。同年，布利斯也出版了一本管理会计方面的书籍——《通过管理会计进行经营管理》。会计历史学界认为以上这几本书的出版，标志着管理会计的诞生。但由于泰罗的科学管理学说重局部、轻整体，"二战"后期逐步被现代管理科学所取代。以杜邦公司为代表的大型企业倡导并发展了以投资净利率指标为核心的杜邦财务指标体系，用来衡量各个部门的效率和整个企业的业绩。管理会计形成了以预算体系和成本会计系统为基础的成本决策和财务控制体系。1952年，国际会计师联合会正式采用"管理会计"来统称企业内部会计体系，标志着管理会计正式形成，自此现代会计分为财务会计和管理会计两大分支。

（二）管理控制与决策阶段

伴随信息经济学、交易成本理论和不确定性理论被广泛引进管理会计领域，加上新技术如电子计算机大量应用于企业流程管理，管理会计向着精密的数量化技术方法方向发展。

20世纪50年代至60年代初，西方管理会计的核心任务集中于如何降低成本、提高经济效益这两项目标上。在这一时期采用的管理会计方法主要有预算编制、责任会计制度、成本差异分析、机会成本、业绩评价、内部转移价格等，并且西方的一些管理会计学者还为上述方法建立了数学分析模型。

20世纪60年代中后期，电子计算机等新技术被广泛应用于制造业，生产数量与效率的大规模提高，使市场的竞争日趋激烈，因而对企业内部的管理与控制提出了更高的要求。大量的会计软件得到了开发和使用。在这种情况下，西方国家的管理会计学者开始将20世纪60年代建立发展起来的数学模型不断加以深化，建立起了更多的数学分析模型。

20世纪70年代至80年代初，西方会计学者开始将信息经济学、组织行为学、代理人理论等相关学科引入管理会计的研究中，使管理会计的研究与应用领域进一步拓宽。现代管理会计自进入20世纪80年代中期后开始遭遇各种各样的问题。西方会计界开始对管理会计的理论与实践进行反思，并着手对原有传统管理会计的知识体系进行一些尝试性的创新与变革，以适应当今社会经济和科学技术发展的需要。管理会计学者对新的企业经营环境下管理会计发展进行了探索，创新的管理会计方法层出不穷，初步形成了一套新的成本管理控制体系。管理会计完成了从"为产品定价提供信息"到"为企业经营管理决策提供信息"的转变，由成本计算、标准成本制度、预算控制发展到管理控制与决策阶段。

（三）强调企业价值创造阶段

随着经济全球化和知识经济的发展，生产要素跨国、跨地区流动不断加快，世界各国经济联系和依赖程度日益增强，技术进步导致产品寿命缩短，企业之间因产品、产业链的分工合作日趋频繁，准确把握市场定位、客户需求等显得尤为重要。在这样的背景下，管理会计越来越容易受到外部信息以及非财务信息对决策相关性的冲击，企业内部组织结构的变化也迫使管理会计在管理控制方面要有新的突破，需要从战略、经营决策、商业运营等各个层面掌握并有效利用所需的管理信息，为此管理会计发展了一系列新的决策工具和管理工具。其主要包括两个方面：一是宏观性的决策工具和管理工具。例如，阿里巴巴的阿里云，可以通过云计算对客户的所有信息进行全面分析，从而判断客户的信用情况、供货或消费倾向、是否可以放贷等。这是管理会计未来的一个发展方向。二是精细化的决策工具和管理工具。主要是在企业内部管理方面更加精细。例如，运用平衡计分卡将企业战略目标逐层分解，不仅克服了信息的庞杂性和不对称性的干扰，也为企业提供了有效运作所需的可量化、可测度、可评估的各种信息，有利于推动企业战略目标的实现。

管理会计在西方公共管理中得到广泛应用。20世纪70年代以前，政府管理会计主要运用于对公共服务领域进行成本控制、加强预算管理等。20世纪七八十年代，通过预算、成本、绩效等实践推动了政府管理会计的发展，但仍主要局限于预算编制和控制。20世纪90年代之后，新公共管理思想使政府组织和第三部门领域管理理念发生了根本性变革，倡导建立"以市场为基础的公共管理，最大限度地重视国家资源的使用效率"。

与此相适应，这段时期的管理会计在思想观念上有了很大的创新，对管理会计特性有了重新认识，认为管理会计是融管理与会计于一体的一个专门领域，是管理信息系统中的一个子系统，是决策支持系统的重要组成部分，因而其特性自然是依管理的特性为转移，并随着管理特性的发展而发展。此期间的管理会计出现了作业成本法、全面质量管理、全面预算管理、平衡积分卡、EVA等管理会计方法，逐步发展至战略管理会计阶段，并且产生了质量成本会计、人力资源管理会计、资本成本管理会计、增值会计以及环境管理会计等新领域。

二、管理会计在我国的发展

1978年，实行改革开放后的中国，工作的重心开始转移到经济建设上。在这种形势下，20世纪80年代初，我国开始引进西方管理会计的理论和方法。据不完全统计，在20世纪80年代中后期，国内正式出版的管理会计著作达十余部，全国公开出版刊物中刊载管理会计相关文章数百篇。1985年，全国高校会计专业相继开设了管理会计课程，大量有关管理会计专业人才的培训班也开展起来。

管理会计作为会计的一个分支，虽然在理论上引入我国较晚，但实践中早已有之。新中国成立之初，在计划经济体制下，国营企业的生产计划由国家统一确定下达，企业的产品由国家统一定价，成本计划及其完成情况成为考核国营企业的重要手段。为此，以成本为核心的内部责任会计得到应用和推广，起到了降低成本、提高资源使用效率的作用。这一时期的内部责任会计实际上就属于管理会计的范畴。改革开放之后，我国企业改革围绕放权让利不断深化，企业成为独立的生产者和经营者，一批能够适应市场变化的国有企业将目光转向市场和企业内部管理。与之相适应，管理会计由之前的执行性管理会计转变为决策性管理会计。

20世纪70年代末期，企业在建立、完善和深化各种形式的经济责任制的同时，将厂内经济核算制纳入经济责任制，形成了以企业内部经济责任制为基础的责任会计体系。80年代末，为了与经济责任制配套，许多企业实行责任会计、厂内银行，责任会计发展进入一个高潮期。进入20世纪90年代后，随着社会主义市场经济体制目标的确立，在市场经济条件下，企业必须依靠质量、成本以及管理方面的优势在市场中竞争，西方管理会计理论和方法在我国会计界引起了广泛讨论，成本性态分析、盈亏临界点与本-量-利依存关系、经营决策经济效益的分析评价等管理会计理念和方法，在我国许多企业中运用并取得了一定效果。自21世纪以来，随着我国加入WTO，在经济全球化以及互联网技术快速发展的背景下，向管理要效益、着力挖掘财务信息中价值创造的潜力成为我国企业的迫切任务，逐步形成了以价值管理为核心的管理会计理念。

同时，管理会计也广泛应用于我国行政事业单位财务管理实践中。例如，从上到下编制的绩效预算，预算执行中的有效控制、制定效益目标、明确责任制、制定绩效考核清单，建立适应单位内部财务和业务部门畅通联系的信息平台，及时掌控预算执行和项目进度，深入开展决算分析与评价，及时发现预算执行中存在的问题并提出改进意见和建议。通过管理会计工作，财政财务管理水平和行政事业单位资金使用效益不断提高。

第二节　管理会计的内涵与职能

经过漫长的发展，管理会计的内涵不断成熟和完善，在总体框架上已经基本达成共识，管理会计的职能与工作范畴也逐渐明确，管理会计帮助加强内部经营管理从而追求价值最大化的目标也日趋清晰。那么，管理会计到底是什么？它如何帮助企业实现价值最大化目标？它与财务会计又有什么本质区别呢？

一、管理会计的内涵

管理会计的概念是在不断发展变化的，多年来美国会计学会（AAA）、美国管理会计师协会（CMA）、国际会计师联合会（IFAC）、财务与管理会计委员会（Financial and Management Accounting Committee）、英国特许管理会计师公会（CIMA）、英国成本与管理会计师协会等权威机构都对管理会计做出了定义。20世纪80年代初，西方管理会计学理论被介绍到中国，以厦门大学余绪缨教授为代表的一批学者率先在我国宣传、介绍和研究管理会计问题，这些研究对管理会计内涵的表述也不尽相同。结合中外管理会计发展及对内涵的解读，本书采用的管理会计的概念如下：

管理会计是决策的支持系统，它运用一系列专门的方法，收集、分类、处理、汇总、分析和报告各种与企业管理有关的信息，以保证企业科学地进行预测、决策、规划、控制与考评管理活动，是一项帮助企业加强内部经营管理，实现最佳经济效益的组织工作。

二、管理会计的职能

管理会计的职能是指管理会计主体利用管理会计工具和方法能够实现的作用。随着经济的发展和经营管理要求的扩展，管理会计的职能也日益完善，主要有以下五个方面：

（一）预测

预测为决策提供科学依据。预测就是通过定量和定性方法，根据事物过去和现在的情况，对其未来发展变化趋势所做的预计和推测。定量方法是通过数学模型找出事物的发展结果随时间变化的趋势，并根据这种趋势预测未来某个时间点或时间段事物所处的状态或基本量，进而提出解决问题的策略。非数量方法是定性预测法，主要是在资料不完备情况下强调人的判断，该法最著名的有头脑风暴法、德尔菲法。数量方法是定量预测法，主要是通过数据的加工测算对未来做出预判，主要有趋势外推法、因果预测法等。

（二）决策

决策是在充分考虑各种可能的前提下，人们基于对客观规律的认识，对未来实践的方向、目标、原则和方法做出决定的过程。管理会计作为参与经济决策的职能贯穿于生产经营活动的始终，参与企业经营战略与方针的决策、经济目标与长短期计划的决策、产品品种开发决策、技术发展与投资决策、资源开发与利用决策、人力资源开发与使用决策、价格决策、资金筹措与使用决策等。

预测与决策有一定的关系。预测是为决策服务的，预测贯穿于决策的全过程。预测侧重于客观事物的科学分析，决策侧重于对有利时机和目标的科学选择。预测强调客观分析，决策突出领导艺术。预测是决策科学化的前提，决策是预测的服务对象和实现机会。

（三）规划

规划即规划经管目标，编制全面预算。规划主要是利用财务会计的历史资料及其他相关信息进行科学的预测分析，帮助各级管理人员对某些一次性的重大经济问题做出专门的决策分析，然后对企业计划期间的经济活动制订详尽计划和全面预算，确定各方面经济活动的主要目标，从而指导当前和未来的经济活动。管理会计的规划经营职能是通过编制各种计划和预算实现的。它要求在最终决策方案的基础上，将事先确定的有关经济目标分解落实到各有关预算中，从而合理有效地组织协调供、产、销及人、财、物之间的关系，并为控制和责任考核创造条件。管理会计规划不仅包括财务规划，还包括生产规划、销售规划、经营规划等。

（四）控制

根据规划所确定的各项经济目标和任务，对预期可能发生或实际已经发生的各项经济活动及其发出的信息，进行收集、整理和比较，以便在事前和日常对各级责任单位的经济活动进行调节、控制和纠偏，以保证计划、预算和目标的实现。

（五）考评

评价主要是在经济活动发生前，明确各责任中心的责任和目标；在经济活动发生后，根据各责任中心报告，将实际数和预算数进行对比和分析，对差异产生的原因进行分析，用以明确责任的归属，从而考核各责任中心履行经营管理责任的情况，以便为企业实施激励机制提供考评依据。考核主要是在明确各责任中心当期责任情况后，对责任中心的绩效进行奖惩，包括奖优罚劣、奖勤罚懒，以便提高员工积极性，保证经济责任制的贯彻执行。

第三节　管理会计的对象与目标

一、管理会计的对象

我国理论界针对管理会计的研究对象主要有以下三种观点：

（一）资金总运动论

管理会计和财务会计是并列的分支，两者同属于会计的范畴之下，两者的研究对象都是资金运动。管理会计研究的资金运动在时态上包括过去、现在和未来，而财务会计仅以过去的资金运动为对象。

（二）现金流动论

现金流动论认为管理会计的对象是企业的现金流动，其主要理由是：其一，现金流动贯穿于管理会计各个环节，是其有关内容的集中和概括；其二，通过现金可以把企业生产经营中的资金、成本、利润等各个方面联系起来，进行统一评价，为改善经营管理、提高经济效益提供重要的、综合性的信息；其三，现金流动具有最大的综合性和敏感性，可以在预测、决策、规划、控制、考核与评价各个环节发挥积极的能动作用。

（三）价值差量论

价值差量作为管理会计研究对象的原因如下：

其一，现代管理会计的内容包括成本性态分析、变动成本计算、本-量-利分析、短期经营决策、长期投资决策、标准成本法、责任会计等方面，而价值差量是对每一项内容进行研究的基本方法，并能贯彻始终。

其二，价值差量具有很强的综合性。管理会计研究的"差量"问题，既有价值差量，又包括实物差量和劳动差量，后者是前者的基础，前者是后者的综合表现。

其三，现金流动不能作为管理会计的对象，因为现金流动仅在经营决策和资本支出决策的分析和评价中涉及，其他决策中均不涉及，因此并不能在现代管理会计中贯穿始终。现金流动应该是财务管理研究的对象。

上述观点从不同角度对管理会计的对象进行了论证，各有道理，但都不能将管理会计的对象始终贯彻在管理会计的活动之中。从实质上讲，管理会计的对象是企业的生产经营管理活动；从管理体现经济效益的角度上看，管理会计的对象是企业生产经营活动中的价值运动；从实践角度上看，管理会计的对象具有复合性的特点。管理会计一方面致力于提高生产和工作效率，另一方面强调价值管理，目的是提高经济效益，实现价值增值。因此，管理会计可渗透企业的各个方面，既为企业总体管理服务，本身又属于管理系统的有机组成部分，并处于企业价值管理的核心。

二、管理会计的目标

管理会计的目标是指利用管理会计的职能所能达到的目的和结果。管理会计的目标要解决的主要问题是：为什么要提供管理会计信息，向谁提供管理会计信息，提供哪些管理会计信息等，其本质即是管理会计目的、主体和对象。管理会计的目标主要可以分为两个层次：一是管理会计的总体目标，二是管理会计的具体目标。

（一）总体目标

管理会计的总体目标也称为最高目标，本质而言是实现企业价值最大化，是由企业经济本质决定的。但是在现代市场经济条件下，企业必须考虑社会责任问题，不能为了企业一时的经济效益，造成不良影响。事实证明，成功并且持续发展的企业，总是把社会效益放在第一位的。不考虑或很少考虑社会效益的企业，是短视的企业。从事管理会计工作的人员在为企业管理人员提供相关信息时，出于职业道德，应当同时考虑社会效益与企业效益，并且以此作为自己的最高工作目标。

（二）具体目标

会计的具体目标也称为职能目标，具体为以下四个目标：

1. 确定企业各项经济目标

管理会计为企业预测经营前景，帮助管理者确定经营目标，包括对目标利润、目标销售量、目标成本、目标资金需要量的预测和确定。在此基础上，通过短期经营决策和长期投资决策对计划期间重大的经济问题做出专门的决策；在此基础上，编制出资源的最佳配置和流动的全面预算和责任预算，可以协调各环节的关系，调动各层次的积极性，争取达到企业的经营目标。

2. 贯彻执行责任目标

合理地使用经济资源管理会计要在责、权、利相结合的基础上，制定适合本企业具体情况的责任会计制度；并且协助企业管理人员根据企业组织形式和环境的变化，不断改进组织机构的设计，将业务部门的经营目标和企业的总体目标结合起来，建立一套上下左右连贯的、有效的信息传递系统；并且利用行为科学的原理和激励策略，充分调动全体职工的主观能动性和生产积极性。

3. 监督控制各项经济活动

调节和控制经济活动要使决策按预先的目标运行，必须对经济活动施加一定的影响，使它按预定的目标运行。其中，包括事前制定成本控制制度和开展价值工程活动进行预防性和反馈性的控制和调节；日常根据各级责任单位定期编制的业绩报告所反映的实际数和预算数的关键性差异进行反馈性的控制和调节，借以保证各项经济目标的顺利实现。

4. 评价和考核经营业绩

各责任中心结合目标成本，对日常发生的各项经济活动进行追踪、计算和记录，并编制业绩报告；通过业绩报告的实际数和预算数之间的对比，来确定各责任中心履行经济责任制的情况和应受到的奖惩。同时，分析差异产生的原因，及时提出改进经营管理的意见，以提高企业的全面经济效益。

第四节　管理会计与财务会计的联系与区别

一、管理会计与财务会计的联系

财务会计与管理会计作为现代会计体系的两大分支，在许多方面都存在差异，但二者并不是完全割裂的，而是相互关联、相互补充的。管理会计利用财务会计信息对企业经济活动进行预测、决策，而这种预测、决策是否正确，最终还要通过财务会计进行检验。管理会计不能离开财务会计单独存在，它是财务会计功能的延伸和深化，两者的最终目标都是建立良好的现代企业管理体系。具体而言，管理会计与财务会计的联系主要表现在以下几个方面：

（一）信息同源

财务会计是对凭证、账簿和报表的资料进行核算分析，管理会计信息的主要来源仍然是财务会计系统中有关记账、算账的信息资料。管理会计经常直接引用财务会计的凭证、账簿和报表的资料进行分析研究和必要的加工、改制和延伸,从而更好地为企业内部管理服务。例如,对成本按其性态进行重新归纳、组合,把成本分为固定成本和变动成本两大类。在此基础上,进行成本预测、变动成本计算和本-量-利分析、差别成本分析、弹性预算的编制等,而财务会计所反映的企业经济活动是用管理会计提供的信息进行决策和控制的结果。

(二) 信息资料互补

管理会计所形成的各种信息资料,可以作为财务会计报告中的补充资料。例如,上市公司的年度财务报告中,往往会涉及企业的业绩评价和薪酬激励计划资料、财务预算和盈利预测数据等。财务会计通过对企业日常发生的经济业务所对应的会计要素进行确认、计量和报告而形成的会计信息资料,是管理会计进行规划、决策、控制与业绩评价的主要信息来源。

(三) 总体目标相同

虽然管理会计与财务会计提供信息的用途有所区别,但这并没有改变它们作为企业经营管理工具的本质,其总体目标都是加强企业经营管理和实现企业最佳经济效益。

二、管理会计与财务会计的区别

管理会计与财务会计作为会计学体系的两大分支,负责企业财务活动的不同领域,因此在许多方面都存在差异,具体见表1-1。

表1-1 管理会计与财务会计的区别

项目	财务会计	管理会计
会计主体	整个企业	企业内部各责任单位
服务对象	侧重于企业外部	侧重于企业内部
会计职能	反映和监督	预测、决策、规划、控制、考评
会计方法	规范统一	灵活多样
核算程序	有固定程序	无固定程序
作用时效	评价与反映过去	预测与规划未来
数据精确程度	力求精确	近似估计
报告编制时间	定期报告	不固定报告时间
会计准则和制度	规范的会计准则和制度约束	不受公认会计准则和制度限制
成本计算方法	完全成本法	变动成本法

(一) 会计主体

(1) 财务会计:以整个企业作为会计主体,对会计要素进行确认、计量和报告,以反映企业的财务状况和经营成果。

(2) 管理会计:主要以企业内部的各责任单位或责任中心为会计主体,对各责任单位的日常经济活动进行预测、决策、规划、控制和考评。

(二) 服务对象

(1) 财务会计:也称为外部会计或对外报告会计,侧重于服务企业外界与企业有经济利害关系的团体或个人,包括股东和潜在的投资者、财税部门和主管机关、银行及其他债权人、监管部门等,同时对内也能提供有关企业最基本的会计信息。

(2)管理会计:也称为内部会计或对内报告会计,主要是为企业内部经营管理者提供有效经营和最优化决策的各种管理信息,是为强化企业内部经营管理、提高经济效益而服务的。

(三)会计职能

(1)财务会计:主要职能是对企业经营活动进行反映和监督。反映职能表现为用货币形式对企业发生的经济活动进行连续、全面、系统的记录;监督职能是指根据记录的结果,指导和调整经济活动的行为。

(2)管理会计:主要职能是对企业经营管理活动进行预测、决策、规划、控制、考评等。

(四)会计方法

(1)财务会计:具有一整套完整规范的会计方法体系,主要包括设置账户、复式记账、填制和审核凭证、登记会计账簿、成本计算、财产清查、编制会计报表。

(2)管理会计:方法灵活多样,包括数学方法、统计方法、会计方法以及计算机技术等,可以根据经营管理活动要求进行灵活选择。

(五)核算程序

(1)财务会计:有规范稳定的核算程序,从凭证填制至报表编制,都要依照固定程序进行,且具有一定强制性。

(2)管理会计:没有固定核算程序,具有较强机动性,企业可根据决策需要自行设计工作程序。

(六)作用时效

(1)财务会计:核算的信息主要是用于反映已经发生的经济活动。

(2)管理会计:核算的信息主要是用于预测与决策未来,为未来的经营管理活动提供决策方案。当然,管理会计也需要通过绩效考评来衡量企业过去一段时间的绩效,因此也有反映过去的作用,但其侧重于规划未来活动。

(七)数据精确程度

(1)财务会计:反映的都是过去企业已发生的经济业务,因此提供的财务信息数据要力求准确、客观地反映企业的经营状况。

(2)管理会计:面对的是复杂多变的未来,不确定因素较多,所以对其所提供的数据资料不要求绝对精确,只要满足管理要求即可。

(八)报告编制时间

(1)财务会计:有固定的编报时间,必须按月、季、半年度和年度编制财务报告。

(2)管理会计:不固定报告时间,可根据经营管理需要随时进行编报,具有较大弹性。

(九)会计准则和制度

(1)财务会计:受公认的会计法律法规的制约,必须按照会计准则和政府监管部门的要求，提供连续、系统、综合的会计信息，编制的财务报告需要对外公开发表，并具有法律责任。

（2）管理会计：不受公认的会计法律法规的制约，提供的信息不具有法律效力，不必承担法律责任。

（十）成本计算方法

（1）财务会计：将成本按照经济职能划分，采用完全成本法进行产品成本计算。

（2）管理会计：将成本按照性态进行划分，采用变动成本法进行产品成本计算。

案例导入分析

2014年是中国全面深化改革的元年，也被业界誉为管理会计的元年，破土而发、顺势而为的"中国管理会计的春天来到了"！这一年，财政部大力号召、全面推进管理会计体系建设，企业财务职能转型，管理会计人才培养步伐正在加快。《财政部关于全面推进管理会计体系建设的指导意见》是中国特色管理会计理论体系进一步健全、管理会计人才能力建设进一步完善、管理会计制度进一步确立、管理会计实践进一步落实的新突破、新进展、新成效，对于中国经济转型提质增效，对于建立现代财政制度，对于国家治理体系和治理能力现代化具有十分重大的现实意义。

传统会计面对深化改革及经济发展的新态势，必须要转变思路，全面发展管理会计。《指导意见》指出，推进管理会计体系建设中"人才队伍"是关键，未来财务的职业发展也会趋向管理会计工作，绝非做账那么简单，而未来管理会计的发展也绝不会单纯停留在会计部门。财务人员要想成为一名优秀的管理者，就必须懂得管理会计的知识，并有做出相应决策的能力。取得资质证书只是第一步，管理会计人士还应该更多地参与实践，并在实践中针对不同的行业特点进行总结，对比各种实践案例，不断完善自己的工作，才能真正成为对企业有价值的会计师。

本章小结

管理会计早在20世纪初就从西方萌芽，经历几次大的变革和发展，最终形成以决策为核心职能的现代管理会计体系。我国从20世纪70年代开始引入西方管理会计思想，直到2014年开始才正式提出要建设中国特色社会主义管理会计体系。

管理会计的内涵主要是借助于财务会计数据，通过数学模型等手段分析，为企业决策提供有用信息，使企业能够科学地进行预测、决策、规划、控制以及考评管理活动。

管理会计以企业价值表现为对象，旨在帮助企业强化内部经营管理，创造价值。

管理会计与财务会计属于现代会计两大分支，它们在主体、服务对象、数据面向性、方法体系方面都有许多不同，这也决定了管理会计的内部会计属性。

建设中国特色管理会计需要大量的管理会计基础工作和高层次人才，人们在充分认识管理会计工作价值的基础上，通过不断提升自身工作技能和职业素养，加强对管理会计工作方法的了解和运用，使管理会计真正发挥为企业创造价值的作用。

技能训练

一、单项选择题

1. 早期管理会计起源于( )。
   A. 19 世纪末　　　　　　　　　　B. 20 世纪上半叶
   C. 第二次世界大战以后　　　　　D. 20 世纪 70 年代
2. 管理会计的服务对象主要是( )。
   A. 税务部门　　　　　　　　　　B. 企业内部经营管理者
   C. 企业的债权人　　　　　　　　D. 企业的投资者
3. 管理会计信息的来源是( )。
   A. 财务会计　　　　　　　　　　B. 生产部门
   C. 销售部门　　　　　　　　　　D. 企业的投资者
4. 管理会计的最终目的是( )。
   A. 加强经济管理　　　　　　　　B. 提高经济效益
   C. 降低产品成本　　　　　　　　D. 完成销售目标
5. 企业内部的管理会计部门属于( )。
   A. 服务部门　　　　　　　　　　B. 生产部门
   C. 领导部门　　　　　　　　　　D. 非会计部门
6. 现代管理会计占核心地位的是( )。
   A. 预测决策会计　　　　　　　　B. 规划控制会计
   C. 成本会计　　　　　　　　　　D. 责任会计

二、多项选择题

1. 现代管理会计职能的作用是( )。
   A. 规划经营方针　　　　　　　　B. 参与经营决策
   C. 控制经济过程　　　　　　　　D. 核算经营成果
   E. 考核经营业绩
2. 管理会计与财务会计的主要差别体现在( )。
   A. 资料来源不一样
   B. 管理会计侧重于为企业内部经营管理服务
   C. 管理会计必须提供定期的财务报告
   D. 管理会计无须遵循公认会计原则
   E. 管理会计必须面向未来
3. 下列项目中,可以作为管理会计主体的有( )。
   A. 企业整体　　　　B. 分厂　　　　C. 车间
   D. 班组　　　　　　E. 个人
4. 管理会计作为现代会计的一个分支,主要是( )。
   A. 分析过去　　　　B. 反映过去　　C. 控制现在
   D. 规划未来　　　　E. 预测未来

三、判断题

1. 现代会计学的两大分支是财务会计与管理会计。（ ）
2. 管理会计是面向未来的,因而与过去无任何关系,财务会计只能反映过去。（ ）
3. 管理会计不遵循会计准则的规定。（ ）
4. 管理会计具有固定的工作程序,也要定期向管理者报告。（ ）
5. 从工作侧重点讲,管理会计可称为"内部会计",财务会计可称为"外部会计"。（ ）
6. 管理会计的最终目标是提高企业的经济效益。（ ）
7. 现代管理会计的特征在于以预测决策会计为主,以规划控制会计和责任会计为辅。（ ）

四、简答题

1. 传统管理会计与现代管理会计的区别是什么?
2. 现代管理会计的职能是什么?目标是什么?
3. 管理会计与财务会计的区别是什么?

五、业务题

管理会计与财务会计工作有许多区别与不同,你对管理会计工作的印象是什么?你认为企业需要管理会计工作去完成什么活动?你需要掌握哪些技能才能够做好管理会计工作呢?

第二章

成本性态及分析方法

★ 案例导入

哪一种选择更划算？

高考结束后，王辉考入了自己理想的大学。临近大学入学，王辉打算买一部时下流行的4G手机，然而却在通信服务资费的选择上犹豫不决。现在中国移动、中国联通和中国电信都有针对4G业务的套餐，而且各有各的优势。王辉打算选择60元以下的套餐业务，具体资费标准见表2-1至表2-3（由于目前套餐可以自行定制选择，选择种类花样繁多，因此本案例只选择其中的部分内容进行举例说明）。

表2-1 中国移动4G套餐

套餐月费（元/月）	套餐内包含内容		被叫	功能	套餐外资费	
	国内数据流量	国内主叫（分钟）			流量	国内主叫
18	100 M	0	全国免费	来电显示	0.02元/M	0.19元/分钟
28	100 M	50				
38	300 M	50				
48	500 M	50				
58	500 M	100				
58	250 M	150				

资料来源：中国移动网站 http://shop.10086.cn/list/140_240_411_0_0_0_0.html。

表 2-2 中国联通 4G 套餐

套餐月费 (元/月)	套餐内包含内容				套餐外资费	
	国内数据流量	国内主叫（分钟）	被叫	功能	流量	国内主叫
46	100 M	100	全国免费	来电显示	0.15 元/M	0.15 元/分钟
56	500 M	100				
60	1 G	100				

资料来源：中国联通网站 http://s.10010.com/ln/feeset/。

表 2-3 中国电信 4G 套餐

套餐月费 (元/月)	套餐内包含内容				套餐外资费	
	国内数据流量	国内主叫（分钟）	被叫	功能	流量	国内主叫
19	300 M	0	全国免费	来电显示	省内 0.08 元/M 国内 0.15 元/M	本地 0.08 元/分钟 国内 0.15 元/分钟
19	0	190			省内 0.08 元/M 国内 0.15 元/M	本地 0.08 元/分钟 国内 0.15 元/分钟
39	20 M	180			国内 0.15 元/M	国内 0.15 元/分钟

资料来源：中国电信网站 http://www.189.cn/ln/support/tariff/。

那么究竟哪一种类的套餐更加划算，更适合王辉呢？试用成本性态分析的方法帮助王辉做出科学的决策。

★ 学习目标

- 了解成本的分类及成本性态分析的意义。
- 掌握成本性态的含义及成本性态分析的主要方法。
- 通过与传统成本知识相联系，使学生理解成本性态分析是管理会计工具方法应用的前提。

★ 重点与难点

- 重点：理解固定成本、变动成本、混合成本的概念及其构成内容、特征和类型。
- 难点：掌握成本性态分析的程序和方法。

★ 职业技能

学习者能够运用成本性态分析的主要方法，分析企业中的成本性态，并将混合成本进行科学分解，明确企业成本的具体属性，从而为决策、预算及控制等活动提供信息支持。

成本是企业经营和生产过程中必须密切关注的问题，是衡量企业经济效益的一项综合性指标。对于企业内部管理活动而言，降低和控制成本无疑是获利的前提保证。然而企业是否真实地了解自身的成本？企业所了解的成本是财务成本还是其他成本？是否对成本进行细致的分类和分析？是否针对不同的成本实施了有效的控制策略？本章将对管理会计中所研究的成本进行详细的介绍，并试图帮助企业搜寻对管理会计活动有用的成本信息。

第一节　成本及其分类

成本是企业经营和生产过程中必须密切关注的问题，是衡量企业经济效益的一项综合性指标。随着商品经济的发展，成本的概念和内涵不断发展和变化，不同学科领域对于"成本"概念的理解不同。

传统财务会计认为，成本是企业为生产一定数量（并达到一定质量标准）的产品所发生的全部耗费的货币表现。这一概念强调，从时态上而言，成本限于计量已经发生的历史资源耗费；从范围上而言，成本侧重于生产环节的产品资源耗费。

管理会计则认为，成本是指企业在生产经营过程中对象化的、以货币表现的、为达到一定目的应当或可能发生的各种经济资源的价值牺牲或代价。这一概念强调成本计量的时间范围由过去延展到现在和未来，范围上强调生产及经营的全过程。除了这两种主要的分类方法以外，管理会计为了适应管理上的不同需要，将资源的耗费按不同的管理目标进行归类，形成了各种不同的成本分类及概念。

一、财务会计成本分类——经济职能

成本按其经济职能可划分为两大类，即制造成本和非制造成本。这种分类方法通常为财务会计的成本分类法，目的是进行存货计价和收益计量。

（一）制造成本

制造成本也可称生产成本，它是指产品生产过程中所发生的有关耗费，是同产品成本相对应的。对这些成本，可根据其具体的经济用途分为直接材料、直接人工、制造费用三大项目。

1. 直接材料

产品制造过程中构成产品实体的原材料及主要材料的成本，如家具制造中使用的木材，汽车制造厂所用的钢材、橡胶，饮用水生产所使用的水等。

2. 直接人工

产品制造过程中直接对产品进行加工处理的人工成本，如直接生产工人的工资、加班费等。随着生产技术的发展和计算机技术在生产中的使用，直接人工成本在产品成本中的比重越来越小。

3. 制造费用

产品制造过程中发生的除直接材料和直接人工以外的其他间接耗费与支出，如间接材料、间接人工，以及保险费、折旧费、维修费等间接制造费用。随着生产机械化、自动化水平的不断提高，制造费用在产品生产成本总额中所占的比重将不断扩大。

（二）非制造成本

非制造成本也就是期间成本，也称期间费用，主要包括销售费用、管理费用、财务费用。

1. 销售费用

销售费用指与销售活动有关的成本，如销售宣传费用、送货费、广告和市场推广人员、销售人员的工资、差旅费、保险费以及销售机构所用固定资产的折旧费、维修费等。

2. 管理费用

管理费用指与生产、销售活动有直接关系的用于企业行政管理上的费用支出，如办公费和管理人员薪金、业务招待费、董事会费、职工培训费、咨询费、管理所用固定资产折旧费、维修费等。

3. 财务费用

财务费用指企业在生产经营过程中为筹集和使用资金而发生的各项费用。其包括企业生产经营期间发生的利息支出（减利息收入）、汇兑净损失、金融机构手续费以及筹资发生的其他财务费用等。

期间费用是指与产品制造无关，不必归集到具体产品上，不随产品实物流动而流转，而全部列入当期经营费用，与当期收入相配比的各项支出。具体分类如图 2-1 所示。

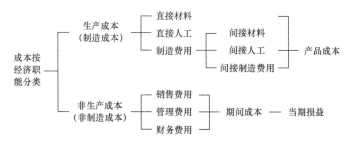

图 2-1　成本按经济职能分类

财务会计按"经济职能"对企业成本费用的分类，能正确、客观地反映成本的构成，有利于成本核算，区分了成本费用发生的领域。但是，财务会计的这种成本分类，不能反映出企业生产能力和生产经营规模与成本费用支出的关系，不利于企业管理的预测、决策和计划预算，无法对成本加以控制。

二、管理会计成本分类——成本性态

在企业经营管理实践中，管理人员发现某些成本费用总是与生产业务量保持一定关系，当业务量发生变化时，成本费用或是表现出固定不变，或是随业务量增减变动而变动。为此，管理会计中将企业的业务量与成本之间存在的这种关系确定为"成本性态"，管理会计即是按成本性态对成本进行分类的。

成本性态也称为成本习性，是指成本总额与特定业务量之间的依存关系，企业成本按这种依存关系可分为变动成本、固定成本和混合成本。由于在本章第二节会对成本性态分析做进一步的讨论，在这里只给出简单的成本性态分类定义。

固定成本是指在相关范围内，成本总额不随业务量的变化而变化的成本。变动成本是指在相关范围内，成本总额随业务量的变化而发生正比例变化的成本。混合成本也称半变动成本，其总额随着业务量的变动而发生变动，但并不保持严格比例关系变动的成本。

这里业务量是一个广义的概念，可以是生产量、销售量，也可以是劳务量、工时量等。在实际处理时，应根据有关成本费用支出的相应"目的"去判断确定相应的业务量。如生产工人的工资总额相应的业务量可以是生产产品的数量，也可以是劳动工时；销售人员的工资支出相应的业务量可以是销售量，也可以是销售额。成本总额与业务量之间的这种依存关系是客观存在的，研究它们之间的这种规律性联系，有助于从数额上掌握成本升降与业务量之间的联系，便于规划和控制企业生产经营活动。

管理会计按照成本性态进行分类，与财务会计按照经济职能分类的目的有所不同。财务会计按经济职能分类的目的在于明确成本发生的目的，核算成本和计量损益；而管理会计按照成本性态分类的目的在于规划与控制。

三、成本按其他标准分类

（一）按可归属性分类——直接成本和间接成本

直接成本是指能够合理地确认其与某一特定产品的生产有直接联系，能够直接归集或分配到相应的某一特定产品或服务的成本。其主要包括直接材料、直接人工成本等。

间接成本是指不能直接追溯其产生来源，由多种产品或劳务共同承担的，不便于或不能分别确定其中多少是由某一特定产品所发生的，因而需要先按其发生的地点或用途进行归集，并按一定标准分配于各有关产品的成本。其主要包括制造费用。

例如，制造手机，屏幕及按键的成本是直接成本，而手机生产车间的照明用电成本则是间接成本。因为要精确计算生产某一部手机耗费用电的成本，既不经济也不可能，因此，按照特定的时段，如一个月生产的数量分配这段时间的耗电成本。

（二）按成本发生时间分类——历史成本和未来成本

历史成本是指已经实际发生的成本，是指以产品生产和销售过程中实际支付的费用为基础计算的成本。如材料采购的实际成本、产品销售的实际成本等。

未来成本属于未来发生的成本，是指在特定条件下，合理地预测与估计将在未来某个时期或某几个时期发生的成本。如定额成本、标准成本等。

（三）按可控性分类——可控成本和不可控成本

在一个会计期间、一定责任部门范围内，能够由该部门管理人员控制的成本，称为可控成本。反之，称为不可控成本。例如，原材料的价格是供应部门的可控成本，是生产部门的不可控成本。

成本的可控性是相对而言的，一种成本对于一个部门来说是可控的，而对于另一个部门来说可能就是不可控的；一种成本在一段时期内是不可控的，但是从长期来看却又是可控的；一种成本在企业的基层是不可控的，但在企业高层可能就是可控的。

（四）按与决策的关系分类——相关成本和无关成本

成本相关性也称为决策相关性或决策有用性。当某项成本与某一特定决策相关，能够影响决策结果判断时，该项成本称为相关成本；反之，当某项成本与某一特定决策无关，不会影响决策结果判断时，该项成本称为无关成本。例如，企业决定外购设备，设备的价格、运费、谈判协商费，以及与设备外购这个决策有关系的其他所有成本，都是外购设备这个决策的相关成本，而之前年度生产用的设备的折旧费用则与本决策无关，属于无关成本。

成本分类依据企业不同管理需求进行划分，根据上述分类，成本分类综合情况如图2-2所示。

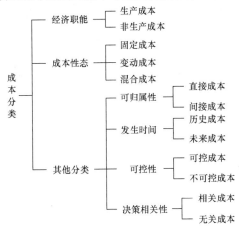

图 2-2　成本分类图

第二节　成本性态分类及其特点

成本性态又称成本习性，是指成本总额与特定业务量之间的依存关系。这种依存关系是客观存在的，是固有的属性，因此称之为习性。在管理会计中，研究成本与业务量之间的依存关系，有助于企业寻找降低成本的途径，对成本进行有效的预测、决策和控制。

按照成本性态可以将企业的全部成本分为固定成本、变动成本、混合成本三类。具体分类如图 2-2 所示。

一、固定成本

（一）固定成本的含义及特点

固定成本是指在一定时期和一定业务量范围内，成本总额不受业务量变动影响而保持不变的成本。例如，管理人员固定的基本工资、按直线法计提的固定资产折旧费、财产保险费、广告费、每月固定的租金成本等。由于其总额不受业务量变动的影响，单位产品所分担的成本则与业务量呈反比例变动。因此，固定成本性态特征如下：

（1）固定成本总额的不变性。在相关范围内，固定成本总额不受业务量变动影响，保持固定不变。

（2）单位固定成本的反比例变动性。在相关范围内，单位产品固定成本随业务量变动呈反比例变动。

固定成本呈现出的性态必须是在相关范围内，即在一定时期、一定业务量范围内，超出该范围，成本性态将会发生改变。

【例2-1】 HW公司由于拓展业务的需要，从租赁公司租赁一条手机生产线，租金每年大约为600万元，其最大生产能力为每年5万部。那么生产线的租金总成本a、业务量（产量）x和每部手机所负担的租金成本a/x之间的关系应该是怎样的？

解：分析可知，当HW公司每年手机产量不超过5万部时，生产线的租金总成本a是不会变化的，都是600万元。此时，对于HW公司来说，生产线的租金总成本a就是生产手机的一项固定成本。表2-4中显示业务量x与租金总成本a之间的关系。

表2-4　不同产量下租金的总成本及单位成本

手机产量（万部） （业务量x）	租金总成本（万元） （固定成本总额a）	每部手机负担租金成本（元） （单位固定成本a/x）
1	600	600
2	600	300
3	600	200
4	600	150
5	600	120

由表2-4可以看出，在一定业务量x（例题中为5万部）范围内，固定成本总额a（例题中为600万元）不随业务量水平的变化而变化，即总是保持固定不变，而单位固定成本a/x则随业务量的增加而减少。由此，描绘出固定成本总额与单位固定成本的性态模型如图2-3、图2-4所示。

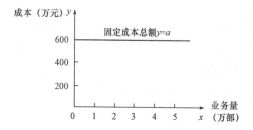

图2-3　固定成本总额与业务量关系图

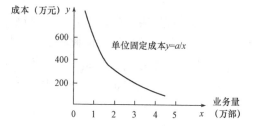

图2-4　单位固定成本与业务量关系图

（二）固定成本的分类

固定成本按其支出额受企业管理层决策的影响程度，即支出数额是否能够改变，可以进一步分为约束性固定成本和酌量性固定成本。

1. 约束性固定成本

约束性固定成本又称为拘束性固定成本，是指不受管理层决策行为影响的固定成本。约束性固定成本通常是提供和维持企业生产经营能力所需设施、机构而支出的成本。这些支出的大小取决于生产经营能力的规模，是维持企业最基本的生产能力的成本，因此属于经营能力成本。例如，固定资产折旧费、保险费、财产税、租赁费、长期贷款利息、管理人员工资等。

2. 酌量性固定成本

酌量性固定成本又称为选择性固定成本，是指受管理层决策行为影响、能改变其数额的固定成本。例如，广告和促销费、研究开发费、职工培训费等。这些成本在一定的预算执行期内固定不变，相对于生产量也是固定成本，而在编制下期预算时，可由企业管理部门根据未来的需要和财务负担能力进行调整。因此，要想降低酌量性固定成本，只有精打细算、厉行节约，在保证不影响生产经营的前提下尽量减少其支出总额。

（三）固定成本的相关范围

当界定某项成本为固定成本时，需要"在相关范围"内予以界定，即固定成本总额不受业务量影响的特征是有前提条件的，这个条件就是"相关范围"。

相关范围是指固定成本总额不变的期间与业务量范围。相关范围有两层含义：一是特定的时间范围，二是特定的业务量范围。首先，从长期来看，任何成本都是可以改变的，约束性固定成本与酌量性固定成本都会随着企业经营方针的改变而有所增减；其次，当业务量范围发生变化时，固定成本也不会一成不变。

例如，当企业生产能力超过现有生产能力时，企业必须增加新设备及其他固定资产，固定成本总额就会增加，从而发生改变。因此，脱离了"相关范围"，固定成本的"固定性"就不复存在。在【例2-1】中，HW公司的产量在5万部以上时，现有设备就无法满足生产要求，需要再租用设备，那么租金成本势必会增加，而不是维持在600万元，图2-5表示固定成本的相关范围。

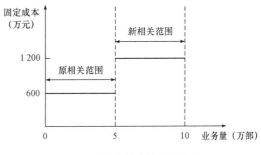

图2-5　固定成本的相关范围

二、变动成本

（一）变动成本的含义及特点

变动成本是指在一定期间和一定业务量范围内，其总额随着业务量的增减变动呈正比例变动的成本。如直接材料费、产品包装费、实行计件工资制的职工薪酬、推销佣金以及按工作量法计提的固定资产折旧费等。变动成本性态特征如下：

（1）变动成本总额的正比例变动性。在相关范围内，变动成本总额随业务量的增减变化呈正比例变动关系。

（2）单位变动成本的不变性。在相关范围内，单位变动成本不受业务量变动的影响，保持不变。

变动成本也是相对于"相关范围"而言的。即在一定的时期和一定的经营规模条件下，成本额与产量或业务量之间的正比例变动关系才存在，超出了相关范围，两者的关系就不一定是正比例变化。

【例2-2】　依据【例2-1】中，若HW公司每生产一部手机，需要一个外购零件。目前，符合该公司要求的零件市场价格为每个50元。试分析手机的年产量 x 和每部手机成本 b 以及零件的成本总额 bx 之间关系。

解：分析可知，HW 公司每年外购零件的成本总额 bx 与它所生产的手机数量 x 直接相关，每生产一部手机就会多发生 50 元的零件成本，因此对于 HW 公司来说，是一项变动成本。具体来说，单位变动成本 b、手机的年产量 x 和零件的成本总额 bx 之间的关系见表 2-5。

表 2-5　不同产量水平下零件的外购单价及成本总额

手机产量（万部）（业务量 x）	手机零件的外购单价（元）（单位变动成本 b）	外购零件的成本总额（万元）（变动成本总额 bx）
1	50	50
2	50	100
3	50	150
4	50	200
5	50	250

从表 2-5 可以看出，在一定的范围之内，变动成本总额 bx 随业务量水平 x 的变动而呈正比例变动；而单位变动成本 b 不随业务量水平 x 的变化而变化，即总是保持固定不变。

由此，绘制出变动成本总额和单位变动成本的性态模型如图 2-6、图 2-7 所示。

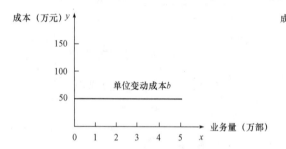

图 2-6　变动成本总额与业务量关系图

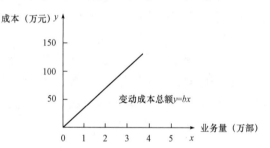

图 2-7　单位变动成本与业务量关系图

（二）变动成本的分类

企业在一定期间内的变动成本还可以进一步划分为技术性变动成本和酌量性变动成本两大类。

（1）技术性变动成本是指其单位成本主要受技术因素决定的变动成本。如生产一台计算机要用到一块主板、一个硬盘和一台显示器。这类成本的实质是利用生产能力进行生产所必然发生的成本，若企业不生产产品，其技术变动成本就是零。要想降低这类成本，一般应当通过改进设计方案，改造工艺技术条件，提高劳动生产率、材料综合利用率和投入—产出比率，以及加强控制、降低单耗等措施来实现。

（2）酌量性变动成本是指可以通过管理决策行为而改变的变动成本。例如，按主营业务收入的一定百分比支出的销售佣金、技术转让费等。这类成本的特点是其单位变动成本的发生额可以由企业最高管理当局决定。要想降低这类成本，应当通过提高管理人员的素质、进行合理的经营决策、优化劳动组合、改善成本来实现。

与固定成本一样，变动成本的性态特征"随着业务量的变动而呈正比例变动"，也有其相关范围，如果此条件不满足，变动成本就不再呈现正比例变动关系。当企业产量较小时，单位产品的材料成本和人工成本可能较高；当产量逐渐上升到一定范围时，由于材料更加充分地利用、工人熟练程度的提高、作业安排更加合理等原因，单位产品的材料成本和直接人工成本会逐渐下降并保持稳定。当产量突破上述范围继续上升时，可能出现更多不经济因素，使某些变动成本项目超量上升，如支付工人的累进加班工资，从而导致单位产品的变动成本增加。上述变动成本的变化如图 2-8 所示。

图 2-8 表明，伴随业务量的增长，变动成本总额不一定总是与产量的变动呈正比例变化，通常前者的增长幅度小于后者的增长幅度。在图 2-8 中，表现变动成本线的斜率随着产量的上升而减小；当产量继续上升时，变动成本总额增长幅度又会大于产量的增长幅度，变动成本线的斜率随着产量的上升而增加，表现为变动成本总额下凹的趋势；只有在中间阶段，变动成本总额弯曲程度平缓，呈线性关系，此段对应的业务量就是变动成本的相关范围。

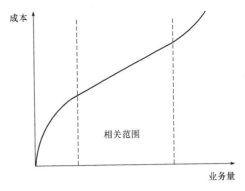

图 2-8 变动成本的相关范围

三、混合成本

（一）混合成本的含义及特点

在实际工作中，有些成本很难被明确归属为固定成本或变动成本。因为这些成本兼有固定成本和变动成本的双重特点，即成本总额要随业务量变动而变动但不是正比例变动，这类成本通常称为混合成本，如水电费、电话费、维修费等。

在企业中，成本大多是以混合成本的性态存在的，为了能够对成本进行细致的分析，提供更为精确的成本信息，需要了解混合成本，并将成本进行进一步分类，明确成本的属性。

（二）混合成本的分类

混合成本与业务量之间的关系比较复杂，按照其变动趋势的不同特点，可划分为半固定成本、半变动成本、延期变动成本和曲线式成本这四种类型。

1. 半固定成本

半固定成本又称为阶梯式混合成本，是指在一定业务量范围内，成本总额保持不变，类似于固定成本。在此基础上，当业务量超出这一范围时，成本总额就会跳跃上升一步，并在新的业务范围内保持不变，直到出现另一个新的跳跃为止。如企业的质检员、化验员、运货员等人员的工资都属于半固定成本。

【例 2-3】 HW 公司有质检员，每人每月可质检 1 000 部手机，月薪 3 000 元。当手机产量超过 1 000 部时，就需要新增质检员，并且每增加 1 000 部，就需要增加一名质检员，人工成本呈阶梯式上升。公司质检人员工资成本如图 2-9 所示。

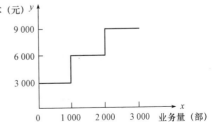

图 2-9 半固定成本

2. 半变动成本

半变动成本又称为标准式混合成本，是指成本总额随业务量的变动而变动，但是在没有业务量发生时仍然有成本发生。这类成本的特点是，通常有一个固定不变的初始量（基数），类似固定成本；在此基础上，随着业务量的增加，成本也呈比例增加，这部分成本又类似变动成本，即这类成本由明显的固定成本和变动成本组成。例如，每月的电话费有月租费（属固定成本）和超额费（属变动成本）；公用事业服务费，生产设备的维护、维修费。这些费用中的一部分是基数，不管企业是否使用或是否有业务发生，都需要支付，属于固定成本的性质；另一部分则根据企业耗用量的多少或业务量的多少来计算，属于变动成本的性质。

【例2-4】 HW公司安装了10部直拨电话，付款方式为：每部电话机每月缴纳基本月租费为28元，在此基础上，拨打国内电话付费标准为0.10元/分钟，则该公司支付电话费总额计算如下：

解：在本例中，280元为公司每月必缴纳基本费用，不随业务量（即打电话时间）变化而变化，属于固定成本。在此基础上每拨打一分钟，即多缴纳0.10元的费用，此部分电话费随电话时长而呈正比例变化，属于变动成本，因此公司电话费是由两部分构成，具体如图2-10所示。

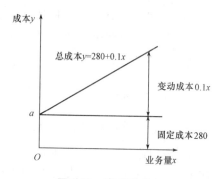

图2-10 半变动成本

3. 延期变动成本

延期变动成本又称为低坡型混合成本，这类成本在一定的业务量范围内，其总额保持固定不变，一旦超出这个范围，其成本随业务量变动而呈比例变动。

【例2-5】 HW公司的装配车间，工人执行固定工资超定额计件工资制度。当每月生产手机的定额产量在10 000部以下时，支付800 000元的基本工资；在此基础上，每增产1部手机，再奖励工资50元。要求构建HW公司装配车间手机产量 x 与生产工人工资成本 y 模型。

解：根据资料，HW公司装配车间生产手机的产量 x 与生产工人工资 y 之间的关系可用分段函数表示：

$$y = f(x) = \begin{cases} 800\ 000 & (0 \leqslant x \leqslant 10\ 000) \\ 800\ 000 + 50 \times (x - 10\ 000) & (x > 10\ 000) \end{cases}$$

其性态模型如图2-11所示。

4. 曲线式成本

曲线式成本又称为曲线变动成本，这类成本通常有一个初始量固定不变，相当于固定成本。在这个初始量上，成本随着业务量的变动而变动，但两者之间并没有严格保持正比例直线关系，而是在坐标上表现为一条曲线。这类成本中，有的成本随着业务量增加成本逐渐增加，其增长速度却低于业务量的增加速度，变化率呈递

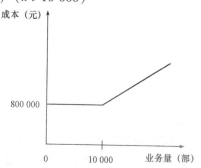

图2-11 延期变动成本

减状态，曲线表现为向下开口的曲线，称为递减曲线成本。例如，电炉设备热处理电耗等，其性态模型如图 2-12 所示。有的成本随着业务量的增加而增加，但其增加率高于业务量的增加率，曲线表现为向上开口的曲线，称为递增曲线成本。例如，累进计件工资、各种违约金与罚金等，其性态模型如图 2-13 所示。

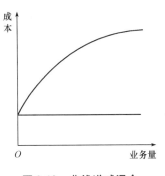

图 2-12　曲线递减混合成本性态模型

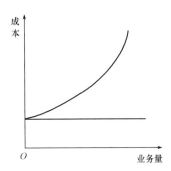

图 2-13　曲线递增混合成本性态模型

第三节　成本性态分析及其方法

一、成本性态分析的含义

成本按照性态分类是管理会计实现科学决策管理的重要贡献之一，对各项成本进行性态分析是使用管理会计方法的前提条件。但是固定成本与变动成本是经济生活中诸多成本性态的两种极端类型，企业的大多数成本是以混合成本的形式存在的，因此需要将其分解成固定成本与变动成本，从而更加深入地了解成本的性态，更好地控制和降低成本。

成本性态分析即混合成本的分解，是指在明确各种成本性态的基础上，按照一定的程序和方法，最终将全部成本区分为固定成本和变动成本两类，并建立相应成本函数模型 $y = a + bx$ 的过程。其中，y 代表总成本，x 代表业务量，a 代表固定成本总额（即真正意义上的固定成本与混合成本中的固定部分之和），b 代表单位变动成本，bx 代表变动成本总额（即真正意义上的变动成本与混合成本中的变动部分之和）。总成本函数模型如图 2-14 所示。

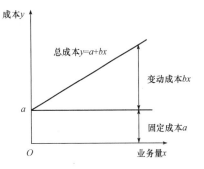

图 2-14　总成本函数模型

二、成本性态分析方法

企业中成本大多是以混合成本形式存在，通过成本性态分析，可以揭示企业成本的组成及其与业务量之间的关系，从而为企业的预测、决策、规划和控制等活动提供有用的信息。混合成本分解方法有很多，主要包括合同确认法、工程技术法、账户分析法、历史资料分析法。

(一) 合同确认法

合同确认法是指根据企业与供应商签订的各种合同、契约中的收费标准,以及企业内部制定的各种管理和核算制度中所明确规定的计费方法,来确定成本中固定成本和变动成本的成本性态分析方法。

【例 2-6】 HW 公司的一台生产设备采用经营租赁方式租入,租赁合同规定公司每月支付给租赁公司 15 000 元租金,在此基础上,每加工一个零件,需额外支付 4 元租赁费。请根据租赁合同建立租赁费的成本性态模型。

解:由于每月 15 000 元是固定的租赁费支出,与业务量无关,属于固定成本。每加工一件零件产生 4 元的租赁费与产量呈正比例变动关系,属于变动成本,因此,租赁费总成本与加工零件量之间的关系模型为:

$$y = 15\ 000 + 4x$$

其中,y 为租赁费总成本,x 为该租赁设备加工的零件数量。

合同确认法的基本特点是:以合同、账单上的基数确认为固定成本;按记录耗用量多少的计价部分确认为变动成本。由于以特定合同及收费标准为基础进行混合成本分解,因此结果最为准确,适用于有明确计算方法的各种成本,如电费、水费、煤气费、电话费等各种公用事业费,可以在没有历史成本数据的条件下采用。

(二) 工程技术法

工程技术法又称技术测定法,是由工程技术人员根据生产过程中投入与产出之间的关系,对各种物质消耗逐项进行技术测定,在此基础上来估算单位变动成本和固定成本的一种方法。

【例 2-7】 A 企业某冶金车间加工金属零件,加工方式是使用电磁炉烧结零件,如果以电费成本作为研究对象,经过观察与分析,该车间的电费支出与电磁炉的预热和烧结两个操作过程有关。按照最佳操作方法,电磁炉从开始预热至达到可烧结的温度需耗电 1 000 千瓦时,之后烧结每千克零件需耗电 200 千瓦时,每一工作日电磁炉预热一次,全月 22 个工作日。电费的价格是 0.5 元/千瓦时,要求以月作为成本期间,建立该车间电费成本性态模型。

解:该车间每月电费总成本为 y,烧结零件的重量为 x,每月固定电费成本为 a,单位零件电费成本为 b,则有:

$a = 1\ 000 \times 0.5 \times 22 = 11\ 000$ (元)

$b = 200 \times 0.5 = 100$ (元)

该冶金车间的电费总成本性态模型是:

$$y = 11\ 000 + 100x$$

工程技术法可以对企业现有的生产流程进行测定并进行详细分析,有助于企业找到最经济、最有效的生产程序和方法,改善产品制造流程,提高资源配置效益,对企业制定标准成本和编制预算有较好的指导性。在企业缺乏历史成本资料时,该方法是最有效的成本性态分析方法。同时,该方法是一种独立的混合成本分解方法,可用于检验历史成本分析法的分析结论。但是,工程分析法成本较高,需耗用大量人力、物力、财力及时间,对于没有特定投入—产出关系的成本无效。

(三) 账户分析法

账户分析法是根据有关成本账户记录的内容，分析其与产量的依存关系，直接判断其归属于固定成本还是变动成本的一种方法。账户分析法在很大程度上属于定性分析，即根据各个成本项目及明细账户的成本性态，通过经验判断，把那些与固定成本较为接近的成本归入固定成本；把那些与变动成本较为接近的成本归入变动成本。至于不能简单地归入固定成本或变动成本的项目，可通过一定比例将它们分解为固定成本和变动成本两部分。

【例 2-8】 假设以 HW 公司第一生产车间作为分析对象，20×6 年 3 月份的成本数据见表 2-6，假设该车间只生产一种手机产品。

表 2-6 一车间生产成本数据　　　　　　　　　　单位：元

账户	总成本
生产成本——原材料	600 000
——工资	300 000
制造费用——燃料、动力	80 000
——维修费	50 000
——工资	100 000
——折旧费	30 000
——办公费	20 000
合计	1 180 000

要求：对总成本进行成本性态分析。

解： 使用账户分析法进行成本性态分析时，判断依据是成本账户及明细账的发生额与业务量的变动是否有关。如果没有关系或没有明显变动关系，应划分为固定成本。如果与业务量呈正比例变动关系或与业务量变动关系很明显，应列为变动成本。因此 HW 公司一车间 20×6 年 3 月份的成本数据分解过程见表 2-7。

表 2-7 一车间成本数据分解　　　　　　　　　　单位：元

账户	总成本	固定成本	变动成本
生产成本——原材料	600 000		600 000
——工资	300 000		300 000
制造费用——燃料、动力	80 000		80 000
——维修费	50 000		50 000
——工资	100 000	100 000	
——折旧费	30 000	30 000	
——办公费	20 000	20 000	
合计	1 180 000	150 000	1 030 000

在表 2-7 中，生产成本账户的直接材料与直接人工，通常为变动成本；制造费用中的燃

料、动力和维修费，虽然不与产量变动呈正比例变动关系，但其发生额的大小与产量变动的关系很明显，因此将其划为变动成本。假设该车间当月生产量为10 000件，那么：

$$b = \frac{1\ 030\ 000}{10\ 000} = 103（元/件）$$

则该车间的总成本性态模型为：

$$y = 150\ 000 + 103x$$

账户分析法的优点是简便易行，在成本性态分析方法中是最为简单的一种，在企业没有历史数据可以参考的前提下，仅仅提供某一会计期间经营数据的情况下可以采用。账户分析法适用于会计基础工作较好的企业，但由于此法要求分析人员根据自己的主观判断来决定每项成本是固定成本还是变动成本，因而分类结果比较主观，精确性差。

（四）历史资料分析法

历史资料分析法是根据混合成本在过去一定期间内的成本与业务量的历史资料，采用适当的数学方法对其进行数据处理，从而分解出固定成本总额和单位变动成本的一种定量分析法。该法要求企业历史资料齐全，成本数据与业务量的资料要同期配套，具备相关性。因此，此法适用于生产条件比较稳定、成本水平波动不大以及有关历史资料比较完备的企业。此外，采用此法时必须注意不应使用已过时的历史数据，并分析历史数据中是否包含着过去的低效率，一旦识别出低效率，必须将其剔除。常用的历史资料分析法有高低点法、散布图法和回归直线法。

1. 高低点法

高低点法的基本原理是解析几何中的两点法，是通过观察相关范围内的各期业务量与相关成本所构成的所有坐标点，从中选出高低两点的坐标，据此推算固定成本总额（混合成本中的固定部分）a 和单位变动成本（混合成本中变动部分的单位额）b 的一种成本性态分析方法。

高低点法的基本步骤如下：

（1）确定高点与低点坐标。从企业各期业务量与相关成本所构成的所有坐标点中，找出由最高业务量与对应成本组成的高点坐标（x_1, y_1）和由最低业务量与对应成本组成的低点坐标（x_2, y_2）。

（2）计算 b 值。根据高低点坐标值计算混合成本的变动部分单位额（单位变动成本）b。其计算公式为：

$$b = \frac{y_1 - y_2}{x_1 - x_2}$$

（3）计算 a 值。将高点或低点坐标值代入混合成本公式，计算出 a 值。

$$a = y_1 - bx_1$$

或

$$a = y_2 - bx_2$$

（4）建立成本性态模型。将上述步骤计算的 a 值与 b 值代入 $y = a + bx$。

【例2-9】 高低点法成本性态分析。

HW公司一车间20×6年下半年的维修费用的历史资料见表2-8，试用高低点法分解出固定成本和变动成本。

表 2-8　业务量与维修费关系表

月份	7	8	9	10	11	12
业务量（小时）	90	65	80	60	85	70
维修费（元）	1 400	1 200	1 360	1 100	1 380	1 230

解：根据表 2-8 数据资料，选择高点与低点，高点坐标为（90，1 400），低点坐标为（60，1 100）。

$$b = \frac{1\,400 - 1\,100}{90 - 60} = 10\text{（元/件）}, \quad a = 1\,400 - 90 \times 10 = 500\text{（元）}$$

或 $a = 1\,100 - 60 \times 10 = 500$（元）

据此建立维修费的成本性态模型为：

$$y = 500 + 10x$$

其中，固定部分为 500 元，变动部分为 $10x$。

高低点法的优点是简便，易于理解，但它只依靠两点数据，不一定能代表整体特征。因此，精确度较差，同时也容易受偶然性因素的影响。使用高低点法时，需要注意的是选择高低两点是以业务量高低两点为依据，而不是以成本的高低为依据。

2. 散布图法

散布图法又称直观法或目测法，是指采用描点法，把企业收集到的一系列业务量和混合成本的历史数据描绘在以成本为纵轴、以业务量为横轴的平面直角坐标系中所形成的图形。使用散布图法，首先要将有关的历史数据在直角坐标系中描绘出来，形成散点图；然后通过目测法，用一条直线拟合这些散点，从而反映企业成本的变动趋势。其步骤及原理如下：

（1）在平面直角坐标系中标出一定时期成本数据的散布点。

（2）考察散布点的分布规律，目测出一条直线，尽可能接近所有点，反映散布点的平均变动趋势。注意，在目测直线时，为了使所画直线能反映各成本点平均变动趋势，必须遵循三点要求：第一，尽量使直线上下的点的数量相等；第二，上下各点与直线垂直距离之和大致相等；第三，对于个别异常的成本点，可以不予考虑。

（3）所画直线与纵轴的交点即 a 值（截距）。

（4）确定单位变动成本 b，即所画直线的斜率。将各期总成本之和扣除各期固定成本之和，其余额即为变动成本总额之和。再据此计算单位变动成本，即有：

$$\text{单位变动成本 } b = \frac{\text{各期总成本合计} - \text{各期固定成本合计}}{\text{各期业务量合计}} = \frac{\sum y - na}{\sum x}$$

（5）建立成本性态模型 $y = a + bx$。

【例 2-10】 依据【例 2-9】中资料。

要求：用散布图法对 HW 公司一车间下半年维修费进行分解。

解：依据前述步骤绘制散布图，如图 2-15 所示。

散布图法的优点是全面考虑了所有的历史成本数据，相对于高低点法，使用的数据更加全面，从而计算结果比高低点法更加准确。但是由于目测的拟合线具有一定的主观随意性，不同的成本分析人员对相同的资料会得出不同的答案。因此，这种方法仅适用于对成本的粗略估计，不适合做精确的成本估计。

3. 回归直线法

从散布图法分解混合成本的原理中可以发现，根据所散布的成本点进行目测可以画出任意多条不同的直线，有些直线与大多数散布点距离较远，其精确程度就差。为此，要在这些可能的直线中找出一条最接近所有散布点的直线，这条直线与实际数据的误差比其他任何直线都小，这条合理的直线称为回归直线。

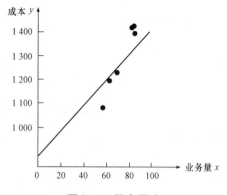

图 2-15　散布图法

回归直线法是一种数理统计法，它依据过去若干期业务量与成本的资料，应用数学上的最小平方法系理，来精确地计算出混合成本中的固定成本和单位变动成本。其原理是从散布图中找到一条直线，该直线与由全部历史数据形成的散布点之间的误差平方和最小。因而这种方法又称最小平方法。这条直线在数理统计中称为"回归直线"或"回归方程"。

回归直线法的计算步骤如下：

（1）计算线性相关系数，确定成本与业务量之间的线性相关性。其计算公式如下：

$$r = \frac{n\sum xy - \sum x \sum y}{\sqrt{[n\sum x^2 - (\sum x)^2] \cdot [\sqrt{n\sum y^2 - (\sum y)^2}]}}$$

式中，r 为相关系数，n 为样本量，y 为混合成本，x 为业务量。

相关系数 r 在 -1 至 1 之间，当 $r=0$ 时，成本与业务量不相关，即成本总额不随业务量变化而变化；当 $r=\pm 1$ 时，成本与业务量完全相关（其中，$r=1$ 时，二者完全正相关；$r=-1$ 时，二者完全负相关），即成本总额随业务量的变化呈正比例变化；当 $0<|r|<1$ 时，其数值反映成本与业务量之间的相关程度。

（2）计算回归直线斜率 b（即单位变动成本）。其计算公式为：

$$b = \frac{n\sum xy - \sum x \sum y}{n\sum x^2 - (\sum x)^2}$$

（3）计算回归直线截距 a（即固定成本总额）。其计算公式为：

$$a = \frac{\sum x^2 \sum y - \sum x \sum xy}{n\sum x^2 - (\sum x)^2}$$

在已知 b 的基础上，可以利用下式直接推导 a 值：

$$a = \frac{\sum y - b\sum x}{n}$$

建立回归直线模型：

$$y = a + bx$$

回归直线法考虑了全部的历史成本数据，避免了高低点法只选择高点与低点所带来的偶然性，并且用计算代替了目测，较散布图法更为精确。但是该方法要求业务量与混合成本之间呈线性关系,且工作量较大。如果能使用计算机,这种方法将会得到广泛应用。在 Excel 环境下,利用业务量与成本的历史数据,通过插入统计函数 correl、slope 和 intercept,可以很方便快速地计算出相关系数 r 及回归系数 b 和 a。

纵观以上混合成本的分解方法,它们各有优点也各有缺点。工程技术法和账户分析法是一种带有主观判断倾向的方法,分解结果不够精确,但所花费用较低。后三种方法要收集大量有关的历史资料,工作量较大,但混合成本分解的结果较前两种方法更精确。在实际使用时,可根据企业的具体情况,将几种方法结合起来应用,以求混合成本分解的正确性。

案例导入分析

在开篇案例中,王辉打算选择比较划算的套餐形式,对于王辉而言,他做决策时需要分析的条件如下:

(1) 每月固定套餐费用这项固定成本小于 60 元。(案例中所列示方案均满足条件)

(2) 自己每月资费的历史情况。需要王辉的历史资费情况作为参考,从而判断在话费和流量套餐的选择。例如,王辉每月上网流量的使用要远远大于打电话的使用,与同学亲友大多是网络联系,即使远在外地,也可以通过与父母借助网络视频进行沟通,打电话情况较少,这时王辉当然更倾向于流量套餐较多的资费套餐。如果父母无法通过网络与其取得联系,而同学朋友间沟通则大多需要网络,则王辉既要考虑打电话套餐,又要考虑网络资费。

(3) 预计未来每月电话与网络业务量情况。根据以往的资费情况,以及对外来情况的大致判断,预计未来每月将会产生多少打电话业务量以及网络流量。例如,王辉打算每三天给父母打一次电话,每次通话十分钟,则每月需要约 100 分钟电话业务量。网络流量在不看视频、不玩游戏,只是正常接发消息的情况下,每月所需流量约 300 M。

(4) 确定资费的成本性态分析模型。利用成本性态分析方法,单一分析王辉每月打电话资费情况,设通信资费为 y 元,固定套餐费用为 a 元,超业务量单位话费为 b 元/分钟,打电话业务量为 x 分钟,以中国移动 58 元套餐,150 分钟话费业务为例,则王辉每月打电话费用情况为:

$$y = \begin{cases} 58, & x \leq 150 \\ 58 + 0.19(x - 150)x, & x > 150 \end{cases}$$

同理,流量套餐也可如此计算,打电话资费与流量资费合计,即是每月话费(需要设置两个业务变量)。

现在可利用所学方法帮助王辉选择合适的套餐。

本章小结

本章集中说明了线性条件下成本与业务量之间的相互关系,必须理解成本分类的目的,成本习性分析的意义。

固定成本、变动成本和混合成本是成本按照习性进行的具体分类,掌握成本与业务量之间的特定依存关系,掌握不同成本的含义与特征。

混合成本分析方法有很多种,注意方法的适用条件,运用这些定性或定量的分析方法来描述成本与业务量之间关系,描绘总成本的变化趋势并建立数学模型。

技能训练

一、单项选择题

1. 在混合成本分解的历史资料分析方法中,计算结果最为精确的方法是( )。
   A. 高低点法　　　　B. 散布图法　　　　C. 回归直线法　　　　D. 直接分析法
2. 在相关范围内,单位产品变动成本与业务量之间的关系是( )。
   A. 反比关系　　　　　　　　　　　B. 正比关系
   C. 保持不变　　　　　　　　　　　D. 部分正比、部分反比
3. 下列成本中,属于酌量性固定成本的是( )。
   A. 折旧费　　　　B. 职工培训费　　　　C. 管理人员工资　　　　D. 保险费
4. 下列各项成本费用中,属于酌量性固定成本的是( )。
   A. 广告费　　　　　　　　　　　　B. 运输车辆保险费
   C. 行政部门耗用水费　　　　　　　D. 生产部门管理人员工资
5. 在不改变企业生产经营能力的前提下,降低固定成本总额的措施通常是指降低( )。
   A. 约束性固定成本　　　　　　　　B. 酌量性固定成本
   C. 半固定成本　　　　　　　　　　D. 单位固定成本
6. 按高低点法进行成本分解,其中的高点是指( )。
   A. 单位成本的最高点　　　　　　　B. 总成本的最高点
   C. 业务量的最高点　　　　　　　　D. 平均成本的最高点
7. 甲消费者每月购买的某移动通信公司 58 元套餐,含主叫长市话 450 分钟,超出后主叫国内长市话每分钟 0.15 元。该通信费是( )。
   A. 变动成本　　　B. 延期变动成本　　　C. 阶梯式成本　　　D. 半变动成本
8. 变动成本概念中涉及的相关范围是指( )。
   A. 成本的变动范围　　　　　　　　B. 业务量的变动范围
   C. 时间的变动范围　　　　　　　　D. 市场容量的变动范围
9. 将成本分为固定成本、变动成本和混合成本的分类依据是( )。
   A. 成本的可辨认性　　　　　　　　B. 成本的性态
   C. 成本核算目标　　　　　　　　　D. 成本的经济用途

二、多项选择题

1. 下列各项中,属于变动成本的是( )。
   A. 按销售量提取的销售佣金　　　　B. 商标使用费
   C. 产一箱啤酒所需要的定量啤酒成本　　D. 销售而支付的广告宣传费
   E. 销售人员培训费
2. 关于固定成本的正确表述是( )。
   A. 总额永远固定不变
   B. 在相关范围内,总额不随业务量变动而变动
   C. 在相关范围内,单位固定成本与业务量之间呈反方向变化

D. 在坐标图中，单位固定成本是一条平行于横轴的直线

E. 在坐标图中，固定成本总额是一条平行于横轴的直线

3. 下列成本项目中，属于酌量性固定成本的是（　　）。

A. 新产品开发费　　　　　　B. 房屋租金

C. 管理人员工资　　　　　　D. 广告费

E. 职工培训费

4. 成本性态分析方法有（　　）。

A. 直接分析法　　　　　　　B. 历史资料分析法

C. 高低点法　　　　　　　　D. 散布图法

E. 技术测定法

5. 下列属于半变动成本的有（　　）。

A. 电话费　　B. 煤气费　　C. 水电费　　D. 折旧费

E. 工资费

三、判断题

1. 采用高低点法进行成本性态分析时，若业务量最高点、最低点与成本最高点、最低点不一致时，高低点坐标的选择以业务量为准。（　　）

2. 成本性态分析的最终目的就是把全部成本分为固定成本、变动成本和混合成本三大类。（　　）

3. 生产成本中的直接成本就是变动成本，间接成本就是固定成本。（　　）

4. 假如总成本可以用 $y=a+bx$ 来表示，只要确定了 a 和 b，便可以方便地计算出在相关范围内任何产量 x 下的总成本 y。（　　）

5. 工程技术法仅适用于历史成本数据翔实的情况下。（　　）

6. 从整个企业的角度来看，所有的成本都是可控成本，则对于企业内部的分厂、车间、班组来说，所有成本也是可控成本。（　　）

四、业务题

1. 光明机械厂20××年12个月的维修费用历史数据见表2-9。

表2-9　维修费用历史数据

月份	业务量（工时）	维修费（元）	月份	业务量（工时）	维修费（元）
1	50	2 500	7	55	2 900
2	80	3 500	8	60	3 100
3	90	3 700	9	85	3 400
4	70	3 200	10	95	3 800
5	40	2 300	11	60	2 800
6	100	4 000	12	110	4 050

要求：

（1）根据上述资料，用高低点法将维修费用分解为变动成本和固定成本，并写出混合成本的公式。

（2）根据上述资料，用回归直线法将维修费用分解为变动成本和固定成本，并写出混合成本的公式。

（3）如果计划期的业务量为100工时，则维修费用的总额为多少？

2. 某企业本年混合成本资料见表2-10。

表 2-10　混合成本资料

季度	产量（件）	混合成本（元）
1	100	20 000
2	150	26 000
3	110	21 500
4	130	23 700

要求：

（1）用高低点法分解混合成本。

（2）假定下年计划产量500件，要求预测下年的混合成本总额。

3. 某冰激凌加工厂12个月中最高产量与最低产量的生产成本摘录见表2-11。

表 2-11　生产成本资料

项目	最高点（7月）	最低点（1月）
产量（箱）	75 000	50 000
生产总成本（元）	176 250	142 500

上面的生产总成本包括变动成本、固定成本和混合成本三类。该厂会计部门曾对最低点产量为50 000箱的生产总成本做了分析，其各类成本的组成情况如下：

变动成本总额　　　50 000 元
固定成本总额　　　60 000 元
混合成本总额　　　32 500 元
生产总成本　　　　142 500 元

要求：

（1）采用高低点法将该厂的混合成本分解为变动成本和固定成本，并写出混合成本公式。

（2）若该厂下年1月份的产量为65 000箱，预测其生产总成本将会是多少？

五、思考题

试列举大学学习生活成本，分析每项成本是什么性态的，并尝试构建成本性态分析模型。

第三章

变动成本法

★ 案例导入

苹果手机降低成本

苹果公司出类拔萃的产品和高额的盈利都获得了外界不少的关注。但是人们却很少注意到苹果公司同样卓有成效的成本管理。在各大高科技企业中,苹果公司所花费的企业支出占公司总销售收入的比例非常小。苹果公司的"企业支出"主要包括该公司的销售成本、一般成本以及管理成本,三者在一起简称为"SGA 成本"(Sales, General and Administrative costs)。同时苹果公司的 SGA 成本与其营收的比例却在逐年稳步下降。

在过去的 10 年里,苹果公司在员工工资、设备租赁以及基础设施上所花费的开销与其销售收入的比例也在逐步减少。在 2001 年,苹果公司的 SGA 成本占据了该公司当年总营收的 21%。而到了 2012 年,苹果公司的 SGA 成本仅占据了其销售额的 7%。随着苹果公司的总营收不断增长,该公司 SGA 成本所占的比例也随之不断下降。与苹果公司相比,对很多高科技企业而言,其企业支出无论在该公司的销售业绩是否有所提升的情况下,都是固定不变的。

降低 SGA 成本是非常重要的一个环节。苹果公司从 SGA 成本中每节省下来的 1 美元,都将会为公司的营业收入增加 1 美元。对于 1 000 亿元的营收而言,1 个百分点也是一笔不小的数额。

从这个案例可以进一步分析,企业成本管理对盈利实现的意义。

资料来源:http://news.zol.com.cn/242/2 428 154.html。

★ 学习目标

- 了解变动成本法和完全成本法的特点,掌握变动成本法和完全成本法计算损益的过程。
- 通过变动成本法和完全成本法的比较,理解变动成本法的优点及局限性,了解变动成本法和完全成本法的实际应用。

★ 重点与难点

- 重点：掌握变动成本法和完全成本法损益的计算及二者的利润差异形成原因。
- 难点：能够对变动成本法和完全成本法进行评价。

★ 职业技能

变动成本法是企业组织日常核算所采用的方法，通过本章的学习使学生对变动成本法的基本理论与方法有个明确的认识，在今后的从业过程中，能够熟练编制变动成本法损益表，并运用变动成本法所提供的管理信息进行成本和利润管理。

第一节　完全成本法与变动成本法内涵

成本是企业在生产经营过程中对象化的、以货币表现的，为达到一定目的而应当或可能发生的各种经济资源的价值牺牲或代价。例如，企业生产产品需要使用原材料，原材料费用构成产品生产成本；为销售产品而发生的广告成本是企业销售成本的一部分。为了成本管理上的需要，无论在财务会计中，还是在管理会计中，都需要对企业发生的成本项目进行分类和归集。

最常见是将制造企业的成本项目按经济用途分为制造成本与非制造成本两大类。这是财务会计学上的传统分类方法。制造成本是在产品制造过程中发生的。制造成本一般包括三项：直接人工、直接材料和制造费用。在财务会计中，制造成本被分摊到本期生产的产品中，形成产品成本。当产品被售出后，该部分产品成本转化为产品销售成本，成为当期的费用。而没有售出的产品就成为存货，相应的产品成本就成为存货成本，作为资产的一个项目结转到下一个期间。

非制造成本又称为期间成本，是因为非制造成本的发生更大程度上同期间有关，而非生产量的多少。非制造成本是指销售与管理方面发生的成本，主要包括销售费用、管理费用、财务费用。非制造成本的发生在当期就全部被确认为费用。

将成本按经济用途分类更多的是为了编制和准备财务报表。但是，为了成本管理和企业战略管理的需要，现代管理会计认为依据成本总额与企业的某个业务量或活动（作业）的关系（即成本性态），将成本分为变动成本与固定成本，这对于分析成本和利润变动原因，加强销售管理更有意义。

一、变动成本法的概念

变动成本法是相对于传统的成本计算方法——完全成本法而言的。变动成本法起源于20世纪30年代的美国，第二次世界大战后，西方发达国家的市场竞争程度日趋激烈，企业管理者为了能保证企业的发展壮大，要求会计提供与生产活动直接相关的信息，以便加强对经济活动的事前规划与日常控制，于是变动成本法开始在企业管理中不断得以推广应用。

变动成本法是指在组织常规的成本计算过程中，以成本性态分析为前提条件，只将变动生产成本，即直接材料、直接人工和变动制造费用作为产品成本的构成内容，而将固定生产成本作为期间成本，并按贡献式损益确定程序计量损益的一种成本计算模式。变动成本法是管理会计专用的成本计算方法。

完全成本法是指在组织常规的成本计算过程中，以成本按经济用途分类为前提条件，将全部生产成本作为产品成本的构成内容，只将非生产成本作为期间成本，并按传统式损益确定程序计量损益的一种成本计算模式。完全成本法又称全部成本法，是传统的成本计算方法，它把生产制造过程的全部成本都计入产品成本，而将非生产成本作为期间费用。生产制造过程的全部成本包括生产过程中所消耗的直接材料、直接人工、变动制造费用和固定制造费用等。正因为该种方法把生产过程中的全部成本都包括进去，不管这些成本是变动的还是固定的，制造费用全部按一定的分配标准在销售产品和存货之间分配，所以又称为吸收成本法，我国将此法称为制造成本法。目前，我国的会计准则和会计制度都要求存货成本按全部制造成本报告。

二、变动成本法的理论依据

从完全成本法和变动成本法的内涵，可以非常容易地得出，这两种方法的主要区别就是对固定制造费用的处理不一样。完全成本法是将固定制造费用的一部分吸收进存货成本中，而变动成本法是将固定制造费用全额列入期间费用，由当期的销售产品承担，影响当前损益。

完全成本法是从生产过程与产品之间的因果关系出发，认为凡是在生产过程发生的成本都应当列作生产成本。

变动成本法的理论依据是：产品成本与产品产量密切相关，在生产工艺没有实质性变化、成本水平保持不变的情况下，产品成本总额应当随着完工产品的产量呈正比例变动，因此，只有变动生产成本才能构成产品成本的内容。固定制造费用是为企业提供一定的经营条件，以保持一定的生产能力而发生的费用，但它们同产品的实际产量没有相关关系，不会随产量的提高而增加，也不会随产量的下降而减少，却随着企业生产经营期限的长短而变化，其效益随着时间的推移而消逝，应属于期间费用，具有时效性，所以此部分费用不应递延到下一个会计期间，而应当在发生时计入当期费用。变动成本法在管理会计中的应用非常广泛。

三、变动成本法的特点

与完全成本法相比，变动成本计算具有以下特点：

（1）变动成本法以成本性态分析为基础，即将所有的成本区分为变动成本和固定成本两大类，将直接与产品生产有联系的所有变动成本称为"产品成本"，而把同产品生产没有直接联系的所有固定成本，包括固定制造费用统称为"期间成本"。

（2）变动成本法分两步计算期间损益，首先以销售收入减去销售产品的变动成本确定边际贡献；然后再减去期间成本（固定成本）确定营业利润，即采用贡献式损益计量程序。

（3）变动成本法主要用于企业内部的经营管理。按企业会计准则要求，企业应按完全成本法提供的成本资料编制对外的财务报表；而变动成本法作为一种成本会计制度，主要为企业内部经营管理提供成本计算基础。

第二节　完全成本法与变动成本法比较

由于完全成本法与变动成本法对固定制造费用的处理不同，使得两种方法在产品成本的内容、存货的计价及分期损益的计算方面存在一系列的差异。管理会计中变动成本法的运用较广泛，可以为企业进行各种经营决策提供非常有用的信息。下面通过与完全成本法的对比，来进一步了解变动成本法。

一、成本划分及成本构成内容的比较

变动成本法按照成本性态把企业的全部成本划分为变动成本和固定成本两大类，尤其要把混合成本性质的制造费用按生产量分解为变动制造费用和固定制造费用。非生产成本的销售费用也要按销售量分解为变动成本和固定成本两部分。在变动成本法下，产品成本全部由变动生产成本构成，而将固定生产成本和非生产成本全部列入期间费用。

完全成本法按照成本的发生领域或经济用途，把企业的全部成本分为生产成本和非生产成本。在完全成本法下，产品成本包括全部生产成本（即直接材料、直接人工和制造费用），期间费用则仅包含非生产成本。

这两种方法在产品成本及期间成本的构成内容上的区别见表3-1。

表3-1　完全成本法与变动成本法成本构成

成本划分	完全成本法	变动成本法
产品成本	直接材料 直接人工 变动制造费用 固定制造费用	直接材料 直接人工 变动制造费用
期间成本	管理费用 财务费用 销售费用	固定制造费用 管理费用 财务费用 销售费用

【例3-1】　立人刀具厂2016年生产刀具40 000件，年初存货为零，销售35 000件，销售单价每件80元，有关成本总额资料如下：

直接材料1 000 000元

直接人工600 000元

变动制造费用 200 000 元

固定制造费用 700 000 元

变动销售费用 30 000 元

固定销售费用 40 000 元

固定管理费用 35 000 元

固定财务费用 14 000 元

分别按完全成本法和变动成本法计算该企业产品成本和期间成本，具体计算过程见表3-2。

表 3-2 完全成本法与变动成本法比较分析　　　　　　　　单位：元

项目		完全成本法		变动成本法	
		总成本	单位成本	总成本	单位成本
产品成本	直接材料	1 000 000	25	1 000 000	25
	直接人工	600 000	15	600 000	15
	变动制造费用	200 000	5	200 000	5
	固定制造费用	700 000	17.5	—	—
	合计	2 500 000	62.5	1 800 000	45
期间成本	固定制造费用	—	—	700 000	—
	管理费用	35 000	—	35 000	—
	销售费用	70 000	—	70 000	—
	财务费用	14 000	—	14 000	—
	合计	119 000	—	819 000	—

以上计算表明，按完全成本法计算的产品总成本和单位成本分别为 2 500 000 元和 62.5 元；按变动成本法计算的产品总成本和单位成本分别为 1 800 000 元和 45 元，两种成本计算方法的区别在于对固定制造费用的处理不同，即完全成本法将固定造费用 700 000 元计入产品成本，而变动成本法将固定制造费用 700 000 元计入期间费用。

二、销售成本及存货成本水平的比较

当期末存货量不为零时，在变动成本法下，固定制造费用作为期间成本直接计入当期利润表，因而本期销售成本、期末存货成本都不包括固定制造费用，两者均按变动成本计价。在完全成本法下，由于固定制造费用计入产品成本，这样已销售产品与期末存货均"吸收"了一部分固定制造费用，即销售成本和期末存货成本均按完全成本计价。这必将导致两种方法下销售成本及存货成本水平的不同。

【例3-2】 按【例3-1】所提供的资料，2016年生产刀具40 000件，年初存货为零，销售35 000件，期末存货5 000件，求两种成本法下的销售成本和期末存货成本。

解：在变动成本法下：

销售存货成本 = 单位产品成本 × 本期销售量 = 45 × 35 000 = 1 575 000（元）

期末存货成本 = 单位产品成本 × 期末存货量 = 45 × 5 000 = 225 000（元）

在完全成本法下：

销售存货成本 = 单位产品成本 × 本期销售量 = 62.5 × 35 000 = 2 187 500（元）
期末存货成本 = 单位产品成本 × 期末存货量 = 62.5 × 5 000 = 312 500（元）

三、损益确定程序的比较

两种成本计算法的区别不仅限于成本计算方面，而且营业利润的计量程序也有区别。在变动成本法下，只能按贡献式损益确定程序计量营业利润；而在完全成本法下则必须按传统式损益确定程序计量营业利润。

（一）完全成本法的损益确定程序

在传统式损益确定程序下，首先用营业收入补偿本期销售产品的生产成本，从而确定销售毛利，然后再用销售毛利补偿期间费用以确定当期营业利润。具体计算如下：

1. 计算销售毛利

$$销售毛利 = 销售收入 - 销售成本$$

其中：　销售成本 = 期初存货成本 + 本期发生的生产成本 - 期末存货成本
　　　　　　　= 期初单位完全生产成本 × 期初存货量 + 本期单位完全生产成本 × 本期产量 - 本期单位完全生产成本 × 期末存货量

2. 计算营业利润

$$营业利润 = 销售毛利 - 期间费用$$

其中：　期间费用 = 管理费用 + 销售费用 + 财务费用

（二）变动成本法的损益确定程序

1. 计算边际贡献

$$边际贡献 = 销售收入 - 变动成本总额$$

其中，变动成本总额包括销售产品的变动生产成本、变动非生产成本。

变动生产成本 = 期初单位变动生产成本 × 期初存货量 + 本期单位变动生产成本 × 本期产量 - 本期单位变动生产成本 × 期末存货量

由于单位变动生产成本在相关范围内保持不变，也就是期初、本期和期末的单位变动生产成本相等，所以，通常情况下，上式可以简化为：

变动生产成本 = 期初单位变动生产成本 × 期初存货量 + 本期单位变动生产成本 × 本期产量 - 本期单位变动生产成本 × 期末存货量
　　　　　　 = 单位变动生产成本 ×（期初存货量 + 本期产量 - 期末存货量）
　　　　　　 = 单位变动生产成本 × 销量

值得注意的是，完全成本法不可以做这样的简化，因为完全成本法的单位生产成本在各期之间很可能是不一样的。

2. 计算营业利润

$$营业利润 = 边际贡献 - 固定成本总额$$

其中，固定成本总额包括当期固定制造费用、固定销售费用和管理费用、财务费用。

这两种成本计算方法在损益确定程序上的不同源于两者的服务对象不同。完全成本法主要是财务会计应用的成本计算方法，侧重于为外部信息使用者提供企业经营成果的信息，其重点在于确定最终收益;变动成本法主要是管理会计应用的成本计算方法,侧重于为企业内部管理提供事前的规划、决策所需的信息,其重点是确定边际贡献,反映产销量变动对边际贡献的影响。

【例3-3】 按【例3-1】、【例3-2】所提供的资料,分别按两种方法计算的营业利润,见表3-3。

表3-3 两种方法营业利润表

完全成本法(传统式)		变动成本法(贡献式)	
销售收入	3 200 000	销售收入	3 200 000
销售成本		变动成本	
期初存货成本	0	变动生产成本	1 575 000
本期生产成本	2 500 000	期初存货成本	0
可供销售商品生产成本	2 500 000	本期生产成本	1 800 000
减:期末存货成本	312 500	可供销售商品生产成本	1 800 000
销售成本合计	2 187 500	减:期末存货成本	225 000
销售毛利	1 012 500	变动非生产成本	30 000
减:非生产成本		变动成本合计	1 605 000
销售费用	70 000	边际贡献	1 595 000
管理费用	35 000	减:固定成本	
财务费用	14 000	固定生产成本	700 000
营业利润	893 500	固定非生产成本	89 000
		营业利润	806 000

按完全成本法编制的损益表把所有成本费用项目按生产、销售、管理等不同经济职能进行排列,主要是为适应企业外界有经济利益关系的团体或个人的需要而编制的,故又称为"职能式损益表"。

按变动成本法编制的损益表把所有成本项目按成本性态分为变动成本和固定成本两大类,主要是为了便于取得贡献毛益信息,所以又称为"贡献式损益表"。

四、分期损益的比较

分期损益是指某一特定的会计期间的营业利润。由于变动成本法与完全成本法对固定制造费用的处理不同,因此,它们计算出来的损益有可能不同。表3-3的计算结果表明,按完全成本法确定的营业利润比按变动成本法确定的营业利润多87 500元。其原因是本期生产量大于销售量,在发生的700 000元固定性制造费用中,在完全成本法下,612 500元通过销售成本计入利润表,其余87 500元被期末存货吸收并结转下期。而在变动成本法下,固定性制造费用全部作为期间成本计入利润表。这也就是两种成本法利润产生差异的原因,并且这种差异存在特定规律。

(一)两种成本计算方法分期损益差异的计算与验证

两种成本计算方法分期损益差异可按下列关系式计算并验证:

两种成本计算方法分期损益差异＝完全成本法计算的某期利润－变动成本法计算的某期利润

由前面的分析可知，完全成本法和变动成本法的损益计算产生差异的原因是由于对固定生产成本的处理不同，所以，可按下面公式验证其分期损益差异。

（1）完全成本法计入分期损益的固定制造费用＝期初存货的固定制造费用＋本期发生的固定制造费用－期末存货的固定制造费用

（2）变动成本法计入分期损益的固定制造费用＝本期发生的全部固定制造费用

（3）两种成本计算方法计入当期损益的固定制造费用差异

＝完全成本法计入分期损益的固定制造费用－变动成本法计入分期损益的固定制造费用

＝完全成本法下期初存货的固定制造费用－完全成本法下期末存货的固定制造费用

（4）两种成本计算方法计算分期损益差异

＝两种成本计算方法计入分期损益的固定制造费用差异

＝完全成本法下期末存货的固定制造费用－完全成本法下期初存货的固定制造费用

完全成本法下的营业利润与变动成本法下的营业利润的差额可能大于零、小于零或等于零。通过进一步的分析，可以得出两种成本计算法下营业利润差额的变动与存货中固定生产成本的关系：

（1）若完全成本法下期末存货中的固定制造费用等于期初存货中的固定制造费用，则两种方法下计算出的营业利润是相等的。

（2）若完全成本法下期末存货中的固定制造费用大于期初存货中的固定制造费用，则按完全成本法计算的营业利润大于按变动成本法计算的营业利润。

（3）若完全成本法下期末存货中的固定制造费用小于期初存货中的固定制造费用，则按完全成本法计算的营业利润小于按变动成本法计算的营业利润。

【例3-4】 星光文具厂生产销售重型订书机，全年期初存货量为15 000件，2016年该产品生产量50 000件，销售量60 000件；单位产品变动生产成本20元，变动非生产成本5元；年固定制造费用总额200 000元，固定非生产成本65 000元，前后各期生产量与成本水平不变，产品销售单价40元。则按两种方法计算的2016年营业利润差异验证如下：

由于期初和本期的单位固定生产成本都等于200 000÷50 000＝4（元）

所以两种成本计算方法计算分期损益差异＝完全成本法下期末存货的固定制造费用－完全成本法下期初存货的固定制造费用＝5 000×4－15 000×4＝－40 000（元）

（二）两种成本计算方法分期损益差异的变动规律

1. 两种成本计算方法分期损益差异变动的一般规律

根据分期损益差异的验证公式，可以归纳出两种成本计算方法分期损益变动的一般规律。

（1）如果完全成本法下期末存货的固定制造费用与期初存货的固定制造费用相等，则用这两种成本计算方法计算的分期损益相等。

（2）如果完全成本法下期末存货的固定制造费用大于期初存货的固定制造费用，则按完全成本法计算的利润大于按变动成本法计算的利润。

（3）如果完全成本法下期末存货的固定制造费用小于期初存货的固定制造费用，则按完全成本法计算的利润小于按变动成本法计算的利润。

2. 两种成本计算方法分期损益差异变动的特殊规律

如果按【例3-4】的情况，前后各期产量相同、成本水平不变，即按完全成本法计算的单位产品成本相等，则两种成本计算方法分期损益的验证可按下列公式简化计算。

两种成本计算方法分期损益的差异 =（期末存货量 – 期初存货量）× 单位固定制造费用

从公式中可以看出，在前后各期产量相同、成本水平不变的情况下，两种成本计算方法分期损益的差异存在以下规律：

（1）如果某期生产量等于销售量（期末存货量等于期初存货量），则用这两种成本计算方法计算的分期损益相等。

（2）如果某期生产量大于销售量（期末存货量大于期初存货量），则按完全成本法计算的利润大于按变动成本法计算的利润。

（3）如果某期生产量小于销售量（期末存货量小于期初存货量），则按完全成本法计算的利润小于按变动成本法计算的利润。

（三）不同产品销售水平下两种成本计算方法的比较案例

变动成本法体现了销售量、成本与利润之间的变化规律，在单价、成本水平不变的情况下，各期利润直接与销售量多少相关。如果销售量不变，不管产量增加多少，按变动成本法计算的利润不变；如果销售量增加或减少，利润也随之增加或减少。因此，采用变动成本法有利于促使企业以销定产，可减少或避免因盲目生产而带来的损失。

完全成本法由于将固定制造费用计入产品成本，在单价和成本水平不变的情况下，产量成为影响营业利润的一个重要因素。因为产量不同，单位产品分摊的固定制造费用就不同，产量越高，单位产品的固定生产成本越小；反之，产量越低，单位产品的固定生产成本越大，这样，转入当期销售产品的成本不同，利润当然也不相等。因此，有时就会出现销售量增加、利润反而减少，或销售量减少、利润反而增加等不正常的现象。

【例3-5】DB化妆品公司从2006年起投入生产洁面霜，各年产销量资料见表3-4。

表3-4 产销量资料表   单位：件

年份	生产量	销售量	期初存货量	期末存货量
2006	600	600	0	0
2007	660	600	0	60
2008	800	860	60	0
2009	1 000	900	0	100
2010	1 100	1 100	100	100
2011	1 200	1 250	100	50
2012	1 100	850	50	300
2013	1 000	1 300	300	0
合计	7 460	7 460	0	0

洁面霜单价50元，单位变动生产成本12元，年固定制造费用13 200元，单位变动销售和管理费用5元，年固定销售和管理费用3 600元，年财务费用1 200元，假定各年产品单

价和成本水平不变，存货计价采用后进先出法。按完全成本法和变动成本法计算的各年营业利润等分别见表 3-5、表 3-6 和表 3-7。

表 3-5　完全成本法单位成本　　　　　　　　　　　　　　　　单位：元

年份 项目	2006 年	2007 年	2008 年	2009 年	2010 年	2011 年	2012 年	2013 年
单位生产成本	$12+\dfrac{1\,320}{600}$	$12+\dfrac{1\,320}{660}$	$12+\dfrac{1\,320}{800}$	$12+\dfrac{1\,320}{1\,000}$	$12+\dfrac{1\,320}{1\,100}$	$12+\dfrac{1\,320}{1\,200}$	$12+\dfrac{1\,320}{1\,100}$	$12+\dfrac{1\,320}{1\,000}$
	34	32	28.5	25.2	24	23	24	25.2

表 3-6　完全成本法损益表　　　　　　　　　　　　　　　　单位：元

年份 项目	2006 年	2007 年	2008 年	2009 年	2010 年	2011 年	2012 年	2013 年	合计
销售收入	30 000	30 000	43 000	45 000	55 000	62 500	42 500	65 000	373 000
销售成本									
期初存货	0	0	1 920	0	2 520	2 520	1 260	7 260	0
本期生产成本	20 400	21 120	22 800	25 200	26 400	27 600	26 400	25 200	195 120
可供销售成本	20 400	21 120	24 720	25 200	28 920	30 120	27 660	32 460	195 120
期末存货	0	1 920	0	2 520	2 520	1 260	7 260	0	0
销售成本小计	20 400	19 200	24 720	22 680	26 400	28 860	20 400	32 640	195 120
销售毛利	9 600	10 800	18 280	22 320	28 600	33 640	22 100	32 540	177 880
非生产成本									
销售管理费用	6 600	6 600	7 900	8 100	9 100	9 850	7 850	10 100	66 100
财务费用	1 200	1 200	1 200	1 200	1 200	1 200	1 200	1 200	9 600
非生产成本小计	7 800	7 800	9 100	9 300	10 300	11 050	9 050	11 300	75 700
营业利润	1 800	3 000	9 180	13 020	18 300	22 590	13 050	21 240	102 180

表 3-7　变动成本法损益表　　　　　　　　　　　　　　　　单位：元

年份 项目	2006 年	2007 年	2008 年	2009 年	2010 年	2011 年	2012 年	2013 年	合计
销售收入	30 000	30 000	43 000	45 000	55 000	62 500	42 500	65 000	373 000
变动成本	10 200	10 200	14 620	15 300	18 700	21 250	14 450	22 100	126 820
变动生产成本	7 200	7 200	10 320	10 800	13 200	15 000	10 200	15 600	89 520
变动销售费用	3 000	3 000	4 300	4 500	5 500	6 250	4 250	6 500	37 300
边际贡献	19 800	19 800	28 380	29 700	36 300	41 250	28 050	42 900	246 180
固定成本	18 000	18 000	18 000	18 000	18 000	18 000	18 000	18 000	144 000
固定生产成本	13 200	13 200	13 200	13 200	13 200	13 200	13 200	13 200	105 600
固定非生产成本	4 800	4 800	4 800	4 800	4 800	4 800	4 800	4 800	38 400
营业利润	1 800	1 800	10 380	11 700	18 300	23 250	10 050	24 900	102 180

各年按完全成本法和变动成本法计算的利润与产销量的比较、各期损益差异及其验证，见表3-8。

表3-8 两种方法损益比较表

时间（年）	产量（件）	销量（件）	完全成本法利润（元）	变动成本法利润（元）	损益差异	差异验证
2006	600	600	1 800	1 800	0	0 - 0 = 0
2007	660	600	3 000	1 800	1 200	1 200 - 0 = 1 200
2008	800	860	9 180	10 380	-1 200	0 - 1 200 = -1 200
2009	1 000	900	13 020	11 700	1 320	1 320 - 0 = 1 320
2010	1 100	1 100	18 300	18 300	0	1 320 - 1 320 = 0
2011	1 200	1 250	22 590	23 250	-660	660 - 1 320 = -660
2012	1 100	850	13 050	10 050	3 000	3 660 - 660 = 3 000
2013	1 000	1 300	21 240	24 900	-3 660	0 - 3 660 = -3 660
合计	7 460	7 460	102 180	102 180	0	0

由于采用后进先出法，所以2011年的期初期末存货成本来自2009年。

由表3-8可以看出，在变动成本法下各期营业利润呈现与销售量相一致的变动趋势，完全成本法却并不如此，如2012年与2008年相比，销售量减少10件，营业利润却反而增加了3 870元；2006年与2007年相比，销售量相同，但2006年的营业利润却比2007年少了1 200元，这是由于2007年的生产量比2006年多60件，单位产品分摊的固定制造费用低了2元（20－22）引起的。从较长时期来看，由于总的生产量与销售量相同，所以两种方法计算的营业利润总额相等，如本例中两种方法下8年的营业利润合计均为102 180元。

完全成本法和变动成本法是既有联系又有区别的两种成本计算方法。采用完全成本法，财务会计的资产计价和利润计量更容易被理解和接受，符合传统会计理论，有利于财务报表的对外报告，但是无法提供企业成本、业绩管理所需的各种信息，尤其是利润与产销量变动关系，不利于企业经营决策、目标制定、业绩控制和责、权、利考核分析。而变动成本法更具有管理优势。

第三节 变动成本法与完全成本法的评价

一、变动成本法的优点

与全部成本法相比，变动成本法计算产品成本和编制利润表有下列优势：

（一）提供的信息能更好地反映利润与销售的关系，促使企业重视销售

采用变动成本法计算损益，在销售单价、单位变动成本和产品销售结构水平不变的条件下，企业计算出的营业利润与当期销量存在着同向变动的关系。因此，变动成本法有助于促使企业重视销售环节，扩大销售，提高市场占有率，同时尽量做到以销定产，减少或避免因盲目生产而带来的损失。在全部成本法下，若本期产量增加，则单位产品成本会下降。若产品销售量低于生产量，则过度的存货将本期的部分成本结转到下一个期间，使得本期的利润在销售量没有增加的情况下上升。这显然不符合正常经营的观念。

（二）更符合成本收益配比原则

从配比原则来看，变动成本法更符合这一原则。按照"配比原则"，一定时期发生的收入和成本，必须归入相同的会计期间。变动成本法一方面把与产量相关的直接材料、直接人工、变动制造费用计入产品成本，并在销售时将其转入损益；另一方面，将与产量无关的固定制造费用在发生的时期计入当期损益，更能体现配比原则的要求。

（三）有利于加强成本控制和业绩评价

单位变动生产成本具有不受业务量的影响保持不变的特性，即使是较小数额的变动也能反映出供应部门和生产部门的努力，尤其是在技术革新方面的成绩。这与完全成本法由于不分固定成本与变动成本，使企业在业务量变化时，单位成本失真，容易出现夸大业绩或忽视下级部门努力的现象有很大不同。同时，变动成本和固定成本的分类是制定标准成本和建立弹性预算的基础，可以由此进一步加强成本的全过程控制，调动各责任单位降低成本的积极性。

（四）有利于企业短期决策

将成本分解为变动成本和固定成本，同时提供了边际贡献、营业利润指标，可通过企业的盈亏平衡分析找到企业的产品销售量、产品成本、企业利润之间的内在联系，从而为科学地规划企业的销售策略、生产策略提供基础的分析工作，为企业正确地进行预测和经营决策提供科学依据。

（五）简化核算过程

变动成本法将固定制造费用计入期间费用，从贡献毛益中直接扣除，不需要在成本对象之间分配成本，大大简化了间接费用的分配过程。而且由于不存在选择分配基础的问题，避免了间接费用分配中的主观性。相对来说，完全成本法的固定生产成本分配不但增加了工作量，而且由于分配基础是单一的产量，分配的准确性和客观性会受到影响。

二、变动成本法的缺点

变动成本法相较于完全成本法的缺点主要表现在以下三个方面：

（一）不符合财务会计报告的要求

按照国际公认的会计准则，产品成本是指生产过程中发生的全部成本，应当包括直接材料、直接人工、变动制造费和固定制造费用。按照变动成本法确定的产品成本只包括直接材料、直接人工和变动制造费，不符合对外财务报告的要求。

（三）不能满足长期决策的需要

在变动成本法下的变动成本和固定成本性态具有相对性、暂时性和可转化性，只能适应短期决策。如果涉及的时间较长，成本性态会发生变化，而且长期投资决策都要增加固定资产投资，加上影响利润的时间长，将使得原有的成本性态发生改变，因此变动成本法提供的资料，不适合长期决策的需要。

（三）成本性态分析带有一定的假定性

把企业的全部成本分解成变动成本和固定成本，需要进行成本性态分析，大多数的混合成本并不是标准的半变动成本，无论哪种成本性态分析方法都会有假定性，因此，变动成本法所依赖的前提基础也带有一定的假定性。

三、新经济技术条件下两种成本法的适用性

完全成本法的优势在于鼓励企业扩大生产和有利于企业对外编制报表，主要缺点在于无法提供适用于内部管理的信息，利润的实现和产品的销售有一点脱节。但在新经济技术条件下，它在某些情况下的适用性反而比变动成本法更有优势。

首先，适时生产系统的理念，可使企业减低存货甚至零存货，这就大大降低直至消灭了利润的实现和产品销售脱节的问题。

其次，变动成本法的成本构成受到挑战。新的经济技术条件建立在高度的自动化基础上，从成本构成上看固定制造费用占比较大，随着机器人等自动化设备的使用，直接人工成本不断降低，多技能型工人增多，直接人工转向间接人工，也使人工成本转化成了固定成本。某些高新技术企业变动成本甚至会低于生产成本的10%，在这种情况下，进行变动成本计算显然已经没有多大意义，因为其无法反映在现代化生产条件下生产耗费的全貌。这种情况下，完全成本法又重新得到了肯定。

四、完全成本法与变动成本法的结合

完全成本法与变动成本法的结合可以互相弥补不足，优缺点互相转化。完全成本法能够对外编制报表，但在提供内部管理信息上有欠缺，而变动成本法不符合公认会计准则要求，无法对外发布，但能提供大量内部管理信息，二者可以结合，满足企业管理的多方面需求。

两种成本法结合使用的方法有以下几种观点：

（1）采用单轨制，完全以变动成本法取代完全成本法。这种方法不但忽视了完全成本法的优点，其报表也不为公认会计准则所接受，所以不可取。

（2）采用结合制，两种方法结合，日常按变动成本法核算，期末将变动成本法调整为完全成本法。这种方法既能够发挥变动成本法的管理作用，又在期末提供了为外界所接受的完全成本法损益表，日常工作量不会增加。但需要在日常核算时把制造费用账户取消，增设变动制造费用和固定制造费用账户，在期末时又要把完全成本法调整为变动成本法，工作量增大。

（3）采用双轨制，即完全成本法和变动成本法分别单独进行核算，提供两套成本核算资料，工作量相对会比较大，但是不需要对账目设置进行变动，而且不需要在两套账目中进行转换，操作简单，各种成本法资料调取方便，在会计电算化已经普及的情况下，这是一种非常好的选择。

案例导入分析

没有任何其他高科技企业能够拥有如此低的 SGA 成本与总营销比例。事实上，许多竞

争对手的SGA成本与总营销比例要远远高于苹果公司。但苹果公司并非一直对其企业支出进行如此严格的成本控制。但是其一度高企的运营成本正在稳步下降。苹果公司的努力让其他各大高科技企业相形见绌。

对于大多数高科技企业而言，成本控制的努力一直并不十分成功。IBM、微软、思科、谷歌以及亚马逊在过去的10年里都难以稳步降低SGA成本与销售额的比例。事实上，思科和IBM的情况10年以来基本持平。RIM在2004年曾有显著成效，但是之后再无建树。惠普在前任CEO马克·赫德（Mark Hurd）的努力下也有所成效，但是在最近几年里再度停滞不前。而苹果公司则与众不同，不仅提升了自己的营收，同时还保持了自己的SGA成本稳步下降。

本章小结

完全成本法与变动成本法在成本划分标准、产品成本及期间成本构成、销货成本及存货成本水平、损益计算程序等方面均有不同。

变动成本法具有以下特点：①变动成本法以成本性态分析为基础，将直接与产品生产有联系的所有变动成本称为"产品成本"，而把同产品生产没有直接联系的所有固定成本，包括固定制造费用统称为"期间成本"。②变动成本法分两步计算期间损益，首先确定边际贡献；然后确定营业利润，即采用贡献式损益计量程序。③变动成本法主要用于企业内部的经营管理，完全成本法主要用于对外报告，二者可以结合应用。

技能训练

一、单项选择题

1. 在变动成本法中，产品成本是指（　　）。
   A. 制造费用　　　B. 生产成本　　　C. 变动生产成本　　　D. 变动成本
2. 在变动成本法下，销售收入减去变动成本等于（　　）。
   A. 销售毛利　　　B. 税后利润　　　C. 税前利润　　　D. 贡献边际
3. 如果本期销售量比上期增加，则可断定按变动成本法计算的本期营业利润（　　）。
   A. 一定本期等于上期　　　　　　　B. 本期应当大于上期
   C. 本期应当小于上期　　　　　　　D. 本期可能等于上期
4. 如果完全成本法期末存货吸收的固定性制造费用大于期初存货释放的固定性制造费用，则两种方法营业利润的差额（　　）。
   A. 一定等于零　　　B. 可能等于零　　　C. 一定大于零　　　D. 一定小于零
5. 在变动成本法下，固定性制造费用应当列入（　　）。
   A. 非生产成本　　　B. 期间成本　　　C. 产品成本　　　D. 直接成本
6. 下列项目中，不能列入变动成本法下产品成本的是（　　）。
   A. 直接材料　　　B. 直接人工　　　C. 变动性制造费用　　　D. 固定性制造费用
7. 已知2000年某企业按变动成本法计算的营业利润为13 500元，假定2001年销量与2000年相同，产品单价及成本水平都不变，但产量有所提高。则该年按变动成本法计算的营业利润( )。

A. 必然大于13 500元 B. 必然等于13 500元

C. 必然小于13 500元 D. 可能等于13 500元

8. 如果某企业连续三年按变动成本法计算的营业利润分别为10 000元、12 000元和11 000元，则下列表述中唯一正确的是( )。

A. 第三年的销量最小 B. 第二年的销量最大

C. 第一年的产量比第二年少 D. 第二年的产量比第三年多

9. 从数额上看，广义营业利润差额应当等于按完全成本法计算的( )。

A. 期末存货成本与期初存货成本中的固定生产成本之差

B. 期末与期初的存货量之差

C. 利润超过按变动成本法计算的利润部分

D. 生产成本与销货成本之差

10. 如果某期按变动成本法计算的营业利润为5 000元，该期产量为2 000件，销售量为1 000件，期初存货为零，固定性制造费用总额为2 000元，则按完全成本法计算的营业利润为( )。

A. 0元   B. 1 000元   C. 5 000元   D. 6 000元

11. 如果完全成本法的期末存货成本比期初存货成本多10 000元，而变动成本法的期末存货成本比期初存货成本多4 000元，则可断定两种成本法的营业利润之差为( )。

A. 14 000元   B. 10 000元   C. 6 000元   D. 4 000元

12. 下列各项中，能反映变动成本法局限性的说法是( )。

A. 导致企业盲目生产 B. 不利于成本控制

C. 不利于短期决策 D. 不符合传统的成本观念

13. 用变动成本法计算产品成本时，对固定性制造费用的处理是( )。

A. 不将其作为费用 B. 将其作为期间费用，全额列入利润表

C. 将其作为期间费用，部分列入利润表 D. 在每单位产品间分摊

二、多项选择题

1. 在完全成本法下，期间费用包括( )。

A. 制造费用   B. 变动制造费用   C. 固定制造费用

D. 推销成本   E. 管理费用

2. 变动成本法下期间成本包括( )。

A. 管理费用   B. 销售费用   C. 制造费用

D. 固定生产成本   E. 非生产成本

3. 变动成本法与完全成本法的区别表现在( )。

A. 产品成本的构成内容不同 B. 存货成本水平不同

C. 损益确定程序不同 D. 编制的损益表格式不同

E. 计算出的营业利润不同

4. 成本按习性进行分类，变动成本包括( )。

A. 变动生产成本 B. 直接材料

C. 变动制造费用　　　　　　　　D. 变动推销及管理费用
E. 制造费用

5. 在变动成本法下,确定销售产品变动成本主要依据(　　)进行计算。
   A. 销售产品变动生产成本　　　　B. 期末存货成本
   C. 期初存货成本　　　　　　　　D. 销售收入总额
   E. 销售产品变动推销及管理费用

6. 按成本习性分类,(　　)不随产量的变化而变化。
   A. 固定制造费用总额　　　　　　B. 单位变动成本
   C. 单位销售成本　　　　　　　　D. 单位固定制造费用
   E. 变动生产成本总额

7. 如果两种方法营业利润差额不等于零,则完全成本法期末存货吸收的固定性制造费用与期初存货释放的固定性制造费用的数量关系可能是(　　)。
   A. 前者等于后者　　B. 前者大于后者　　C. 前者小于后者
   D. 两者为零　　　　E. 两者不为零

8. 在管理会计中,变动成本法也可称为(　　)。
   A. 直接成本法　　B. 边际成本法　　C. 吸收成本法
   D. 制造成本法　　E. 完全成本法

9. 下列各项中,不可能导致狭义营业利润差额发生的因素包括(　　)。
   A. 单价　　　　B. 销售量　　　　C. 变动生产成本
   D. 推销成本　　E. 管理成本

10. 完全成本法计入当期利润表的期间成本包括(　　)。
    A. 固定性制造费用　　　　　　　B. 变动性制造费用
    C. 固定性销售和管理费用　　　　D. 变动性销售和管理费用
    E. 制造费用

三、业务题

1. 已知:某企业本期有关成本资料如下:单位直接材料成本为10元,单位直接人工成本为5元,单位变动性制造费用为7元,固定性制造费用总额为4 000元,单位变动性销售管理费用为4元,固定性销售管理费用为1 000元。期初存货量为零,本期产量为1 000件,销量为600件,单位售价为40元。要求:分别按两种成本法的有关公式计算下列指标:(1)单位产品成本;(2)期间成本;(3)销货成本;(4)营业利润。

2. 已知:某厂只生产一种产品,第一、二年的产量分别为30 000件和24 000件,销售量分别为20 000件和30 000件;存货计价采用先进先出法。产品单价为15元/件,单位变动生产成本为5元/件;每年固定性制造费用的发生额为180 000元。销售及管理费用都是固定性的,每年发生额为25 000元。要求:分别采用两种成本计算方法确定第一、二年的营业利润(编制利润表)。

3. 已知:某厂生产甲产品,产品单位为10元/件,单位产品变动生产成本为4元,固定性制造费用总额为24 000元,销售及管理费用为6 000元,全部系固定性的,存货按先进先出法计价,最近三年的产销量资料见表3-9。

表 3-9　产销量数据表　　　　　　　　　　　　　　　　　　　　单位：件

时间 项目	第一年	第二年	第三年
期初存货量	0	0	2 000
本期生产量	6 000	8 000	4 000
本期销售量	6 000	6 000	6 000
期末存货量	0	2 000	0

要求：

（1）分别按两种成本法计算单位产品成本；

（2）分别按两种成本法计算期末存货成本；

（3）分别按两种成本法计算期初存货成本；

（4）分别按两种成本法计算各年营业利润（编制利润表）；

（5）验证完全成本法下的各年利润。

第四章

本-量-利分析法

★ 案例导入

近年我国的电影市场非常火爆,出现了很多卖座的电影,但是有很多电影票房不错,制片方却说赔钱,这里有什么奥秘呢?

中国影片工业链的利益分红以影院的票房收入为主。利润在工业核心环节(制片方、发行方、放映方)的分配以票房分账的方式进行。分账前要从影院票房收入中扣减5%的国家影片工作开展专项资金(下文简称"国家影片专项资金",由影片局直属的国家影片工作开展专项资金单位担任征收)以及3.3%的经营税。用于利益分账的剩下部分票房为"分账票房"。在可分账票房中,电影院及院线提留57%,剩余的43%归于电影制片方和发行方,中影数字还要在这43%中提留1%~3%的发行代理费,之后归于电影制片方和发行方的分账大部分情况为40%,这40%还要支付发行方代理费、影院的返点费等。在最简单的情况下,制片方回收的票房回款可按公式估算:$1 \times (1 - 0.033 - 0.05) \times 40\% \times (1 - 0.1) = 0.33$。

以上述情况为例,一部最终票房1亿元的影片,回收的票房回款为3 300万元左右。

如果导演和主演不参与分红,发行商的贡献毛益就是33%,而投资额就是固定成本,由此,可以计算,电影《1942》总投资2亿元,票房3.6亿元,是否能盈利?

★ 学习目标

- 理解本-量-利法的原理及应用。
- 了解本-量-利三者之间的依存关系,并对边际贡献、保本点、保利点有明确的认识。

★ 重点与难点

- 重点：掌握本-量-利分析法以及盈亏临界点的计算方法；各有关因素变动时盈亏临界点的影响；本-量-利分析中的敏感分析，不确定情况下的本-量-利分析。
- 难点：熟悉各有关因素对盈亏临界点的影响和本-量-利分析的基本假设。

★ 职业技能

本-量-利分析是企业实际工作中基本的利润和成本管理手段，学生在今后的工作中应该能够熟练地运用它来判断经营的安全性、评价经营业绩，熟练使用保本和保利分析、利润敏感性分析公式对经营活动预警和调整。

第一节 本-量-利分析概述

一、本-量-利分析的概念

本-量-利分析是分析成本、业务量、利润三者之间依存关系分析的简称。它是在成本性态分析的基础上，运用数学模型或图形着重揭示、分析固定成本、变动成本、销售量、销售单价、销售额、利润等变量之间的内在联系和变动规律，为企业预测、决策、规划、控制和考评提供必要的财务信息。其中，业务量是引起成本和收入变动的成本动因，具体动因的选择要根据企业所处的行业以及具体分析所涉及的领域、相应的成本、利润指标的特性等因素而定，如对于制造业的生产和销售领域而言，最主要的成本动因是产销量。

本-量-利分析是企业管理者的重要管理工具之一，在企业经营活动中应用广泛。理解本-量-利三者的关系对于销售计划、成本控制和编制预算是非常重要的。管理者可以利用本-量-利分析解决以下问题：

为了使企业收支平衡，公司至少应达到怎样的销售水平？
为达到目标利润水平，应当有多大的销售量？
如果固定成本或变动成本发生变化，对利润会产生怎样的影响？
企业经营的安全性如何判断？

二、本-量-利分析的作用

本-量-利分析是管理会计理论在实际工作中应用最广泛的基本方法之一，具有非常高的实用性，也非常容易理解。其运用十分广泛，可用于规划经济活动、进行经营决策、控制经济过程等。

（1）预测盈亏平衡销售量、销售额。
（2）预测实现目标利润的销售额。

（3）确定影响利润的因素。
（4）为保证目标利润实现应采取的措施。
（5）作为经营决策、收支平衡控制和投入产出能力分析的依据。

三、本-量-利分析的基本假设

进行具体分析时，为了便于揭示成本、业务量与利润三者之间的内在联系，需要做一些基本假设。

（一）成本性态分析和变动成本法假设

假设所有的成本都已划分为固定成本和变动成本两大类，并建立了相应的成本模型；产品成本是按变动成本法计算的，即产品成本中只包括变动成本，所有的固定成本（包括固定制造费用）均作为期间成本计入当期损益。这个假设是本-量-利分析的出发点和基础。

（二）相关范围及线性假设

假设一定时期、一定产销范围内（即相关范围），固定成本总额和单位变动成本保持不变，总成本函数为线性方程 $y = a + bx$；同时在相关范围内，单价保持不变，其销售收入函数也为线性方程 $y = px$。

（三）产销平衡和品种结构不变假设

假设在单一品种情况下，生产出来的产品总是可以销售出去。在多品种情况下，不仅生产出来的产品可以销售出去，而且当销售额发生变化时，各种产品的销售额在全部产品总销售额中所占的比重不变。

（四）目标利润假设

本-量-利分析中所使用利润是指营业利润，不考虑投资收益和营业外收支等项目。

有了上述假设，就可以比较容易地建立模型，清楚地反映各因素之间的关系及规律性，有助于初学者深刻理解本-量-利分析的基本原理，也可为在实际工作中应用本-量-利分析原理指出努力方向，但这些假设也给本-量-利分析带来了一定的局限性，一般只适用于短期经营决策，在操作中，要结合实际情况对本-量-利分析的结果加以修正。

第二节　保本及保利分析

一、本-量-利分析的基本公式

本-量-利分析的相关因素主要包括固定成本（用 a 表示），单位变动成本（用 b 表示），产销量（用 x 表示），单价（用 p 表示），销售收入（用 px 表示）和营业利润（用 TP 表示），这些指标之间关系可以由以下关系式反映：

$$利润 = 销售收入 - 总成本$$

总成本 = 变动成本 + 固定成本 = 单位变动成本 × 销售量 + 固定成本

销售收入 = 单价 × 销售量

以上公式就是本-量-利分析的基本公式，保本分析、保利分析都是在这些基本公式的基础上进行的。

本-量-利分析的基本公式含有五个相互联系的变量，给出其中四个，便可求出剩余一个变量的值，因此可引出多个基本公式的变换形式。

（1）计算销售量的变换公式：

销售量 =（固定成本 + 利润）/（单价 − 单位变动成本）

（2）计算单价的变换公式：

单价 =（固定成本 + 利润 + 销售量 × 单位变动成本）/销售量

（3）计算单位变动成本的变换公式：

单位变动成本 = 单价 −（固定成本 + 利润）/销售量

（4）计算固定成本的变换公式：

固定成本 =（单价 − 单位变动成本）× 销售量 − 利润

二、本-量-利分析的相关指标

（一）边际贡献

边际贡献是管理会计所特有的收益概念，在企业内部管理的各个领域都有着重要作用，因此，有必要对其计算和应用做单独说明。

边际贡献是销售收入和变动成本的差额，也称边际贡献、边际利润，其计算有绝对数指标和相对数指标两种。

1. 绝对数指标

绝对数指标有边际贡献总额和单位边际贡献，其中边际贡献总额亦可直接称作边际贡献，记作 Tcm。

边际贡献 = 销售收入 − 变动成本 = 单价 × 销售量 − 单位变动成本 × 销售量 = 销售量 ×（单价 − 单位变动成本）

单位边际贡献是指边际贡献除以销售量，或者单价减去单位变动成本后的差额，表示每增加一个单位的产品销售，可为企业带来的贡献，记作 cm。单位边际贡献计算公式为：

单位边际贡献 = 边际贡献 ÷ 销售量 = 单价 − 单位变动成本

有了边际贡献的概念后，利润可用下列公式表示：

利润 = 边际贡献 − 固定成本 = 单位边际贡献 × 销售量 − 固定成本

从上面计算利润的公式中可知，边际贡献大于固定成本，企业才有利润；边际贡献小于固定成本，企业就会亏损；边际贡献等于固定成本，企业不亏不盈，利润为零。当固定成本不变时，边际贡献增加多少，利润就增加多少；边际贡献减少多少，利润就减少多少。

2. 相对数指标

相对数指标有边际贡献率。边际贡献率是指边际贡献占产品销售收入总额的百分比，表示每增加一元销售，可为企业带来的贡献，记作 cmR。

在单一产品的产销情况下,边际贡献率的计算公式为:

$$边际贡献率 = \frac{边际贡献}{销售收入总额} \times 100\% = \frac{单位边际贡献}{销售单价} \times 100\%$$

由于企业的总成本包括变动成本和固定成本,而边际贡献仅仅是销售收入补偿变动成本后的余额,所以它不是终极形态的收益。但在企业的成本核算中,固定成本往往是维持企业生产能力的间接成本,与具体产品的生产和经营没有直接的依存关系,所以边际贡献实际上反映了各产品的生产经营对企业盈利的贡献,在产品盈利能力的比较分析及其他的短期经营决策分析和业绩考评中有着重要的意义。

(二)变动成本率

变动成本率是指变动成本总额占销售收入总额的百分比,或者单位变动成本占销售单价的百分比,表示每增加一元销售所增加的变动成本,记作 bR。变动成本率的计算公式为:

$$变动成本率 = (变动成本总额 \div 销售收入总额) \times 100\%$$
$$= (单位变动成本 \div 销售单价) \times 100\%$$
$$边际贡献率 + 变动成本率 = 1$$

变动成本率和边际贡献率具有互补关系。变动成本率高,边际贡献率就低,盈利能力也就低;变动成本率低,边际贡献率就高,盈利能力也就高。

【例4-1】 JY小家电公司准备生产一种新型电热杯产品,预计单位变动成本为60元/件,固定成本总额为40 000元,单价为100元,预计销售量为5 000件。要求:

(1)预计该电热杯的利润是多少?
(2)该产品的边际贡献、单位边际贡献是多少?
(3)该产品的边际贡献率、变动成本率是多少?

解:(1)预计利润 = $100 \times 5\,000 - 60 \times 5\,000 - 40\,000 = 160\,000$(元)

(2)单位边际贡献 = $100 - 60 = 40$(元/件)

边际贡献 = $100 \times 5\,000 - 60 \times 5\,000 = 200\,000$(元)

或 边际贡献 = $40 \times 5\,000 = 200\,000$(元)

(3)边际贡献率 = $\frac{40}{100} \times 100\% = 40\%$

变动成本率 = $\frac{60}{100} \times 100\% = 60\%$

变动成本率 + 边际贡献率 = $40\% + 60\% = 1$

三、保本分析

保本分析是本-量-利分析的基础,其基本内容是分析确定产品的保本点,从而确定企业经营的安全程度。

(一)保本和保本点的概念

保本是指企业在一定时期内收支相等,即边际贡献等于固定成本,利润为零。保本分析主要是确定使企业既不亏损又不盈利的销售量(额),这是本-量-利分析中最基本的内容。

保本分析也称作盈亏平衡分析、盈亏临界分析。

保本分析的关键是确定保本点。保本点是指企业达到边际贡献等于固定成本、利润为零、不亏不盈时的业务量。在该业务量水平下，企业的收入正好等于全部成本。超过该业务量水平，企业就有盈利；低于该业务量水平，企业就亏损。保本点也称作盈亏平衡点、盈亏临界点。保本点可以简写作 BEP。

（二）单一品种保本点的确定

单一品种的保本分析是假设企业只生产、销售一种产品的保本分析，它的保本点有两种表现形式，一是保本点销售量（简称保本量），二是保本点销售额（简称保本额），它们都是企业达到收支平衡实现保本的销售业务量指标，统称为保本点。

因为　　　　利润 = 销售量 ×（单价 – 单位变动成本）– 固定成本

当利润为零时，该销售量就是保本量，所以

$$保本销售量 \times （单价 - 单位变动成本） - 固定成本 = 0$$

$$保本销售量 = \frac{固定成本}{单价 - 单位变动成本} = \frac{固定成本}{单位边际贡献}$$

$$保本销售额 = 单价 \times 保本量 = \frac{固定成本}{边际贡献率} = \frac{固定成本}{1 - 变动成本率}$$

【例 4-2】 按【例 4-1】的资料。

要求：计算保本点的保本销售量、保本销售额。

解：（1）保本销售量 = 40 000 ÷（100 – 60）= 1 000（件）

或　保本销售量 = 40 000 ÷ 40 = 1 000（件）

（2）保本销售额 = 40 000 ÷ 0.4 = 100 000（元）

或　保本销售额 = 40 000 ÷（1 – 0.6）= 100 000（元）

保本销售额 = 100 × 1 000 = 100 000（元）

计算表明，企业要保本，至少要销售 1 000 件产品，或销售额达到 100 000 元。

（三）多品种保本点的确定

上面介绍了单一品种的保本分析模式，但事实上，大部分企业生产和销售的产品有好多种，不可能逐一计算每一种产品的保本点，因此必须了解和掌握多品种的保本分析模式。由于不同品种的产品销售量无法直接相加减，因此只能根据多品种产品的保本点销售额进行保本分析。多品种产品的保本额计算有多种方法，一般应用较多的是加权平均边际贡献率法。

加权平均边际贡献率法是以每种产品的边际贡献率为基础，按各产品销售额占总销售额的比重进行加权平均，计算出加权平均边际贡献率，来反映企业多品种产品综合保本点的方法。综合边际贡献率的计算公式为：

$$加权平均边际贡献率 = \sum（某产品的边际贡献率 \times 该产品的销售比重）$$

其中：

$$某产品的边际贡献率 = \frac{该产品的边际贡献}{该产品的销售收入} \times 100\%$$

$$该产品的销售比重 = \frac{该产品的预计销售额}{\sum 各种产品的预计销售额} \times 100\%$$

$$综合保本销售额 = \frac{固定成本总额}{加权平均边际贡献率}$$

运用加权平均边际贡献率法,不仅可以计算综合边际贡献率,确定综合保本销售额,还可以在此基础上按销售比重将其分解,计算出每一品种的保本销售额和保本销售量。

某产品的保本销售额 = 综合保本销售额 × 该产品销售比重

$$某产品的保本销售量 = \frac{某产品的保本额}{该产品的单价}$$

【例4-3】 华美食品企业生产和销售 A、B、C 三种糕点产品,2015 年预计固定成本为 1 020 万元,有关预计收入、成本等资料见表4-1。

表4-1 预计收入成本资料表

产品	销量（万件）	单价（元）	销售收入（万元）	单位变动成本（元）	边际贡献单位（元）
A	200	20	4 000	8	12
B	100	30	3 000	15	15
C	300	10	3 000	6	4
合计	—	—	10 000	—	—

要求：用加权平均边际贡献率法进行保本分析。

解：A 产品的边际贡献率 $= \frac{12}{20} \times 100\% = 60\%$

B 产品的边际贡献率 $= \frac{15}{30} \times 100\% = 50\%$

C 产品的边际贡献率 $= \frac{4}{10} \times 100\% = 40\%$

A 产品的销售比重 $= \frac{4\ 000}{10\ 000} \times 100\% = 40\%$

B 产品的销售比重 $= \frac{3\ 000}{10\ 000} \times 100\% = 30\%$

C 产品的销售比重 $= \frac{3\ 000}{10\ 000} \times 100\% = 30\%$

综合边际贡献率 $= 60\% \times 40\% + 50\% \times 30\% + 40\% \times 30\% = 51\%$

综合保本销售额 $= \frac{1\ 020}{51\%} = 2\ 000$（万元）

A 产品保本销售额 $= 2\ 000 \times 40\% = 800$（万元）

A 产品保本销售量 $= \frac{800}{20} = 40$（万件）

B 产品保本销售额 $= 2\ 000 \times 30\% = 600$（万元）

B 产品保本销售量 $= \frac{600}{30} = 20$（万件）

C 产品保本销售额 = 2 000 × 30% = 600（万元）

C 产品保本销售量 = $\frac{600}{10}$ = 60（万件）

这种方法不要求分配固定成本，而是将各产品所创造的边际贡献视为补偿企业全部固定成本的收益来源，计算简单。应用该方法一般要求企业各种产品资料齐备，产品结构相对稳定。综合边际贡献率反映了企业所有产品的整体盈利能力水平，它的大小将影响盈亏临界点的高低，即综合保本销售额的高低。而综合边际贡献率的高低受各产品的边际贡献率高低及其销售比重大小的影响，通过调整品种结构，提高边际贡献率高的产品所占的销售比重或者通过技术改进提高产品的边际贡献率都能达到降低盈亏临界点的目的。

【例 4-4】 假定【例 4-3】中 A、B、C 三种产品的销售比重由原来的 40%、30%、30%，转变为 60%、20%、20%，其他条件不变。

解： 加权平均边际贡献率 = 60% × 60% + 50% × 20% + 40% × 20% = 54%

综合保本销售额 = $\frac{1\ 020}{54\%}$ = 1 888.89（万元）

边际贡献率较高的 A 产品比重提高，使综合保本额降低。

四、保利分析

（一）保利分析的意义

企业经营者不仅想知道在怎样的销售量或销售额下企业能够实现盈亏平衡，还想知道在销售量、产品销售价格、产品成本为多少时企业能实现既定的利润目标。企业的经营目标不在于保本，而是尽可能地获取利润，达到一定的盈利目标，所以保利才是企业生产的真正目的。

（二）保利点的概念

保利点是指在单价和成本水平确定的情况下，为了实现一定的目标利润，而应达到的业务量。保利点也有保利销售量和保利销售额两种，又称作目标利润销售量和目标利润销售额。

（三）保利点的计算

（1）单一品种保利点的计算。其计算公式为：

$$保利量 = \frac{固定成本 + 目标利润}{销售单价 - 单位变动成本} = \frac{固定成本 + 目标利润}{单位边际贡献}$$

$$保利额 = 保利量 × 单价 = \frac{固定成本 + 目标利润}{边际贡献率}$$

【例 4-5】 按【例 4-1】的资料，若计划年度的目标利润为 60 000 元。

要求：计算保利量和保利额。

解： 保利量 =（40 000 + 60 000）÷（100 - 60）= 2 500（件）

保利额 = 100 × 2 500 = 250 000（元）

或保利额 =（40 000 + 60 000）÷ 40% = 250 000（元）

计算表明，企业为了实现 60 000 元的目标利润，应达到 2 500 件的销售量，或达到

250 000 元的销售额。

以上保利点计算所使用的目标利润为税前利润,如果考虑到所得税的影响,也可以使用税后目标利润,计算保净利点。

在考虑所得税的情况下,计算保净利点时,需要把税后利润还原为税前利润,再进行计算。还原公式为:

$$税前利润 = \frac{税后利润}{1-25\%}$$

【例 4-6】 按【例 4-1】,若计划年度税后目标利润为 52 500 元,计算保净利点。

解:税前利润 = $\frac{52\ 500}{1-25\%}$ = 70 000(元)

保利额 = $\frac{40\ 000 + 70\ 000}{40\%}$ = 275 000(元)

保利量 = $\frac{40\ 000 + 70\ 000}{40}$ = 2 750(件)

(2)多品种保利点的计算。多品种的保利点无法计算实物量,只能计算价值量,计算达到目标利润的销售额。其计算公式为:

$$综合保利额 = \frac{固定成本 + 目标利润}{加权平均边际贡献率}$$

【例 4-7】 按【例 4-3】的资料,若计划年度的目标利润为 765 万元。

要求:计算保利额。

解:综合保利额 = (1 020 + 765)÷51% = 3 500(万元)

该企业要实现 10 万元的目标利润,应达到 280 万元的销售额。

如果目标利润为税后利润,则需要将税后利润还原为税前利润,还原方法同单一产品保利点。

五、企业经营安全程度的评价

评价企业经营安全程度的指标主要有安全边际、安全边际率、保本点作业率。

(一)安全边际

安全边际是指实际(预计)的销售量与保本点销售量或实际(预计)的销售额与保本点销售额之间的差额,表明销售量(额)下降多少企业仍不至于亏损。安全边际是一个绝对量,用来评价同一企业不同时期的经营安全程度。安全边际有安全边际量和安全边际额两种形式。它们的计算公式为:

安全边际量 = 实际或预计的销售量 − 保本量

安全边际额 = 实际或预计的销售额 − 保本额

= 单价 × 实际或预计的销售量 − 单价 × 保本量

= 单价 × 安全边际量

安全边际反映了产品盈利(亏损)的可能性,安全边际越大,表示企业经营的安全程度越高,亏损的可能性就越小;反之,安全边际越小,表示企业经营的安全程度越低,亏损的可能性就越大。

安全边际是一个正指标,并且只有超过保本点以上的销售量或销售额(即在安全边际内的销售量或销售额）才能给企业带来利润，因为这时全部固定成本已被保本点所弥补，所以安全边际所提供的边际贡献就是企业的利润，安全边际越大，利润越大，因此，利润可表现为下列形式：

$$利润 = 安全边际量 \times 单位边际贡献 = 安全边际额 \times 边际贡献率$$

（二）安全边际率

安全边际率是指安全边际量与实际（预计）销售量的比例，也可以指安全边际额与实际（预计）销售额的比例，它是一个相对量，用来评价不同企业的经营安全程度。

安全边际率计算公式为：

$$安全边际率 = \frac{安全边际量}{实际或预计销售量} \times 100\% = \frac{安全边际额}{实际或预计销售额} \times 100\%$$

安全边际率的数值越大，企业的经营越安全，所以它也是一个正指标。表4-2是评价企业经营安全程度的检验标准。

表4-2 经营安全程度检验标准

安全边际率	10%以下	10%~20%	20%~30%	30%~40%	40%以上
安全程度	危险	警惕	较安全	安全	很安全

【例4-8】 按【例4-1】、【例4-2】的资料。要求：计算安全边际和安全边际率，并评价该企业的经营安全性。

解：安全边际量 = 5 000 - 1 000 = 4 000（件）

安全边际额 = 4 000 × 100 = 400 000（元）

或　安全边际额 = 5 000 × 100 - 1 000 × 100 = 400 000（元）

安全边际率 = （400 000 ÷ 500 000）× 100% = 80%

或　安全边际率 = （4 000 ÷ 5 000）× 100% = 80%

因为安全边际率为80%，在40%以上的范围内，所以企业的经营很安全。

（三）保本点作业率

保本点作业率是指保本点销售量占实际（预计）销售量或保本点销售额占实际（预计）销售额的百分比，也称危险率。保本点作业率是一个逆指标，数值越小，企业的经营越安全；反之，则不安全。保本点作业率还可以说明企业在保本状态下生产经营能力的利用程度。其计算公式为：

$$保本点作业率 = \frac{保本点销售量（额）}{实际或预计销售量（额）} \times 100\%$$

保本点作业率与安全边际率之间存在互补关系，即：

$$保本点作业率 + 安全边际率 = 1$$

【例4-9】 按【例4-2】、【例4-8】的资料。

要求：计算保本点作业率。

解：保本点作业率 = （1 000 ÷ 5 000）× 100% = 20%

或　保本点作业率 = （100 000 ÷ 500 000）× 100% = 20%

保本点作业率 + 安全边际率 = 20% + 80% = 1

第三节 本-量-利关系因素分析

一、本-量-利关系图

本-量-利关系图是将成本、销量、利润同时反映在直角坐标系中,由于其在反映本-量-利关系的同时,能直观地显示企业达到保本状态的产销量,故又称为保本图或损益平衡图。用图示表达本-量-利的相互关系,不仅形象直观、一目了然,而且容易理解。本-量-利图有多种形式。

(一)基本的本-量-利图

基本的本-量-利图反映了最基本的本-量-利关系,如变动成本和固定成本的特点、保本点、盈利区和亏损区、安全边际等信息,因此在本-量-利分析中经常使用此图。图 4-1 就是基本的本-量-利图。

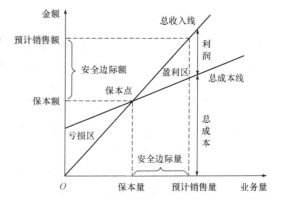

图 4-1 基本的本-量-利图

1. 基本的本-量-利图的绘制步骤

(1)选定直角坐标系,以横轴表示销售数量,纵轴表示成本和销售收入的金额。

(2)在纵轴上找出固定成本数值,以此点(0,固定成本值)为起点,绘制一条与横轴平行的固定成本线。

(3)以点(0,固定成本值)为起点,以单位变动成本为斜率,绘制变动成本线。

(4)以坐标原点 O(0,0)为起点,以单价为斜率,绘制销售收入线。

2. 由基本的本-量-利图可以得到的规律

(1)固定成本线与横轴之间的距离为固定成本值,其不因业务量增减而变动。

(2)变动成本线与固定成本线之间的距离为变动成本,其随业务量而呈正比例变化。

(3)变动成本线与横轴之间的距离为总成本,是固定成本与变动成本之和。

(4)销售收入线与总成本线的交点(BEP)是盈亏临界点。它在横轴上对应的销售量表明企业在此销售量下总收入与总成本相等,既没有利润,也不发生亏损。在此基础上,增加销售量,销售收入超过总成本,总收入线与总成本线的距离为利润值,形成盈利区;反之,形成亏损区。盈亏临界点的高低决定了盈利区与亏损区面积的大小。

(5)实际(或预计)销售与保本点的差额为安全边际。由图 4-1 可以看出,超过盈亏临界点的销售额才能创造利润,即安全边际越大,利润越多。

(6)保本点的变动规律。

第一,在保本点不变的条件下,销售量越大,能实现的利润就越多;反之,销售量越小,能实现的利润就越少。

第二,在销售量不变的条件下,保本点越低,能实现的利润就越多;反之,保本点越高,能实现的利润就越少。

第三,在销售总成本不变的条件下,保本点受单价的影响而发生变动,产品单价越高(销售收入线的斜率越大),保本点就越低;反之,保本点就越高。

第四,在销售收入不变的条件下,保本点的高低取决于固定成本和单位变动成本的大小。固定成本或者单位变动成本越大,保本点就越高;反之,保本点就越低。

(二)边际贡献式本-量-利图

基本的本-量-利图只能反映本-量-利的基本关系,无法反映边际贡献的形成过程。边际贡献式的本-量-利图可以解决这一问题,如图4-2所示。

1. 边际贡献式的本-量-利图的绘制步骤

(1)选定直角坐标系,以横轴表示销售数量,纵轴表示成本和销售收入的金额。

(2)以坐标系原点O(0,0)为起点,以单位变动成本为斜率,绘制变动成本线。

(3)以点(0,固定成本值)为起点画一条与变动成本线平行的总成本线。

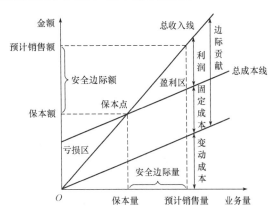

图 4-2 边际贡献式本-量-利图

(4)以坐标原点O(0,0)为起点,以单价为斜率,绘制销售收入线。

2. 由边际贡献式的本-量-利图可以得到的规律

(1)这种图的主要优点是形象地反映了边际贡献的形成和作用。企业的销售收入随销售量呈正比例增长。这些销售收入首先用于弥补产品自身的变动成本,剩余的是边际贡献即收入线与变动成本线及原点O围成的区域。边际贡献随销量增加而扩大,当其达到固定成本值时(到达BEP点),企业处于盈亏临界状态;当边际贡献超过固定成本后,企业进入盈利状态。该图也反映了利润计算公式"利润=边际贡献-固定成本"的含义。

(2)由图4-2可以看出,当产品单价上升时,总收入线斜率增大,保本点下降;当产品单价下降时,总收入线斜率减小,保本点上升。

(3)由图4-2可以看出,当固定成本总额上升时,总成本线平行上移,保本点上升;当固定成本总额下降时,总成本线平行下移,保本点下降。

(4)由图4-2可以看出,当单位变动成本上升时,总成本线斜率增大,保本点上升;当单位变动成本下降时,总成本线斜率减小,保本点下降。

保本点的上升与下降反映了产品盈利能力的变化,边际贡献式本-量-利图清晰地揭示了影响边际贡献与保本点高低的关系,为企业管理人员进行相关决策提供了信息。

(三)利润—业务量式本-量-利图

上述两种本-量-利图虽然提供了很多信息,但没有将利润与业务量的直接关系表示出来。利润-业务量式本-量-利图(简称利-量图)可以解决这一问题,如图4-3所示。

在绘制利-量图的过程中,首先在坐标系的纵轴原点以下部分找到与固定成本总额相等的点（0，固定成本），此点表示当业务量等于零时，亏损额等于固定成本。利润线的斜率由业务量的选择决定，当业务量为销售量时，利润线的斜率是单位边际贡献；当业务量为销售额时，利润线的斜率是边际贡献率。利润线与坐标系横轴的交点即为保本点。

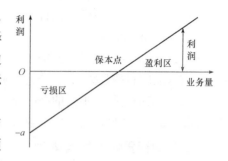

图 4-3　利润 – 业务量式本-量-利图

利 – 量图的最大优点就是清晰地揭示了业务量与利润的直接关系，在进行利润预测时，可直接根据预测的业务量得到预测的利润值。并且该图也反映了产品的边际贡献水平（代表了产品的盈利能力）对保本点高低的影响。

以上三种画法是常见的本-量-利关系图，还有一种对于多种产品显示其联合保本点的金额式本-量-利关系图，由于多品种保本点只能计算价值单位，所以 x 轴、y 轴都采用金额单位，收入线与横轴呈 45°角，总成本线以加权平均变动成本率为斜率，收入与成本的交叉点为保本额。

二、影响保本点及利润的因素

（1）销售单价变动的影响。在其他因素不变的情况下，提高销售单价，企业的边际贡献和边际贡献率都将增大，保本点下降，企业获得的利润就多。

（2）单位变动成本变动的影响。在其他因素不变的情况下，单位变动成本下降，企业的单位边际贡献及边际贡献率将会有很大的提高，保本点下降，企业获得的利润就多。

（3）固定成本总额变动的影响。在其他因素不变的情况下，固定成本总额下降，企业用于弥补固定成本总额的边际贡献总额不变，保本点下降，企业的利润也会增加。

（4）销售量变动的影响。在其他因素不变的情况下，若销售量发生变动，从保本点的计算公式可以看出，保本销售量无变化。但是销售量对利润是至关重要的，会引起利润同向变动。

（5）多品种生产情况下，产品的品种结构的影响。边际贡献率高的产品比重大，会提高加权平均边际贡献率，从而降低综合保本点，进而提高利润。

三、实现保本和保利目标时各有关因素临界值的确定

由本-量-利关系图可知，影响单一产品利润的因素有四个：销售量、销售单价、单位变动成本、固定成本总额。企业在进行生产经营活动时，如果其中某一个因素发生变动，则保本点、保利点及利润都会受到影响。确定保本和保利目标的各因素临界值，对企业管理者判断决策可行性、规划目标利润都有重要意义。根据预测的保本点及利润信息就可以进行决策，也就是判断所采取的生产、销售方案是否可行，企业对保本点、保利点和销售的预测情况，也可以对生产经营活动进行事先的调整，将企业的生产经营活动控制在最有利的状态。

销售单价、单位变动成本、产销量、固定成本的变化，都会影响利润的高低。这种影响达到一定程度，会使企业经营由盈利变为亏损，使企业的经营状况发生根本性的改变。同样，各因素的变动将直接影响目标利润的实现，因此需要明确各因素允许变动的范围，即确定各因素的临界值。各因素允许变动程度的大小反映了保本点、保利点对各因素的敏感程度，决策者根

据这些信息可以判断目前企业经营的风险程度,主动寻找降低经营风险的措施。

在进行各因素临界值分析时,通常假设其他因素不变,仅就某一因素的变化进行分析。下面以【例4-10】为例,分析为实现保本、保利的经营目标,各因素变动的临界值。

【例4-10】 志高玩具公司所生产的汽车模型产品,售价为20元/件,单位变动成本为12元/件,固定成本总额为400 000元,企业的目标利润为80 000元,实际销售量52 000件。求保本销售量和目标销售量。

解: 保本销售量=400 000÷(20-12)=50 000(件)

目标销售量=(400 000+80 000)÷(20-12)=60 000(件)

预计可实现利润=52 000×(20-12)-400 000=16 000(元)

(一)销售单价的临界值

销售单价下降会使保本点上升,利润下降,下降到一定程度时,企业无法实现目标利润或者由盈利变为亏损,这时是企业可以承受的单价最小值。由已知条件可得:

企业经营保本的销售单价的临界值=(固定成本总额+单位变动成本×销售量)÷销售量
=(400 000+12×52 000)÷52 000=19.69(元)

保证目标利润实现的销售单价的临界值=(固定成本总额+单位变动成本×销售量+目标利润)÷销售量=(400 000+12×52 000+80 000)÷52 000=21.23(元)

即在其他因素都保持不变的情况下,销售单价不低于19.69元/件,即降幅不能超过(19.69-20)÷20=-0.2%,才能保本;单价不低于21.23元/件,才能实现目标利润80 000元,现价是20元,在临界值以下,显然无法实现目标利润,至少需要涨价(21.23-20)÷20=6.15%。

(二)单位变动成本的临界值

单位变动成本上升会使保本点、保利点上升,利润下降,下降到一定程度,企业无法实现目标利润或者由盈利变为亏损,这时是企业可以承受的单位变动成本的最大值。

保本的单位变动成本临界值=(销售单价×销售量-固定成本总额)÷销售量=(20×52 000-400 000)÷52 000=12.31(元)

保证目标利润实现的单位变动成本的临界值=(销售单价×销售量-固定成本总额-目标利润)÷销售量=(20×52 000-400 000-80 000)÷52 000=10.77(元)

即在其他情况不变的情况下,单位变动成本不超过12.31元/件,即升幅不能超过(12.31-12)÷12=2.58%,才能保本;单位变动成本不超过10.77元/件,才能实现目标利润80 000元,目前的单位变动成本12元在临界值以上,无法实现目标利润,需要下降(10.77-12)÷12=-10.25%。

(三)固定成本的临界值

固定成本上升会使保本点上升,利润下降,下降到一定程度时,企业无法实现目标利润或者由盈利变为亏损,这时是企业可以承受的固定成本的最大值。

企业经营保本的固定成本临界值=销售单价×销售量-单位变动成本×销售量
=20×52 000-12×52 000=416 000(元)

保证目标利润实现的固定成本临界值=销售单价×销售量-单位变动成本×销售量-目

标利润 = 20 ×52 000 – 12 ×52 000 – 80 000 = 336 000（元）

即在其他因素不变的情况下，固定成本总额不超过 416 000 元，即升幅不能超过（416 000 – 400 000）÷400 000 = 4%，才能保本；固定成本总额不能超过 336 000 元，目前固定成本 400 000 元，在临界值以上，需要下降（336 000 – 400 000）÷400 000 = – 16%，才能实现目标利润 80 000 元。

（四）销售量的最小值

销售量下降会使利润下降，下降到一定程度时，企业无法实现目标利润或者由盈利变为亏损，这时是企业可以承受的销售量的最小值即保利量和保本量。

企业经营保本的销售量的临界值 = 固定成本总额÷（单价 – 单位变动成本）
= 400 000÷（20 – 12）= 50 000（件）

保证目标利润实现的销售量的下限 =（固定成本总额 + 目标利润）÷（单价 – 单位变动成本）=（400 000 + 80 000）÷（20 – 12）= 60 000（件）

即在其他因素都保持不变的情况下，销售量不低于 50 000 件，即降幅不能超过（50 000 – 52 000）÷52 000 = – 3.85%，才能保本；销量不低于 60 000 件，才能实现目标利润 80 000 元，目前销量 52 000 件，低于临界值，销量涨幅需要超过（60 000 – 52 000）÷52 000 = 15.38%。

通过分析保本及实现目标利润的有关条件，可以了解为实现目标利润，固定成本、单位变动成本的最高限额是多少，单价、销量的最低限额是多少，这些信息可以作为企业采取有关措施的决策基础。

四、为保证目标利润实现应采取的单项措施

为实现保本和利润目标，企业可以降低固定成本、单位变动成本或提高销售单价、销售量等单项措施。如【例 4-10】，为了实现目标利润 80 000 元，单价要不低于 21.23 元/件，需要涨价 6.15%；单位变动成本目前的 12 元无法实现目标利润，需要下降 10.25%；固定成本总额不能超过 336 000 元，目前固定成本 400 000 元，需要下降 16%；销量不低于 60 000 件才能实现目标利润，销量涨幅需要超过 15.38%。

为保证目标利润实现，企业管理者可通过以上计算明确改进的方向和最终目标，调整目前的销售策略和成本管理策略。

五、为保证目标利润实现应采取的多项措施

销售量、产品销售价格、成本之间往往是相互联动的，一个因素发生变化会对其他因素产生作用，引起其他因素跟随变化。单项措施很难单独使用，如企业成本中变动成本与固定成本的比重称为企业的成本结构，这个结构的变动可能是其中一方变化造成的，也可能是双方共同变化造成的，通过技术革新实现单位变动成本单独下降或固定成本单独下降的情况只是一部分，更常见的是二者此消彼长。如更新设备，在降低单位变动成本的同时会相应提高固定成本，能够做到单位变动成本与固定成本同时下降的情况很少见；又如，提高销售量，往往伴随的是降价，而提价就意味着会降低销售量；一些企业降低成本之后，就有了降价的空间，其连带的反应就是销售量会相应上升。

【例 4-11】 仍依【例 4-10】，为保证目标利润的实现，企业加强了成本管理，把固定成

本降至 380 000 元，同时为了吸引顾客，又把售价降至 18 元，由此销售量要提高到多少件？

$$(380\ 000 + 80\ 000) \div (18 - 12) = 76\ 667\ (件)$$

为实现目标利润 80 000 元，在降低固定成本的同时降价促销，销售量要达到 76 667 件。

如果经过预测，销售人员认为销售量只能达到 70 000 件，为了实现利润，经理决定挖掘潜力，采取技术创新等手段，降低变动成本，那么单位变动成本要降低到多少才能保证目标利润的实现？

$$(18 \times 70\ 000 - 380\ 000 - 80\ 000) \div 70\ 000 = 11.43\ (元)$$

单位变动成本需降至 11.43 元，方可完成利润目标。

综上所述，为了实现利润目标，企业采取的措施有降低固定成本、降低售价、提高销量、降低变动成本。做到固定成本和变动成本的双降可以依靠技术革新、提高资产的使用效率、降低不良资产占用等手段来实现。

第四节 利润敏感性分析

影响企业利润的因素主要有四个：产品的价格、产品的单位变动成本、产品的销售量和产品的固定成本。其中，任何一个因素的变动都会引起企业利润的变动，甚至会使一个企业由盈变亏，也会使一个企业扭亏为盈。那么，如何知道影响企业利润的关键因素？企业决策者如何在激烈变动的外部境下做出正确决策？借助敏感性分析，企业管理者可以对此类问题有一个明确的认识。

一、敏感性分析的含义及意义

所谓利润敏感性分析是研究制约利润的有关因素发生某种变化时，利润变化程度的一种分析方法。影响利润的因素很多，如售价、单位变动成本、销售量、固定成本等。在现实经济环境中，这些因素是经常发生变动的。有些因素增长会导致利润增长（如单价），而另一些因素降低才会使利润增长（如单位变动成本）。有些因素略有变化就会使利润发生很大的变化；而有些因素虽然变化幅度较大，却只对利润产生微小的影响。所以对一个企业的管理者来说，不仅需要了解哪些因素对利润增减有影响，而且需要了解在影响利润的若干因素中，哪些因素影响大，哪些因素影响小。

由于本-量-利分析中的许多因素都可能发生变动，影响企业经营计划的实现和目标利润的完成，因此，需要了解各因素的变动范围以及它们对利润的影响程度，以便采取措施，控制各因素的变化。一般可通过敏感性分析来实现。

二、敏感系数

虽然单价、单位变动成本、销售量和固定成本的变动都会引起利润的变动，但它们对利润的影响程度却不同。有的因素只要较小的变动就会导致利润较大程度的变动，这类因素称为强敏感性因素；有的因素虽有较大的变动，但对利润的影响程度不大，这类因素称为弱敏感性因素。

衡量因素敏感程度强弱的指标称为敏感系数，其计算公式为：

$$敏感系数 = \frac{利润变动率}{引起利润变动的因素变动率}$$

引起利润变动的因素变动率，可以统一设定为10%或1%，以便客观对比其对利润影响的强弱。以下假设因素变动率都为+10%。

【例4-12】 MJ卫生用品公司只生产一种环保清洁剂，售价为10元/件，单位变动成本为8元/件，固定成本总额为10 000元，企业的目标利润为20 000元，实际销售量为18 000件。

其中，保本销售量 = 10 000 ÷ （10 - 8） = 5 000（件）

目标销售量 = （10 000 + 20 000） ÷ （10 - 8） = 15 000（件）

预计可实现利润 = 18 000 × （10 - 8） - 10 000 = 26 000（元）

要求：计算敏感系数。

(1) 单价的敏感系数。

销售单价 = 10 × （1 + 10%） = 11（元/件）

预计可实现利润 = 18 000 × （11 - 8） - 10 000 = 44 000（元）

利润变动率 = （44 000 - 26 000） ÷ 26 000 = 69.23%

单价的敏感系数 = 69.23% ÷ 10% = 6.923

上述计算表明单价变动10%，利润呈同方向变动，变动69.23%，利润变动率是单价变动率的6.923倍，说明单价的变动对利润的影响程度较大。因此，提高产品的价格是增加企业利润的主要手段；降价也是企业利润下降的主要原因。

(2) 单位变动成本的敏感系数。

单位变动成本 = 8 × （1 + 10%） = 8.8（元/件）

预计可实现利润 = 18 000 × （10 - 8.8） - 10 000 = 11 600（元）

原来的预计利润为26 000元

利润变动率 = （11 600 - 26 000） ÷ 26 000 = -55.38%

单位变动成本的敏感系数 = -55.38% ÷ 10% = -5.538

上述计算表明单位变动成本变动10%，利润呈反方向变动，变动55.38%，利润变动率是单位变动成本变动率的5.538倍，说明单位变动成本的变动对利润的影响程度比单价的影响程度略小。

(3) 销售量的敏感系数（也称经营杠杆系数）。

预计销量 = 18 000 × （1 + 10%） = 19 800（件）

预计可实现利润 = 19 800 × （10 - 8） - 10 000 = 29 600（元）

原来的预计利润为26 000元

利润变动率 = （29 600 - 26 000） ÷ 26 000 = 13.85%

销售量的敏感系数 = 13.85% ÷ 10% = 1.385

上述计算表明销售量变动10%，利润呈同方向变动，变动13.85%，利润变动率是销售量变动率的1.385倍，说明销售量的变动对利润的影响程度较小。

(4) 固定成本的敏感系数。

固定成本 = 10 000 × （1 + 10%） = 11 000（元）

预计可实现利润 = 18 000 × (10 - 8) - 11 000 = 25 000（元）

原来的预计利润为 26 000 元

利润变动率 =（25 000 - 26 000）÷ 26 000 = -3.85%

固定成本的敏感系数 = -3.85% ÷ 10% = -0.385

上述计算表明固定成本变动 10%，利润呈反方向变动，变动 3.85%，利润变动率是固定成本变动率的 0.385 倍，说明固定成本的变动对利润的影响程度很小。

敏感系数为正值，表示该变量与利润呈同方向变动；敏感系数为负值，表示该变量与利润呈反向变动。

敏感系数的高低以其绝对值来表示，与其正值还是负值无关。绝对值越大，敏感程度越高。当敏感系数的绝对值大于 1 时，该因素为敏感系数高的因数；当敏感系数绝对值小于 1 时，该因素为敏感性低的因素。将上面例题中的敏感系数按绝对值的大小排列，依次为单价、单位变动成本、销售量、固定成本，说明利润对单价的变动最为敏感，其次是单位变动成本和销售量，固定成本的影响程度最小。

当企业处于正常盈利的条件下，在利润敏感性分析中有以下结论：

①单价的敏感性最强。

②销售量的敏感性不可能最弱。

③销售量、单位变动成本、固定成本的敏感性强弱视具体情况而定。

④单价与单位变动成本的敏感系数之差等于销售量的敏感系数。

⑤销售量的敏感系数与固定成本的敏感系数之差等于 1。

三、利润敏感性分析对决策的帮助

一般而言，在对利润产生影响的各因素中，灵敏度最高的为单价，最低的是固定成本，销售量和单位变动成本介于两者之间。作为企业的管理者，在掌握了各有关因素对利润的敏感程度之后，下面的任务就是如何利用敏感性分析帮助决策，以实现企业的既定目标。抓住关键因素，综合利用各有关因素之间的相互联系，采取综合措施，是成功的关键。

（一）慎重实施价格决策

单价为绝对敏感因素，单价的变化会引起利润以几倍于单价变化的速度发生变化。所以在经济决策中，对降价必须给予格外的关注。

价格下调带来的利润损失，若不能通过扩大销售量或降低单位成本予以更大程度的补偿，则企业的整体利润肯定会下降，目标利润难以实现。价格上涨的同时，应尽可能地抑制销售量的大幅缩减和成本的大幅上升，否则目标利润同样难以实现。

（二）降低单位成本

单位变动成本同样属于利润的敏感因素，所以降低单位成本对实现企业目标利润具有重要意义。特别是从长期来看，成本的高低将是企业能否生存和发展的关键。企业降低单位成本的主要措施有：

（1）源头控制，降低材料的采购成本。其主要方式有招标采购或网上采购等。

（2）生产过程控制，降低生产成本。对生产过程中的材料浪费、不必要的机器停工损失都必须通过严格管理加以控制。

（3）实行批量生产，实现规模效益。

（4）必要时，建立责任成本控制制度。将成本控制的责任落实到具体的部门或个人。

（三）扩大销售量

销售量的增加会导致企业利润的大幅度增加。但有一个前提，就是单价的降低幅度不能太大，否则，由于价格的敏感程度大于销售量的敏感程度，销售量的增加反而会减少企业的利润。一般而言，企业扩大销售量的主要措施有：

（1）提高产品质量，以质取胜。

（2）实施品牌战略，提高消费者品牌忠诚度。

（3）大力促销。

四、本-量-利分析的评价

尽管本-量-利分析是一种简便、实用、有效的管理工具，但由于本-量-利分析是建立在一些假设条件之上的，因此本-量-利分析存在一定的缺陷。

（1）对成本性态分析，尤其是对某些混合成本的划分不够精确，有时带有一定的主观因素。

（2）本-量-利分析中有关函数的线性假设，超出相关范围后与实际有较大的偏离。在实际经济活动中，随着产销量超出一定范围，固定成本可能会呈阶梯状变化；变动成本由于受经营规模和生产效率的影响，可能会呈曲线变化；在较长的时间范围内，生产要素价格也可能发生变动，所以总成本与销售收入不会总是呈现一条直线，那么所假设的线性关系就不一定成立。

（3）影响成本和收入除了产销量外，还包括效率、市场供求等其他多种因素。

（4）不管企业的预测和计划做得多么好，要使实际的产量和销量完全平衡是十分困难的，在多品种的情况下，各产品的产量变化也不会总是按固定的比例变化。

因此，本-量-利分析对企业管理者来说，只适用于短期的计划和预测，它的分析结果不是十分精确，一般只能作为短期决策的参考依据，不能完全代替管理者的判断和经验。

案例导入分析

电影《1942》的保本点应该是 2 亿元/33% = 6.1 亿元，也就是说要卖到 6.1 亿元才能保本，3.6 亿元的票房注定亏损。按照之前发行方与院线谈判的结果，《1942》分成比例将按照 3 亿元票房之内发行方 43% 与院线 57% 进行，超过 3 亿元票房部分将按照 45% 比 55% 进行，超过 8 亿元票房按照 47% 比 53% 进行。那么 3.6 亿元的票房收入分配应该如下：

票房收入要先从中抽出 5% 交给电影发展专项基金，然后再扣 3.3% 的增值税。剩余部分由电影院和院线拿走 55%，45% 归片方和发行方。发行方一般能分到 3% ~ 10%，剩下 30% 多票房收入才属于投资方。根据《1942》2 亿多元投资成本，《1942》的票房必须达到 6 亿元，才能不亏不盈，假如在 6 亿元以下，基本可视为亏损。

由于华谊此前预期该片能达到 7 亿元至 8 亿元的票房，但现在只有 3.6 亿元，股价跌停在情理之中。与另一部小成本电影《失恋33天》相比，该片投资890万元，宣发成本据说有600万元，总计1 490万元。它的保本点是：1 490万元/33% = 4 515万元，票房为3.44亿元，按照之前的算法，制片方能拿到1.35亿元，盈利是显而易见的了。

本章小结

理解成本、销售量、利润之间的关系是企业管理的一个重要部分。盈亏平衡分析或称为本-量-利分析为理解和分析产品成本、产品销售价格、产品销售量、产品销售组合对企业利润的影响提供了基本框架。保本点与保利点的计算和分析及利润敏感性分析能够为企业提供有价值的管理信息。

技能训练

一、单项选择题

1. 被称为本-量-利分析的基础，也是本-量-利分析出发点的是（   ）。
   A. 成本性态分析和变动成本法假设   B. 相关范围及线性假设
   C. 产销平衡假设   D. 品种结构不变假设
2. 在本-量-利分析中，必须假定产品成本的计算基础是（   ）。
   A. 完全成本法   B. 变动成本法   C. 吸收成本法   D. 制造成本法
3. 进行本-量-利分析时，必须把企业全部成本区分为固定成本和（   ）。
   A. 税金成本   B. 材料成本   C. 人工成本   D. 变动成本
4. 下列指标中，可据以判定企业经营安全程度的指标是（   ）。
   A. 保本量   B. 边际贡献   C. 保本作业率   D. 保本额
5. 计算边际贡献率，可以用单位边际贡献除以（   ）。
   A. 单位售价   B. 总成本   C. 销售收入   D. 变动成本

二、多项选择题

1. 下列各项中，可据以判定企业是否处于保本状态的标志有（   ）。
   A. 安全边际率为零   B. 边际贡献等于固定成本
   C. 收支相等   D. 保本作业率为零
   E. 边际贡献率等于变动成本率
2. 下列与安全边际率有关的说法中，正确的有（   ）。
   A. 安全边际与当年实际订货量的比值
   B. 安全边际率与保本作业率的和为1
   C. 安全边际与预计销售量的比率
   D. 安全边际率越小，企业发生亏损的可能性越小
   E. 安全边际率越大，企业发生亏损的可能性越小
3. 下列因素中，其水平提高会导致保利点升高的有（   ）。
   A. 单位变动成本   B. 固定成本总额   C. 目标利润
   D. 销售量   E. 单价

4. 下列指标中，会随单价反方向变动的有( )。
   A. 保本点 B. 保利点 C. 变动成本率
   D. 单位边际贡献 E. 边际贡献率
5. 在基本的本-量-利关系图上，保本点的位置是由下列哪些线段决定的( )。
   A. 总成本线 B. 固定成本线 C. 变动成本线
   D. 销售收入线 E. 贡献边际线

三、判断题
1. 在盈利条件下的本-量-利分析中，研究任何一个因素时，其他因素必为已知或固定不变。 ( )
2. 销售利润率可通过边际贡献率乘以安全边际率求得。 ( )
3. 单价、单位变动成本及固定成本总额变动对保本点、保利点影响的方向相同。 ( )
4. 单价、单位变动成本和固定成本同时变化，则利润也必定发生变化。 ( )
5. 保本图的横轴表示销售收入和成本，纵轴表示销售量。 ( )

四、业务题
1. 已知：某公司只生产一种产品，2008 年销售收入为 1 000 万元，税前利润为 100 万元，变动成本率为 60%。要求：（1）计算该公司 2008 年的固定成本。（2）假定 2009 年该公司只追加 20 万元的广告费，其他条件均不变，试计算该年的固定成本。（3）计算 2009 年该公司保本额。

2. 已知：某企业产销 A、B、C、D 四种产品的有关资料见表 4-3。

表 4-3 产品资料

产品名称	销售数量	销售收入总额	变动成本总额	单位贡献边际	固定成本总额	利润（或亏损）
A	(1)	40 000	(2)	6	7 000	9 000
B	3 000	60 000	(3)	(4)	10 000	−1 000
C	1 000	60 000	20 000	(5)	9 000	(6)
D	5 000	(7)	25 000	4	(8)	6 000

要求：计算填列表中用数字（1）、（2）、（3）、（4）、（5）、（6）、（7）、（8）表示的项目。

3. 已知：某企业只产销一种产品，2007 年销售量为 8 000 件，单价为 240 元，单位成本为 180 元，其中单位变动成本为 150 元，该企业计划 2008 年利润比 2007 年增加 10%。要求：运用本-量-利分析原理进行规划，从哪些方面采取措施，才能实现目标利润（假定采取某项措施时，其他条件不变）。

4. 已知：某公司生产甲、乙、丙三种产品，其固定成本总额为 19 800 元，三种产品的有关资料见表 4-4。

表 4-4 产品资料

品种	销售单价（元）	销售量（件）	单位变动成本（元）
甲	2 000	60	1 600
乙	500	30	300
丙	1 000	65	700

要求：（1）采用加权平均法计算该厂的综合保本销售额及各产品的保本销售量。（2）计算该公司营业利润。

第五章

预测分析

★ 案例导入

预测分析是企业开展经营活动的前提,结合在线旅游网站芒果网发布的《2016年度旅游市场趋势预测报告》(以下简称《报告》),可以看到预测对于生产经营的指导意义。

趋势一:旅游将成假期生活首选

根据国内相关数据显示,从1985年到2014年,我国国内旅游人次由2.4亿人次增长到36.3亿人次,增长15倍,旅游出游率由23%增长到265%,增长12倍,旅游已成为我国居民日常性的消费活动。

趋势二:多重利好将造境外旅游热

《报告》预测,2016年我国境外旅游消费将延续去年的火热态势,其中选择境外长线出游的人数将雄起,并且最有可能跑出年度出境游目的地黑马。

趋势三:国内旅游景区将唱响主题战

《报告》预测,2016年国内旅游景区将加深主题化趋势,"亲子游""蜜月游""游学游""影视游""消暑游"等主题依然受宠,景区差异化竞争将在主题化方面愈加明显。

趋势四:自由行将成年轻人出游潮流

根据业内相关统计数据显示,近年来我国旅游市场每年都在高速增长,其中自由行人数每年增长达30%,而传统组团游增长速度为15%,且有增速放缓趋势。出境游自由行的比例更高,达到70%以上。

趋势五:线上旅游消费将继续渗透

根据业内相关数据显示,2015年上半年,我国在线旅游总交易规模为1 654.8亿元,同比增长35.6%。2015年上半年在线旅游渗透率为8.9%,互联网旅游产业仍有较大的发展空间。

趋势六:"非标准住宿"将迎来爆发期

长期以来国内旅游的基本产品形态是"景+酒","景"提供了异地化环节,"酒"提供了本地生活环节。但近年来客栈民宿、短租公寓、长租公寓的兴起，打破了传统酒店一统"酒"领域的单一格局。

趋势七：休闲度假游将成市场焦点

进入 2016 年，国内将有更多省份出台带薪休假细则，2.5 天休假制度将刺激大众休闲度假游的需求，带动休闲度假游的发展。

《报告》采取了什么方式，通过对哪些因素的分析，对旅游市场的发展进行了判断？

★学习目标

- 理解预测分析的基本程序、基本原则、特点等基本概念。
- 掌握预测分析的移动加权平均法、趋势平均法、指数平滑法和回归直线法等几种方法。
- 通过对销售、利润、成本进行预测，增强预见性，减少盲目性，为企业决策提供信息。

★重点与难点

- 重点：掌握预测分析的方法及其应用原理，具体了解如何进行销售预测、利润预测、成本预测。
- 难点：掌握预测分析的方法。

★职业技能

通过本章的学习，学生能够在今后的工作中能够根据实际工作需要，收集整理资料，选择合适的预测分析方法，组织开展预测工作，为决策提供参考。

经营预测是人们对未来经济活动可能产生的经济效益及其发展趋势提出的一种科学预见。科学的经营预测是企业做出正确决策的基础，是企业编制计划、进行科学决策的重要组成部分。经营预测运用合理而可靠的预测资料可以使生产设备做出有效的产能规划，以降低生产成本。

第一节 经营预测概述

一、经营预测的意义

经营预测是指根据历史资料和现在的信息，运用一定的科学预测方法，对未来经济活动可能产生的经济效益和发展趋势做出科学的预计和推测的过程。

预测是西方经济发达国家在 20 世纪 50 年代以后逐步发展起来的一门新兴的综合学科，其主要特点是运用了当时先进的数理统计的原理和方法。这些现代的数理统计分析方法有助于人们深刻地理解经济运行过程的本质,从而帮助人们认识并掌握它的运行规律,使人们对经济运行过程及其发展变化进行科学预测成为可能。

(一) 经营预测是企业进行经营决策的基础和依据

决策需要在掌握充分的信息的基础上进行,预测提供的信息是决策的依据,预测是决策正确的前提,没有正确的预测就不会有正确的决策。预测分析是决策的基础,是决策科学化的前提条件。为了合理地规划企业的经济活动,必须把预测分析与决策分析紧密联系起来加以应用,才能相得益彰。

(二) 经营预测有利于提高企业的竞争能力

科学的预测可以减少盲目性。正确的、富有远见的经营预测,会使企业掌握先机,尽早做出对企业发展有利的决策,从而提高企业在竞争中的地位。

(三) 经营预测是企业进行科学管理的基础

合理而可靠的预测资料可以对生产设备做出有效的产能规划,以降低生产成本。在复杂多变的市场经济条件下,需要顺应市场变化趋势,制订生产计划,并有组织地进行生产。企业管理者只有进行科学的预测和周密的规划,才能主动应变,并且生产活动只有按计划有序进行,才能实现预期的经营目标。

二、经营预测的方法

预测分析所采用的方法种类繁多,随分析对象和预测期限的不同而各有所异。其基本方法大体上可归纳为定性分析法和定量分析法。

(一) 定性分析法

定性分析法主要是依靠预测者的主观判断和分析能力来推断事物的性质和发展趋势的分析方法。由熟悉相关业务的专家凭借他们所掌握的知识技能,或者是长期积累的实践经验,经过调查研究,结合预测项目的特点进行综合分析,提出初步意见,然后对初步意见反复进行补充、修正,最后对某一事项的未来发展趋势做出判断预测的一种分析方法,因此又称作"判断分析法"或"集合意见法"。这种方法在量的方面不易准确,一般是在企业缺乏完备、准确的历史资料的情况下采纳。

(二) 定量分析法

定量分析法主要是运用现代数学方法和各种计算工具对预测所依据的各种经济信息进行科学的加工处理,并建立经济预测的数学模型,充分揭示各有关变量之间的规律性联系,最终对计算结果做出分析说明。定量分析法又可分为两类:一类的基本思路是,未来是"过去历史的延伸",因此可以将某个指标过去的变化趋势作为预测未来的依据;另一类则是以一个指标联系他项指标进行分析,根据它们之间的规律性联系作为预测未来的依据,通常是以一个指标的变动情况为基础来推断另一项指标变化程度。

1. 趋势分析法

趋势分析法又称为时间序列法,是把历史资料按照时间顺序排列,运用一定的数学方法,对历史资料进行加工、计算,借以预测将来走势的一种分析法。例如,算术平均法、移动加权平均法、平滑指数法等,这种方法的实质就是把未来视为历史的延伸。

2. 因果分析法

因果分析法是根据各有关指标之间存在的相互依存、相互制约的因果函数关系,建立相应的因果数学模型进行预测分析的方法。例如,本-量-利分析法、回归分析法等。

三、经营预测的基本程序

经营预测的一般程序,大体上可分为以下五个步骤:

1. 确定预测目标

首先要弄清预测什么?是预测利润还是预测销售量,或是预测成本;等等。然后再根据预测的具体对象和内容确定预测的范围,并规定预测的期限。

2. 收集有关的信息

系统的、准确的会计信息及其他有关的资料是开展预测分析的前提条件。因此,必须对搜集来的大量经济信息进行加工、整理、归纳、鉴别,去伪存真,寻找出各因素之间相互依存、相互制约的关系,并从中发现事物发展的规律,作为预测的依据。

3. 选择预测方法

根据预测目标选择预测分析的专门方法,建立预测的数学模型,或拟订预测的调查提纲。对有定量资料可以进行定量预测的,要比较甄别选择合适的预测模型;对没有定量资料的,可以选择适合的定性预测方法。

4. 做出预测结论

根据定量分析与定性分析,进行判断,揭示事物的变化规律,做出实事求是的预测结论。

5. 对预测结果进行修正

经过一定期间,对过去所做出的预测结论必须进行检验,将实际数与预测数进行比较,检查过去的预测结论是否准确,并找出误差原因,以便及时修订根据原来预测所做出的决策或编制的计划。

四、经营预测应注意的问题

进行经营预测,一般应注意以下几点:

(一)样本数量越大越准确

根据统计学的抽样理论,抽取样本的数量越大,越具有代表性,预测分析的数值也就越准确。

(二)预测时间越短越准确

预测分析必须明确某些预测对象的时间范围,预测的时间越长,越容易受到不确定因素的影响,从而使预测出来的数值越偏离实际。

(三)必须充分估计可能发生的误差

由于事物的未来发展一定存在不确定性,所以预测未来的发展趋势时发生误差是难免的。预测中应该能够对误差进行检验和修正,才能尽量减少误差。

（四）预测分析的方法应先进行测试

采用任何一种预测分析的专门方法，都必须先加以检验测试。针对不同预测对象的特征、占有资料的多少，进行测试和选择，通常选用简便易行、成本较低而预测结果又比较准确的方法。

（五）预测的结果具有客观性

预测分析必须以客观的历史资料和合乎实践规律的经验为基础，预测结果的出现有其真实的依据，并符合客观规律。

第二节 销售预测

销售预测是企业各项预测的基础，也是进行经营预测的基础，同时销售预测也为企业规划服务，因此，搞好销售预测至关重要。企业在计划期间究竟能销售多少，必须通过市场调查，进行科学的销售预测。销售预测是根据市场上供需情况的发展趋势，以及本企业的销售单价、推销活动、产品改进、分销途径等方面的计划安排，来对该项商品在计划期间的销售量或销售额所做出的预计或估量。

销售预测包括销售量的预测、市场占有率的预测、商品销售状态预测等，本节主要介绍销售量的预测。用于销售量的预测的方法主要有判断分析法、趋势预测分析法、因果预测分析法和产品寿命周期推断法。

一、判断分析法

判断分析法需要依靠预测人员丰富的实践经验和知识以及主观的分析判断能力，在考虑政治、经济形势、市场变化、经济政策、消费倾向等对经营影响的前提下，对事物的性质和发展趋势进行预测和推测。在不具备完整可靠的历史资料的前提下，销售人员根据直觉判断进行预估，然后由销售经理加以综合，从而得出企业总体的销售预测趋势。

判断分析的方式主要有以下三种：

（一）营销人员意见综合判断法

由于营销人员对市场和客户情况最为了解，因此可以用调查表的形式听取他们的意见，再经过综合与分析整理以后，最终做出判断。

【例5-1】 SG公司有三名销售人员，一名经理。每个人预测其销售量和概率的数据见表5-1。先用概率计算出每个预测者的期望值，然后用加权平均法加以综合。

表 5-1 预计销售量和概率表

项目	销售量（件）	概率	销售量×概率
甲销售员预测			
最小值	350	0.3	105
最可能值	400	0.4	160

续表

项目	销售量（件）	概率	销售量×概率
最大值	450	0.3	135
期望值			400
乙销售员预测			
最小值	400	0.2	80
最可能值	500	0.6	300
最大值	550	0.2	110
期望值			490
丙销售员预测			
最小值	400	0.3	120
最可能值	450	0.5	225
最大值	520	0.2	104
期望值			449
经理预测			
最小值	450	0.2	90
最可能值	500	0.7	350
最大值	600	0.1	60
期望值			500

假设经理由于掌握的信息更全面，其预测更准确、更重要，所以将其预测的权重确定为2，而将销售人员的预测权重均确定为1，则综合预测结果为：

$$综合预测销售额 = \frac{400 \times 1 + 490 \times 1 + 449 \times 1 + 500 \times 2}{1 + 1 + 1 + 2} = 468（件）$$

（二）专家会议法

专家会议法，就是邀请有关方面的专家，通过会议的形式，对某些预测事件及其发展前景做出评价，并在专家分析、判断的基础上，综合各种意见，借以对调查分析事件做出质和量的结论。这些专家可以是企业内部的，也可以是企业外部的（但是不应当包括营销人员和客户）；可以是来自实务部门的，也可以是来自理论部门的。根据会议议程的不同和专家交换意见的要求，可分为以下三种：

（1）交锋式会议。每个与会专家围绕调查事件各抒己见、引发争议，经过会议讨论达成共识，做出较为一致的预测结论。

（2）非交锋式会议（头脑风暴法）。每个与会专家都可以独立地、任意地发表意见，但不相互争论，不批评他人意见，也不带发言稿，以便充分发挥灵感，鼓励创造性思维。

（3）混合式会议。混合式会议是非交锋式会议与交锋式会议的混合使用。具体来讲，在第一阶段实施头脑风暴法，在第二阶段对前一阶段的各种设想进行质疑，在质疑中可争论、批评，也可提出新的设想，不断交换意见，互相启发，最后取得一致的结论。

专家会议法的最大优点是集思广益。与会专家在阐述自己观点的同时，可通过相互启发、交流,不断完善自己的建议和"碰撞"出新的思路、主意等。最大缺点是容易屈服于"权威"。不愿意公开修正别人已发表的意见,即使这个意见明显是错误的。因此,应从以下几个方面加以注意:

1. 专家应客观、公正地表达自己的意见

与会专家应正确处理以下三个方面的因素:

(1) 感情因素。与会专家之间可能有上级、前辈、同学、朋友、同事等多种关系,不能出于感情的考虑,有不同的意见不予提出。

(2) 个性因素。不同个性的人说话的方式、方法不一样,这就要求与会专家不带任何倾向地分析他人意见。

(3) 利益因素。与会专家不一定赞成或支持与自己利益相违背的意见,这样,会使会议难以达到预期效果。

2. 组织者应做好充分的准备

(1) 在召开专家会议之前,必须尽可能多收集一些有关预测项目的背景材料,提交给所请专家。如果专家自己认为对这个项目比较有研究,愿意参加会议,则请其参加;如果专家认为对这次预测项目不太了解,或没兴趣,则不要勉强其参加。

(2) 作为组织预测者,在专家会议上,不要做任何引导性发言,不要给予任何暗示,让专家充分、客观地发表自己的意见,做出个人判断。

(三) 德尔菲法

德尔菲法是 20 世纪 60 年代由美国兰德公司首创和使用的一种特殊的调查方法。德尔菲法是采用征询意见表,借助通信方式,向一个专家小组进行调查,将专家小组的判断、预测加以集中,利用集体的智慧对市场现象的未来做出预测。

采用德尔菲法,在征询意见时,参加预测的各位专家互不通气,他们能根据自己的经验、观点和方法进行预测,消除了许多社会因素的影响,真正实现各抒己见。这种方法需要反复征询意见,一般咨询专家意见要反复 3~5 次,每次收到的信息都要做统计处理,请他们参考别人的意见再修正本人原来的判断,使得合理的意见为大多数专家接受,并在此基础上最终确定预测结果。

德尔菲法的实施步骤如下:

1. 制定意见征询表

在制定意见征询表时要注意以下几个要点:

(1) 征询的问题要简单、明确,让人能给予答复。

(2) 所问问题数量不能太多。

(3) 问题内容尽量接近专家熟悉的领域,以便充分利用专家的经验。

(4) 意见征询表中提供较齐全的背景材料(企业自身的销售努力程度、竞争企业的销售努力程度、客户的收入水平,以及消费趋势、本行业的发展趋势、国民经济运行状态等),供专家做判断时参考。

2. 选定要征询的专家

在选定专家时要注意以下几个问题:

(1) 所选专家必须精通业务,熟悉市场情况,具有预见性和分析能力。

（2）人数不能过多也不能过少，要根据课题大小和涉及面的宽窄来定，一般大课题选20人左右比较合适，小课题选5人左右比较合适。

（3）专家之间不能互相联系，有关课题情况由调查机构用通信方式来告知。

3. 轮回反复征询专家意见

将第一轮经过汇总的专家意见和将要调查的新的意见和要求寄给专家，要求专家再提供意见和见解，轮回的次数一般是3~5次。征询的间隔时间一般是7~10天，这样可以使专家有整理资料和思考的时间。

4. 做出调查的结论

专家的意见几经反馈后，通常对所要预测的问题意见会渐趋一致，最后将最末一次专家的意见进行汇总整理和统计处理，形成最终的调查结果。

德尔菲法的优点如下：

（1）匿名性。给专家创造了一个平等、自由和充分发表意见的氛围。

（2）反馈性。有助于提高调查质量，保证调查所收集的资料的全面性和可靠性。

（3）具有对调查结果定量处理的特性。可根据需要从不同角度对所得结果进行统计处理，提高了调查的科学性。

德尔菲法的缺点如下：

（1）调查结果主要凭专家判断，缺乏客观标准，故这种方法主要适合于历史资料缺乏或未来不确定因素较多的场合。

（2）有些专家可能做出趋近于中位数或算术平均数的结论。所以，为了避免这种情况发生，有时在第二轮征询时，只告诉各专家前一轮征询后得到的极差值。

（3）由于反馈次数较多，反馈所花时间较长，在此期间可能有些专家会中途退出，从而影响调查的准确性。

二、趋势预测分析法

商品销售量（额）及变化趋势预测常见的技术方法是趋势预测分析法。它是应用事物发展的连续性原理来预测事物发展的趋势。其方法是：首先把本企业过去的销售历史资料按时间顺序排列，然后运用数理统计的方法预计、推测计划期间的销售数量或销售金额，也称时间序列预测分析法。

趋势预测分析法的优点是收集信息方便、迅速；缺点是对市场情况的变动未加考虑。根据采用的具体数学方法的不同，又分为算术平均法、移动加权平均法、指数平滑法。

（一）算术平均法

以过去若干时期的销售量或销售金额的算术平均数作为计划期的销售量（销售额）。

计算公式：计划期销售预测数 $(\bar{X}) = \dfrac{\sum X}{n}$ ＝各期销售量或销售额之和/期数

【例5-2】 JLY公司今年上半年预包装大米销售量的资料见表5-2。要求预测7月份的预包装大米的销售量。

表 5-2　预包装大米销售量的资料表

月份	1	2	3	4	5	6
预包装大米/万斤	140	146	162	144	160	150

解：7月份的预包装大米销售量 =（140 + 146 + 162 + 144 + 160 + 154）÷6 = 151（万斤）

算术平均法的优点是计算简便，但它使各个月份的销售差异平均化，特别是没有考虑到近期的变动趋势，因而测出的预计数与实际数可能发生较大误差。

这种方法适用于销售量（销售额）比较稳定的商品，如没有季节性的食品、文具、日常用品等。

（二）移动加权平均法

移动加权平均法是对时间序列观察值由远及近按一定跨越期计算平均值的一种预测方法。最后一个平均值是预测值计算的依据。移动加权平均法能够较好地修匀时间序列，消除不规则变动和季节变动，因而得到了广泛应用。

注意：所取的观察值应随时间的推移而顺延。预测8月份，如观察期为三个月，则以5、6、7三个月的历史资料为依据；预测9月份，就以6、7、8三个月的历史资料为依据。接近计划期的实际销售情况对计划期预计数的影响较大。

移动加权平均法权数的确定有两种方法：①自然权数法。该法要求按自然数1，2，…，n 的顺序确定权数，即令第一期的权数为1，第二期的权数为2，以下依此类推。采用自然权数时，遵循近期确定的加权数大，远期确定的加权数小的原则。②饱和权数法。该法要求权数的取值范围为：$0 < W_i < 1$，各期的权数之和等于1。如果期数 $n = 3$ 时，可令各期权数依次为0.2，0.3和0.5（也可设定为：0.1，0.3和0.6）；如果期数 $n = 5$ 时，可将各期权数设定为：0.04，0.08，0.13，0.25和0.5。

移动加权平均法的计算公式为：

（1）饱和权数。

计划期销售量 X（销售额）= $\sum W_i X_i$ = 各期权数分别乘以其销售量（销售额）之和

（2）自然权数。

$$\text{计划期销售量 } X\text{（销售额）} = \frac{\sum (X_i \cdot W_i)}{\frac{(1+n) \cdot n}{2}} = \frac{\sum 某期销售量 \times 该期权数}{\frac{(1+期数) \times 期数}{2}}$$

【例5-3】 依【例5-2】资料，要求预测7月份的预包装大米销售量。

预测7月份的预包装大米销售量，选取4、5、6三个月的历史资料计算。

解：令 $W_1 = 0.2$；$W_2 = 0.3$；$W_3 = 0.5$

预测7月份的预包装大米销售量 = 144 × 0.2 + 160 × 0.3 + 150 × 0.5 = 151.8（万斤）

（三）指数平滑法

指数平滑法实质上也是一种加权平均法。导入平滑系数 α，前期实际销售量（销售额）乘以 α，前期预测的销售量（销售额）乘以 $(1-\alpha)$，这两个乘积相加得到本期预测销售量（销售额）。选取 $0 < \alpha < 1$，一般取值为 0.3～0.7。选取的平滑系数越大，近期实际数对预

测结果的影响越大;选取的平滑系数越小,近期实际数对预测结果的影响越小。

注意: 选取较小的平滑系数计算的结果能反映观察值变动的长期趋势;选取较大的平滑系数计算的结果能反映观察值变动的新近趋势。

指数平滑法计算公式为:

计划期销售量(销售额) = 平滑系数 × 上期实际销售数 + (1 - 平滑系数) × 上期预测销售数

【例5-4】 依【例5-2】资料,JLY公司6月份的实际销售量为150万斤,原来预测6月份的销售量为148万斤,平滑系数采用0.7。要求按指数平滑法预测7月份的预包装大米销售量。

解: 预测7月份预包装大米销售量 = $0.7 \times 150 + (1 - 0.7) \times 148 = 149.4$(万斤)

指数平滑法实质是全部历史数据的加权平均数,一般用于观察具有长期趋势变动和周期性变动的预测。

三、因果预测分析法

影响产品销售的因素是多方面的,但在这些因素中,有些因素对产品销售起着决定性的作用或与产品销售存在某种函数关系,只要找到与产品销售(因变量)相关的因素(自变量)以及它们之间的函数关系,就可以利用这种函数关系进行产品的销售预测,这种销售预测方法就是因果预测分析法。因果预测分析法在销售预测中最常用的方法是回归分析预测法。

回归分析预测法是从各种经济现象之间的相互关系出发,通过对与预测对象有联系的现象变动趋势的分析,推算预测对象未来状态数量表现的一种预测方法。回归分析预测法中的自变量与时间序列预测法中的自变量不同。后者的自变量是时间本身,而前者的自变量是反映市场现象的其他变量。

回归分析预测法是探索变量之间关系最重要的方法,用以找出变量之间关系的具体表现形式。"回归"是指某一变量(因变量)与其他一个或多个变量(自变量)的依存关系。

所谓依存关系,是指变量之间相互关系中不存在数值对应关系的非确定性的相关关系,即经济变量之间存在数量上的客观内在关系,表现为一个变量(自变量)发生数量变化,必会影响另一个变量(因变量)相应地发生数量上的变化,但因变量的数值具有不确定性。如婴儿出生数和奶粉需求量就属于相关关系。婴儿出生数增加了,奶粉需求量肯定也会增加,但究竟增加多少是无法确定的。市场现象之间所存在的依存关系,大多表现为相关关系。如市场需求量与居民收入之间、市场需求量与商品价格之间、市场需求量与人口数量之间等,都表现为相关关系。

对于相关关系的数量依存关系,可用相关关系分析和回归方程的方法加以研究。本节主要介绍一元线性回归方程。

应用回归分析预测法时必须注意其前提条件,以提高预测准确度。

(一)经济现象之间关系密切

因变量与自变量之间必须有关系,而且必须关系密切。只有正确认识经济现象之间内在的必然联系和外部的偶然联系,不为假相关所迷惑,准确地剖析两者间的相关关系,才能正确做出判断。判断相关关系密切程度,可以通过计算相关系数确定,相关系数能从数量上说明相关的密切程度。相关系数的计算和回归方程公式见混合成本分解部分。如果要用一元线性回归方法进行预测,相关系数必须大于0.7。

(二) 自变量的预测值必须比因变量的预测值精确或容易求得

预测因变量的未来情况,必须有自变量的未来资料代入回归方程式才能计算出来。如果自变量的预测值更难以求得,那么该回归方程的应用价值就不大。

【例5-5】 DB日用品公司的销售收入与投入促销费用之间的关系密切,过去6年的相关资料见表5-3。若企业计划2007年促销费用分别投入700千元,预测该企业2007年的销售收入。

表5-3 2007年销售收入预测　　　　　　　　　　　　　　　单位:千元

时间	促销费用	销售收入
2001	400	100 000
2002	500	110 000
2003	600	125 000
2004	625	130 000
2005	800	150 000
2006	750	150 100

解:经加工整理,计算有关数据见表5-4。

表5-4 相关指标计算表

时间/年	促销费用	销售收入	xy	x^2	y^2
2001	400	100 000	40 000 000	160 000	10 000 000 000
2002	500	110 000	55 000 000	250 000	12 100 000 000
2003	600	125 000	75 000 000	360 000	15 625 000 000
2004	625	130 000	81 250 000	390 625	16 900 000 000
2005	800	150 000	120 000 000	640 000	22 500 000 000
2006	750	150 100	112 575 000	562 500	22 530 010 000
合计	$\sum x = 3\,675$	$\sum y = 765\,100$	$\sum xy = 483\,825\,000$	$\sum x^2 = 2\,363\,125$	$\sum y^2 = 99\,655\,010\,000$

(1) 计算相关系数。

$$r = \frac{n\sum xy - \sum x \sum y}{\sqrt{[n\sum x^2 - (\sum x)^2][n\sum y^2 - (\sum y)^2]}}$$

$$= \frac{6 \times 483\,825\,000 - 3\,675 \times 765\,100}{\sqrt{(6 \times 2\,363\,125 - 3\,675^2) \times (6 \times 99\,655\,010\,000 - 765\,100^2)}} = 0.992\,26 \to +1$$

$$b = \frac{n\sum xy - \sum x \sum y}{n\sum x^2 - (\sum x)^2} = \frac{6 \times 483\,825\,000 - 3\,675 \times 765\,100}{6 \times 2\,363\,125 - 3\,675^2} \approx 135.5$$

$$a = \frac{\sum y - b\sum x}{n} = \frac{765\,100 - 135.5 \times 3\,675}{6} \approx 44\,523.77$$

(2) 求出 a、b 两参数，建立预测模型。

$$y = a + bx$$

(3) 将表中的数据代入公式。

得到所求的一元线性回归方程为：

$$y = 44\,523.77 + 135.5x$$

2007 年的销售额预计为 $44\,523.77 + 135.5 \times 700 = 139\,373.77$（千元）

回归分析预测法是一种重要的市场预测方法。多数市场预测者在对市场现象进行预测时，如果能将影响市场预测对象的主要因素找到，并且能够取得其数量资料，就可以采用相关回归分析预测法进行预测。它是一种具体的、行之有效的、实用价值很高的常用市场预测方法。当应用相关回归分析预测法条件不充分时，才考虑采用趋势预测分析法等其他预测方法。

四、产品寿命周期推断法

任何企业的生产产品过程，都有其发生、发展与衰亡的过程，即"产品寿命周期"。它一般可分为引进与开发（或试销）、成长、成熟、饱和与衰退几个阶段。不同的阶段的销售量（销售额）是不相同的。试销期，产品刚刚投放市场，属于试水阶段，商品销售量小，增长还需要一个推广的过程；成长期，产品开始成批量生产，商品销售量迅速扩大，增长快速；成熟期，产品开始大批量生产，前期商品销售量稳定上升，后期商品销售量趋于稳定或徘徊不前；衰退期，产品面临淘汰，商品销售量逐年急剧下降。

产品寿命周期推断法就是依据产品所处的寿命周期，推断商品销售量。产品所处寿命周期如何做到量化进行判断，主要基于以下几点：

(1) 产品所在行业的竞争激烈程度。不同生命周期的产品，行业的竞争程度是不一样的。竞争激烈程度可以用上一年的新进入品种、规格的数量及带来的销售量、行业内领导品牌的变化趋势、当年退市的品种与规格比例、消费者对该类产品的满足度等指标判断。处于成长期、成熟期的行业的竞争激烈程度和产品的市场集中度，随品牌、行业显现不同的分布。

(2) 产品近 5 年市场份额和市场占有率变化趋势。产品近 5 年来的份额和占有率的变化，是产品成长的标志。

(3) 产品消费者组成。消费者可以大致分为 5 类：品牌现有的忠诚消费者、竞争品忠诚消费者、游离者、对价格敏感的消费者、非使用者（潜在的消费者）。产品的消费者主要源于现有的忠诚消费者，据此可以判断出产品是否进入了成长期或成熟期。

(4) 销售量增量来源分析。是不断增加新的消费者进行提量，还是通过现有消费者进行提量，如果是前者，说明还在成长期，后者则进入了成熟期。

由于寿命周期不同产品的销售额不同，因此可以根据销售量增量来源来判断未来计划期的销售情况。

第三节　成本预测

一、成本预测概述

（一）成本预测概念

成本预测是指运用一定的科学方法，对未来成本水平及其变化趋势做出科学的估计。通过成本预测，掌握未来的成本水平及其变动趋势，有助于减少决策的盲目性，使经营管理者易于选择最优方案，做出正确决策。成本预测是全面加强企业成本管理的首要环节，也是正确编制产品成本计划的前提。成本预测能为企业挖掘降低成本的潜力、提高经济效益指明方向；准确的预测成本指标，能为企业的领导者正确进行生产经营决策提供依据。

（二）成本预测分类

（1）按预测的期限分为长期预测和短期预测。长期预测指对一年以上期间进行的预测，如三年或五年；短期预测指一年以下的预测，如按月、按季或按年。

（2）按预测内容分为在制订计划或方案阶段的成本预测和在计划实施过程中的成本预测两类。

（3）按预测的目的分为有成本水平及变动趋势预测和目标成本预测两种。

（三）成本预测中必须注意的问题

成本预测要遵循成本效益平衡原则，控制预测行为本身的成本，对于发生额较小的费用项目可以简化程序；预测过程中要遵循科学的预测理论、客观经济发展规律，在分析历史数据或其他预测信息基础上做出判断，不能主观臆断；预测结果不可能绝对准确，要根据情况注意检验和调整。

（四）成本预测程序

（1）根据企业总体目标提出初步成本目标。

（2）初步预测在目前情况下成本可能达到的水平，找出达到成本目标的差距。其中初步预测，就是不考虑任何特殊的降低成本措施，按目前主客观条件的变化情况，预计未来时期成本可能达到的水平。

（3）考虑各种降低成本方案，预计实施各种方案后成本可能达到的水平。

（4）选取最优成本方案，预计实施后的成本水平，正式确定成本目标。

以上成本预测程序表示的只是单个成本预测过程，而要达到最终确定的正式成本目标，这种过程必须反复多次。也就是说，只有经过多次的预测、比较以及对初步成本目标的不断修改、完善，才能最终确定正式成本目标，并依据成本目标组织实施成本管理。

二、成本水平及变化趋势预测

一般是根据本企业的成本历史数据，按照成本习性的原理，运用数理统计的方法来估计推测成本的发展趋势。其具体做法是用 $y = a + bx$ 的直线方程式来反映成本的发展趋势，只要求出 $y = a + bx$ 中的 a 值与 b 值，就可以预测相关产量下的产品总成本。

注意：进行成本水平及变化趋势预测时，所选用的时间不宜过长，也不宜过短。由于当今经济发展快，过长资料会失去可比性；过短则不能反映出成本变动的趋势。通常选取最近的 3 至 5 年的历史资料。对于历史资料中某些金额较大的偶然性费用（材料、产品的盘亏盘盈、意外的停工损失等），在选用时应予以剔除。

求出 $y=a+bx$ 方程式中的 a 值与 b 值，最常用的有三种方法：高低点法、回归分析法和加权平均法，前两种方法在成本性态分析部分已经介绍过，这里不再重复。

【例 5-6】 华兴公司 2005 年的制造费用成本公式为：

$$y = a + bx = 360 + 4x$$

当计划产销量为 270 千机器小时时，维修费总额为：

$$y = 360 + 4 \times 270 = 1\,440 \text{（元）}$$

注意：如果是采用高低点法得出的成本公式，那么预测用的产销量数值应该在分解成本公式时所使用的高低点产销量范围内，其他方法无此限制。

加权平均法是根据过去若干时期的固定成本总额和单位变动成本的历史资料，按其距计划期的远近分别进行加权的方法。距计划期越近，对计划期的影响越大，所选取权数应大些；距计划期越远，对计划期的影响越小，所选取权数应小些。

计算公式为：

$$\text{预测计划期产品总成本} = y = a + bx = \frac{\sum aw}{\sum w} + \frac{\sum bw}{\sum w}x$$

加权平均法适用于企业的历史成本资料具有详细的固定成本总额和单位变动成本的数据，否则就只能采用其他的方法。权数可以采用自然权数或饱和权数，方法同销售预测部分。

【例 5-7】 HX 公司最近三年生产甲产品的年平均成本数据见表 5-5。

表 5-5　甲产品的年平均成本数据表

年份	固定成本总额 a	单位变动成本 b
2008 年	80 000 元	60 元
2009 年	85 000 元	56 元
2010 年	90 000 元	50 元

要求：预测 2011 年生产甲产品 15 000 件的成本总额。

解：根据上述资料按距离计划期的远近分别进行加权。令 2008 年权数为 0.2；2009 年权数为 0.3；2010 年权数为 0.5。

预测计划期产品总成本 = 80 000 × 0.2 + 85 000 × 0.3 + 90 000 × 0.5 +（60 × 0.2 + 56 × 0.3 + 50 × 0.5）× 15 000 = 893 500（元）

三、目标成本的预测

成本预测的目的是确定未来生产经营期间的目标成本预测值。目标成本是指在确保实现经营目标（目标利润）的前提下，企业在成本方面应达到的目标。目标成本的预测一般有可比产品目标成本预测、不可比产品目标成本预测两种。可比产品是指企业以往年度正常生产过的产品，其过去的成本资料比较健全和稳定。不可比产品是指企业以往年度没有正式生产过的产品，其成本水平无法与过去进行比较，因而就不能通过采用下达成本降低指标的方法控制成本支出。

（一）可比产品目标成本预测步骤

（1）选择某一先进的成本水平作为初选目标成本。

（2）根据企业预测期的目标利润计算目标成本。

目标成本＝按市场可接受价格计算的销售收入－企业预算的目标利润－应纳税金

（3）成本初步预测。成本初步预测是指在当前生产条件下不采取任何新的降低成本措施确定预测期可比产品能否达到初选目标成本要求的一种预测。通常可采用两种方法：按上年预计平均单位成本测算预测期可比产品成本；根据前3年可比产品成本资料测算预测期可比产品成本。

（4）提出各种成本降低方案。成本降低方案的提出主要可以从改进产品设计、改善生产经营管理、控制管理费用三个方面着手。改进产品设计，开展价值分析，努力节约原材料、燃料和人力等消耗；改善生产经营管理，合理组织生产；严格控制费用开支，努力降低管理费用。

（5）正式确定目标成本。企业的成本降低措施和方案确定后，应进一步测算各项措施对产品成本的影响程度，据以修订初选目标成本，正确确定企业预测期的目标成本。测算材料费对成本的影响；测算工资费用对成本的影响；测算生产增长超过管理费用增加而形成的节约；测算废品率降低而形成的节约。

（二）不可比产品目标成本预测方法

在新技术高速发展、产品更新换代加快的情况下，不可比产品的比重不断上升。因此，为了全面控制企业费用支出，加强成本管理，除了对可比产品成本进行预测外，还有必要对不可比产品成本进行预测，预测常用的方法有技术测定法、产值成本法、目标成本法。

1. 技术测定法

技术测定法是在充分挖掘生产潜力的基础上，根据产品设计结构、生产技术条件和工艺方法，对影响人力、物力消耗的各项因素进行技术测试和分析计算，从而确定产品成本的一种方法。该方法比较科学，但工作量较大，对品种少、技术资料比较齐全的产品可以采用。

2. 产值成本法

产值成本法是按工业总产值的一定比例确定产品成本的一种方法。产品的生产过程同时也是生产的耗费过程，在这一过程中，产品成本体现生产过程中的资金耗费，而产值则以货币形式反映生产过程中的成果。产品成本与产品产值之间客观存在着一定的比例关系，比例越大说明消耗越大，成本越高；比例越小说明消耗越小，成本越低。

企业进行预测时，可以参照同类企业相似产品的实际产值成本率加以分析确定，计算公式如下：

$$某种不可比产品的预测单位成本 = \frac{某产品的总产值 \times 预计产值成本率}{预计产品产量}$$

该方法预测结果不太准确，但工作量小，比较简便、易行。

3. 目标成本法

目标成本法是根据产品的价格构成来指定产品目标成本的一种方法。产品价格包括产品成本、销售税金和利润三个部分。在企业实行目标管理的过程中,先确定单位产品价格和单位利润目标,然后可以按下列公式计算单位产品的目标成本:

单位产品目标成本 = 预测单位售价 − 单位产品销售税金 − 单位产品目标利润

第四节 利润预测

一、目标利润的预测

目标利润是指未来经营期间经过努力,企业应该能够达到的利润水平。它是企业经营管理目标的重要组成部分。

(一)销售利润率测算法

销售利润率测算法是根据企业基期实际销售收入按照预计的销售增长率计算出计划期的销售收入金额,再根据基期销售利润率来确定目标利润的一种测算方法。其计算公式为:

预计目标利润 = 基期实际销售收入 × (1 + 计划期预计销售增长率) × 基期销售利润率

基期销售利润率 = (基期营业利润 ÷ 基期销售收入总额) × 100%

【例 5-8】 华兴公司产销一种农用机械产品,今年可产销 1 000 台,该产品销售单价为 150 元,单位变动成本为 100 元,固定成本总额为 10 000 元。预计明年销售量可比今年增加 20%。

要求:预测企业明年的利润额为多少?

解:基期销售利润率 = (基期营业利润 ÷ 基期销售收入总额) × 100%
= [(150 − 100) × 1 000 − 10 000] / 150 × 1 000 × 100%
= 40 000 / 150 000 × 100%
= 26.666 7%

预计目标利润 = 基期实际销售收入 × (1 + 计划期预计销售增长率) × 基期销售利润率
= 150 × 1 000 × (1 + 20%) × 26.666 7%
= 48 000(元)

(二)利润增长率测算法

利润增长率测算法是按照可能的利润增长率来确定计划期利润的一种预测方法。其计算公式为:

预计目标利润 = 基期实际利润总额 × (1 + 预计利润增长率)

二、运用利润的敏感系数指标预测利润

在利润敏感性分析部分,介绍过利润敏感系数的计算。影响企业目标利润的因素很多,如销售单价、单位变动成本、销售量和固定成本总额等,分析上述各种因素的变动对企业目

标利润的影响程度的方法称作"利润敏感性分析"（Sensitivity Analysis of Profit），具体参见第四章第四节。下面介绍利用利润的敏感系数预测利润。

1. 利润敏感系数

【例5-9】 同【例5-8】，企业基期利润为：
$$TP = 1\,000 \times (150 - 100) - 10\,000 = 40\,000（元）$$

假定销售单价、单位变动成本、销售量和固定成本总额分别单独+10%，则利润敏感系数分别为：单价的敏感系数为3.75、单位变动成本的敏感系数为-2.5、销售量的敏感系数为1.25、固定成本敏感系数为-0.25，计算过程可参考第四章内容。

2. 因素变动对利润的影响

（1）某一因素单独变动。

【例5-10】 依照【例5-9】的资料的计算结果，假定该企业的单价、变动成本分别上升了3%；销售量、固定成本分别下降了5%。要求：计算各因素单独变动后对利润带来的影响。

解：单价上升3%，则利润 = 3.75 × 3% = 11.25%，即上升了11.25%。

单位变动成本上升3%，则利润 = -2.5 × 3% = -7.5%，即下降了7.5%。

销售量下降5%，则利润 = 1.25 ×（-5%）= -6.25%，即下降了6.25%。

固定成本下降5%，则利润 = -0.25 ×（-5%）= 1.25%，即上升了1.25%。

所以，当单价、单位变动成本分别上升3%，利润将分别上升11.25%和下降7.5%；当销售量、固定成本分别下降5%，利润将分别下降6.25%和上升1.25%。

（2）多因素同时变动。当多因素以任意幅度同时变动时，对利润的综合影响程度可用以下公式计算：

$$K_0 = 100 \times (K_1 + K_3 + K_1 \times K_3) S_1 - (K_2 + K_3 + K_2 \times K_3) S_2 - K_4 \times S_4$$

其中，K_0代表多个因素同时变动后使利润变动的百分比，K_1代表单价变动百分比，K_2代表单位变动成本变动百分比，K_3代表销售量变动百分比，K_4代表固定成本变动百分比，S_1代表单价敏感系数，S_2代表单位变动成本敏感系数，S_3代表销售量敏感系数，S_4代表固定成本敏感系数。至少有两项K不为零。

【例5-11】 各因素的利润敏感系数指标仍依【例5-10】计算结果，各因素变动如下：$K_1 = +3\%$，$K_2 = +3\%$，$K_3 = -5\%$，$K_4 = -5\%$。

要求：计算四个因素同时变动后利润的变动率。

解：由于 $S_1 = 3.75$，$S_2 = -2.5$，$S_4 = -0.25$

代入以上计算公式得：

$K_0 = 100 \times (3\% - 5\% + 3\% \times 5\%) \times 3.75 - (3\% - 5\% + 3\% \times 5\%) \times (-2.5) - (-5\%) \times (-0.25) = -1.437\,5\%$

所以四个因素共同变动后利润将下降1.437 5%。

3. 为实现目标利润增长可采取的措施

如果已知目标利润比基期利润增长百分比为K_0，则为实现目标利润的增长率而采取的单项措施可用以下公式计算：

$$K_i = K_0 / S_i \quad (i = 1, 2, 3, 4)$$

即：某因素变动百分比＝目标利润增长百分比÷该因素敏感系数

【例 5-12】 各因素的利润敏感系数仍依【例 5-9】，假设计划期的目标利润比基期利润增长 9%。

要求：计算为实现该目标利润变动率应采取的单项措施。

解：已知 $K_0 = 9\%$，$S_1 = 3.75$，$S_2 = -2.5$，$S_3 = 1.25$，$S_4 = -0.25$

单价的变动率 $K_1 = 9\% \div 3.75 = 2.4\%$

单位变动成本的变动率 $K_2 = 9\% \div (-2.5) = -3.6\%$

销售量的变动率 $K_3 = 9\% \div 1.25 = 7.2\%$

固定成本的变动率 $K_4 = 9\% \div (-0.25) = -36\%$

企业只要采取单价增长 2.4%、单位变动成本下降 3.6%、销售量增长 7.2%、固定成本下降 36% 其中任何一个单项措施，都能完成利润增长任务。

如果将 $K_0 = -100\%$ 代入公式，即可计算出除企业保本时的各项因素的变动率的极限，这对于衡量企业的经营风险、评价企业的经营业绩十分重要。

【例 5-13】 仍按前例，可以计算得到：

解：单价的变动率的极限＝（-100%）/3.75 = -26.66%

单位变动成本变动率的极限＝（-100%）/（-2.5）= 40%

销售量变动率的极限＝（-100%）/1.25 = -80%

固定成本变动率的极限＝（-100%）/（-0.25）= 400%

计算结果表明，当各因素单独变动时，只要单价的降低率不超过 26.66%、单位变动成本的增加率不超过 40%、销售量的降低率不超过 80%，固定成本的增加率不超过 400%，企业就不至于亏本。

三、运用经营杠杆系数（DOL）预测利润

（一）经营杠杆系数的计算

在第四章本-量-利分析部分曾简单介绍过，销售量的敏感系数又称经营杠杆系数，这里将详细分析它的产生原因及与利润的关系。在生产经营活动中人们发现，产销数量的变动会引起利润以更快的速度变动。在一定产销量基础上，利润变动率是产销量变动率的倍数称为经营杠杆系数，用符号"DOL"表示。

$$\text{经营杠杆系数} = \text{利润变动率} / \text{销售量变动率}$$

下面利用这个公式推导经营杠杆系数的简化公式：设 TP_0 为基期利润；TP_1 为报告期（计划期）利润；x_0 为基期销售量；x_1 为报告期销售量；p 为销售单价；b 为单位变动成本；a 为固定成本；Tcm_0 为基期边际贡献总额。

$$DOL = \frac{(TP_1 - TP_0) \div TP_0}{(x_1 - x_0) \div x_0}$$

$$= \frac{\{[(p-b)x_1 - a] - [(p-b)x_0 - a] \div [(p-b)x_0 - a]\}}{(x_1 - x_0) \div x_0}$$

$$= \frac{(p-b)(x_1 - x_0) \div [(p-b)x_0 - a]}{(x_1 - x_0) \div x_0}$$

$$= \frac{(p-b)x_0}{(p-b)x_0 - a} = \frac{Tcm_0}{TP_0}$$

从上述公式可以看到,经营杠杆系数的产生是由于固定成本的存在,使得边际贡献大于利润,从而使经营杠杆系数大于1,出现利润变动率大于业务量变动率的现象。

【例5-14】 按表5-6的资料,假设单价与成本水平不变,假定下年销售量增加20%,单价及成本水平不变,计算该企业2009年和2010年的经营杠杆系数(DOL)。

表5-6　2009年与2010年经营杠杆系数　　　　　　　　　　　单位:元

项目	单价	销量	单位变动成本	收入	变动成本总额	边际贡献	固定成本	利润
2009年	150	1 000	100	150 000	100 000	50 000	10 000	40 000
2010年	150	1 200	100	180 000	120 000	60 000	10 000	50 000

解:2009年 $DOL = \frac{(50\,000 - 40\,000) \div 40\,000}{(1\,200 - 1\,000) \div 1\,000} = 1.25$

或　$Tcm_0 / P_0 = \frac{50\,000}{40\,000} = 1.25$

2010年 $DOL = \frac{60\,000}{50\,000} = 1.2$

由上题也可知,利润变动率大于销售量变动率的原因是,产销业务量的增长并不会使固定成本总额增加,因此导致单位成本的下降和利润的上升。

(二)经营杠杆的应用

1. 预测销售变动对计划期利润的影响

在已知经营杠杆系数、基期利润和计划期销售变动率的情况下,可以预测计划期的利润变动率和计划期的利润额。计算公式为:

计划期预计利润 = 基期利润 × (1 + 产销量增长率 × DOL)

计划期利润变动率 = 计划期销售变动率 × DOL

由上例可知,若2010年预计产量增加30%,则:

计划期预计利润 = 50 000 × (1 + 30% × 1.2) = 68 000 (元)

计划期利润变动率 = 30% × 1.2 = 36%

2. 预测目标利润实现的预期销售变动率

在已知经营杠杆系数、基期利润和目标利润或目标利润变动率的情况下,可以预测目标利润实现的预期销售变动率。计算公式为:

实现目标利润应达到的产销业务量的变动率 = $\frac{\text{计划期目标利润} - \text{基期实际利润}}{\text{基期实际利润} \times \text{经营杠杆系数}}$

或　　　　　　　　　　　　　　 = $\frac{\text{目标利润变动率}}{\text{经营杠杆系数}}$

仍以前例资料计算,2010年企业要实现68 000元的目标利润。则:

实现目标利润应达到的产销业务量的变动率 = $\frac{(68\,000 - 50\,000)}{50\,000 \times 1.2} = 30\%$

或　　　　　　　　　　　　 = $\frac{(68\,000 - 50\,000) \div 50\,000}{1.2} = 30\%$

3. 运用 DOL 进行利润的考核分析

在进行利润的考核分析时,运用经营杠杆系数可以更真实地考察利润的完成情况。

仍依【例 5-14】,若 2010 年实现销售增长 40%,达到 1 680 件,实现利润 70 000 元,分析其利润目标完成情况。

2010 年应实现利润 = 50 000 × (1 + 40% × 1.2) = 74 000(元)

根据上述计算结果,在其他因素不变的情况下,该公司销售量 1 680 件应实现利润 74 000 元,所以该公司没有很好地完成利润目标。通过上述分析可以看出,该企业虽然利润的实际完成数额比预算大,但利润的增长速度没有达到应有的水平。因此利用经营杠杆系数可以更准确地进行利润的考核。

4. 经营杠杆和经营风险

经营风险是指企业因经营上的原因导致利润变动的风险。经营风险产生的根源是市场需求和成本等因素的不确定性导致的,这种不确定性集中反映在销售量的变化上。影响企业经营风险的因素很多,如产品的市场需求、产品的价格及企业调整价格的能力、产品的成本、市场竞争等都会对销售量产生影响。在影响企业经营风险的诸多因素中,固定成本比重的影响很重要,由于固定成本的存在,经营杠杆系数放大了市场和生产等不确定因素对利润变动的影响。经营杠杆系数高则风险大,它使企业可能获得同样高倍数的利润,也可能发生同样高倍数的亏损,换句话说,利润随实际销售量变化幅度很大。经营杠杆系数低的企业风险性较小,因为销售量的变化只会使利润有很小的变化。因此,经营杠杆系数反映了企业经营风险的高低。影响经营杠杆系数高低的主要因素有固定成本和销售量。

(1)固定成本对经营杠杆系数的影响。从经营杠杆系数的简化公式可以看出,在企业处于盈利的条件下,只要存在固定成本,DOL 总是大于 1,而且 DOL 与固定成本呈同方向变动。在其他条件不变的情况下,固定成本越大,经营杠杆系数越大,企业经营风险越大。

(2)销售量对经营杠杆系数的影响。从经营杠杆系数简化的公式可以看出,在其他因素不变的情况下,销售量增加,固定成本会相对降低,固定成本对利润的影响就会相对减弱,利润和边际贡献的数额会随着销售量的增加而接近,从而使 DOL 随着销售量的变动呈反方向变动。

一般来说,当销售量上升时,DOL 下降,企业经营风险降低;反之,若销售量下降,则 DOL 上升,企业经营风险增大。

企业可以通过分析影响经营杠杆系数的因素来寻求降低经营风险的途径。在保持相同规模的情况下,尽量提高现有资产的利用程度,减少固定成本的支出,或者充分利用现有生产能力增加产销量,都能降低经营杠杆系数,相应地降低经营风险。

案例导入分析

本《报告》通过定性和定量的方式结合,预测了未来我国旅游市场的发展方向和发展水平,该预测搜集了政策法规、国民经济数据以及旅游行业历史数据和相关行业历史数据,采用判断分析法和趋势预测分析法得出结论。预测结论的提出为旅游企业的经营增强了预见性,减少了决策的误判,保证了决策正确性。

本章小结

本章介绍了预测分析的含义、方法、意义和特点。经营预测有定性预测和定量预测两种方法，分别可以用于对销售、成本、利润的预测。销售预测可以采用判断分析法、趋势预测分析法、因果分析法、产品寿命周期推断法。成本预测包括成本水平及变化趋势预测和目标成本的预测两部分。利润的预测包括销售利润率测算法、利润增长率测算法和运用利润的敏感系数指标预测利润三种方法。

技能训练

一、单项选择题

1. 下列项目中，属于定性预测分析方法的是( )。
   A. 算术平均法　　　　　　　　B. 平滑指数法
   C. 回归分析法　　　　　　　　D. 判断分析法

2. 经营杠杆系数等于1，说明( )。
   A. 固定成本等于0　　　　　　B. 固定成本大于0
   C. 固定成本小于0　　　　　　D. 与固定成本无关

3. 下列属于定性分析法的是( )。
   A. 趋势分析法　　B. 调查分析法　　C. 因果分析法　　D. 高低点法

4. 采用加权平均法预测销售量时，确定各期权数的数值应满足的要求是( )。
   A. 近小远大　　B. 前后一致　　C. 近大远小　　D. 逐期递减

5. 某公司2008年10月的预测销售量为40 000件，实际销售量为42 000件，若公司选用0.7的平滑系数进行销售预测，则11月的预测销售量为( )。
   A. 414 000件　　B. 39 400件　　C. 40 600件　　D. 57 400件

二、多项选择题

1. 关于销售预测的定量分析法的说法正确的有( )。
   A. 算术平均法适用于每月销售量波动不大的产品的销售预测
   B. 移动加权平均法权数的选取应遵循"近小远大"的原则
   C. 移动加权平均法比算术平均法更适合在实践中应用
   D. 指数平滑法实质上是一种加权平均法
   E. 产品寿命周期一般可分为引进与开发（或试销）、成长、成熟、饱和与衰退几个阶段

2. 目标成本确定的方法有( )。
   A. 选择往年的成本水平作为目标成本
   B. 选择某一先进成本水平作为目标成本
   C. 先确定目标利润，然后从产品的销售收入中减去销售税金和目标利润，余额为目标成本
   D. 利用往年的成本数据推算目标成本

E. 以同行业的先进成本水平作为目标成本
3. 下列因素对产品成本有影响的是( )。
   A. 直接材料消耗变动　　　　　　B. 销售费用变动
   C. 直接材料价格变动　　　　　　D. 工资水平变动
   E. 直接人工用量变动
4. 经营杠杆系数可通过以下哪些公式计算( )。
   A. 利润变动率/业务量变动率　　　B. 业务量变动率/利润变动率
   C. 基期贡献边际/基期利润　　　　D. 基期利润/基期贡献边际
   E. 销售量的利润灵敏度×100
5. 较大的平滑指数可用于( )情况的销量预测。
   A. 近期　　　B. 远期　　　C. 波动较大
   D. 波动较小　　　E. 长期

三、判断题

1. 对销售进行预测时，企业必须具备有关销售的各期历史统计资料，否则无法进行预测。( )
2. 预测就是对不确定的或不知道的事件做出叙述和描述。( )
3. 预测是为决策服务的，有时也可以代替决策。( )
4. 定性分析法与定量分析法在实际应用中是相互排斥的。( )
5. 算数平均法对历史上各期资料同等对待，权数相同。( )
6. 成本预测是其他各项预测的前提。( )

四、业务题

1. 已知：某企业只生产一种产品，最近半年的平均总成本资料见表5-7。

表5-7　平均成本资料

月份	固定成本（元）	单位变动成本（元）
1	12 000	14
2	12 500	13
3	13 000	12
4	14 000	12
5	14 500	10
6	15 000	9

要求：当7月份产量为500件时，采用加权平均法预测7月份产品的总成本和单位成本。

2. 已知：某企业只生产一种产品，本年企业销售量为20 000件，固定成本为25 000元，利润为10 000元，预计下一年销售量为25 000件。要求：预计下年利润额。

3. 某企业本年营业收入1 200万元，变动成本率为60%，下年经营杠杆系数为1.5，本年的经营杠杆系数为2，则该企业的固定性经营成本是多少？

4. 已知：某企业只生产一种产品，2004年1—12月份的销售量资料见表5-8。

表5-8 各月销售资料

月份	1	2	3	4	5	6	7	8	9	10	11	12
销售量（吨）	10	12	13	11	14	16	17	15	12	16	18	19

要求：按平滑指数法（假设2004年12月份销售量预测数为16吨，平滑指数为0.3）预测2005年1月份的销售量。

第六章

短期经营决策

★ 案例导入

为什么要接这个订单呢?

湖滨体育用品公司以专门生产向国外销售的高质量的排球闻名于世,原设计生产能力为年产 7 000 盒(每盒 4 只球)。该公司销售部经理根据国际市场调查,拟定在明年生产并销售 5 000 盒,单价为 100 美元。已知每盒排球的成本中有 36 美元的材料费、24 美元的工人工资、10 美元动力费、16 美元的水电、折旧等固定费用。现在古巴排球协会委托中国香港某代理机构向湖滨公司订购 1 000 盒排球,每盒出价 78 美元,这笔交易无须支付销售佣金,但需支付给中国香港某代理机构安排交易的酬金 5 000 美元。

是否该接受古巴的订单呢?

★ 学习目标

- 了解决策的相关概念和分类。
- 掌握短期经营决策常用的分析方法;短期经营决策分析方法在企业日常决策中的实际应用。

★ 重点与难点

- 重点:了解短期经营决策分析方法、生产决策、定价决策和存货决策。
- 难点:掌握短期经营决策分析中方法的选择和应用。

★ 职业技能

通过学习,学生能够在企业实际生产经营中,选择和应用科学方法进行生产、定价及存货等短期经营性决策分析,为企业经营管理提供决策方案。

第一节 决策的概念及分类

复杂多变的经营环境，加速了企业间的竞争。企业若想在激烈的竞争环境下生存与发展，必须依靠强大的内部管理，而决策则是企业内部管理的核心。决策一旦确定，未来将会通过预算来控制生产经营活动，促使企业有效地达到预期目标。因此，决策是企业实施未来经济活动计划和控制的重要组成部分，决策的正确与否直接关系到企业的兴衰成败，企业的经营者面临的问题不是是否应该进行决策，而是如何做出正确的决策，怎样进行科学的决策的问题。

一、决策的概念

所谓决策，通常是指人们为了实现一定的目标，借助于科学的理论和方法，进行必要的计算、分析和判断，从而在可供选择的方案中，选取最满意（可行）的方案的过程。从某种意义上来说，决策就是选择的过程，它是对未来各种可能的行动方案进行选择或做出决定[①]。

决策分析就是指为实现企业的预定目标，在科学预测的基础上，结合企业内外部环境和条件，对与企业未来经营战略、方针或措施有关的各种备选方案所可能导致的结果进行系统的计算、分析和判断，并从中选出最优方案的过程。

必须指出的是，正确的管理决策需要以经过科学预测分析所提供的高质量的信息为基础。管理会计人员在这方面是可以大有作为的。他们可利用财务会计信息以及各种预测分析的资料，根据本企业的主客观条件，借助于成本效益分析原理和各种专门方法与技术，对每个备选方案可能导致的不同结果进行计算、分析和判断，并最终提出最优方案的建议，供管理当局"拍板"定案。从这个意义上来说，管理会计人员所做的工作是参与企业决策，而不是替代管理当局做出决策。

二、决策的分类

企业决策涉及的范围较广，涵盖经营管理的各个环节，为了做出科学决策，正确进行决策分析，有必要从不同的角度，对企业经营决策进行分类。从管理会计角度分析，企业的经营领域决策具体可以分为以下几类：

（一）按决策收益期时间长短划分

1. 长期决策

长期决策又称为投资决策，一般涉及对企业长期发展具有重大影响的，且影响时间在一年以上的战略性问题，如厂房设备的新建与更新决策、新产品开发决策、设计方案选择与工艺改革决策、企业剩余资金投向决策等。这类决策一般都具有使用资金量大，对企业发展影响时间长的特点。

---

① 余绪缨，管理会计 [M]．沈阳：辽宁人民出版社，1996.

2. 短期决策

短期决策又称为日常经营决策，短期决策对企业经济效益的影响在一年以内，决策的主要目的是使企业的现有资源得到最充分的利用。短期决策一般不涉及对长期资产的投资，所需资金一般靠内部筹措。短期决策的内容与企业日常生产经营活动密切相关，主要包括企业的销售、生产、财务、组织等方面的决策。

（二）按决策条件的确定性程度划分

1. 确定型决策

确定型决策是指影响决策的相关因素的未来状况是肯定的，决策的结果也是肯定的和已知的一种决策类型。它可以运用常规决策方法进行准确测算，并可以具体的数字反映出方案的经济效益。管理会计决策分析中大部分都是确定型决策。

2. 风险型决策

风险型决策是指不能确切肯定影响决策的相关因素的未来状况，但该因素可能存在几种结果，每一种结果出现的概率是已知的一种决策类型。例如，决策者在做销售决策时可能对计划期的销售量不能完全确定，只知道可能是 4 000 件、5 000 件或 8 000 件，其概率分别是 0.6、0.3 和 0.1。在这种情况下，决策者可以通过计算销售量预计期望值大小来进行决策。由于决策是依据可能的而不是确定的因素结果进行的，因此对方案的选取带有一定的风险。

3. 不确定型决策

不确定型决策是指完全不能肯定影响决策的相关因素的未来状况，或者虽然知道它们存在几种可能的结果，但不知道各种结果出现的概率是多大的一种决策类型。例如，管理者在进行销售决策时，计划期的销售量可能为 1 000 件、2 000 件、3 000 件或 4 000 件，但不知道每种销售量的概率，这种决策就完全取决于决策者的经验和判断能力。

（三）按决策方案之间的关系进行分类

1. 接受或拒绝型决策

接受或拒绝型决策通常是指由一个备选待定的方案而做出的决策，也称"采纳与否决策"。例如，亏损产品是否停产的决策，是否接受加工订货的决策，是否接受外单位投资的决策，等等。

2. 互斥选择决策

互斥选择决策通常是指在一定的决策条件下，存在着几个相互排斥的备选方案，通过调查研究和计算对比，最终选出最优方案而排斥其他方案的决策。例如，零部件是自制还是外购的决策，联产品是否做进一步加工的决策，开发哪一种新产品的决策，固定生产设备是通过举债购置还是通过租赁的决策，等等。

3. 最优组合决策

最优组合决策通常是指有几个不同方案可以同时并举，但在其资源总量受到一定限制的情况下，如何将这些方案进行优化组合，使其综合经济效益达到最优的决策。例如，在几种约束条件下生产不同投资项目的最优组合决策。

（四）按决策的重复程度分类

1. 程序化决策

程序化决策是指例行的或重复性的决策，它相对简单，在很大程度上依赖以前的解决方法，只需按照事先规定好的一个系统化的程序、规则或政策做就可以。例如，正常生产情况下每次存货的采购量，就可以按照事先确定的经济订货批量采购，而无须做出新的决策。

2. 非程序化决策

非程序化决策是指复杂的、非例行的决策，这类决策是独一无二的、不重复发生的。例如，是否接受特殊价格追加订货的决策。

（五）其他分类

决策除按以上的分类标准分类外，还可以按其他分类标准分类。比如，按决策者所处的管理层次不同分为高层决策、中层决策、基层决策；按决策内容分为成本决策、生产决策、定价决策、存货决策；按决策的侧重点不同分为计划决策、控制决策。

三、决策分析使用的成本概念

成本是决定企业经济效益高低的关键因素，企业经营管理工作的问题都会通过成本指标反映出来，而成本的高低最终将体现为企业的利润。因此，决策方案的未来成本和未来利润就成为评价不同方案经济效益大小的依据。

管理会计不仅对成本进行性态分析，将成本分为固定成本和变动成本两类，同时为满足企业决策需要，又建立了若干新的成本概念，这些概念是适用于特定目的、特定条件和特定环境的成本概念。现将决策分析使用的成本概念进行简要介绍。

（一）机会成本

机会成本是指经营决策中选择某个最优方案而放弃次优方案的可计量价值，也可以理解为不选其他方案而付出的代价。在财务会计中，由于机会成本不构成企业的实际成本支出，故不在任何会计账户中记录。在企业经营管理中，经济资源总是有限的，选择某一经营方案必然意味着要放弃其他的获利机会，因此在管理会计决策中应考虑机会成本因素。

例如，HW 公司现有一生产手机的机器设备，可以用来生产智能手机也可以用于出租。如果选择生产智能手机，其收入为 5 000 000 元，成本费用为 2 000 000 元，因此可以获利 3 000 000 元；选择出租可获得租金 2 500 000 元。如果选择用于生产，则必然放弃出租方案，而放弃的租金收入 2 500 000 元应作为生产智能手机的机会成本，由智能手机这项产品来负担。在做决策时，考虑机会成本后便可以看出，用机器设备生产智能手机比用来出租可以多获利 500 000 元。

（二）沉没成本

沉没成本是指由于过去的决策已经发生了的，且无法由现在或未来的任何决策改变的成本。可见沉没成本是对现在或将来的任何决策都无影响的成本，所以在决策时不予考虑。

例如，HW 公司现有一生产手机的机器设备，原始价值为 200 000 元，已计提折旧 20 000 元，现由于生产能力扩张，导致该设备无法满足现有的生产需求，在做出继续使用旧设备还是购建新设备的决策时，应该考虑的因素是旧设备的可变现价值、购建新设备的成本和新设备能够带来的收益以及未来将节约的成本，而旧设备的已提折旧则属于沉没成本，不需要考虑。

（三）边际成本

理论上，边际成本是指由产量的微量变化所引起的成本的变动数额。而实际中，产量的微量变化是相对的，微量只能小到一个经济单位，如一批、一个、一件等。因此，在管理会计中，边际成本就是产量每增加或减少一个单位所引起的成本的变动数额。

（四）差量成本

广义的差量成本是指一个备选方案的预期成本与另一个备选方案的预期成本之差。狭义的差量成本是指某一备选方案由于增加或减少产量而形成的成本之差。

收入和差量成本相对应，是指两个备选方案的预期收入之差。差量收入减去差量成本就能够得到差量利润。

【例 6-1】 差量成本的计算资料：HW 公司现需要 1 000 件某生产零件，可以自制也可以外购。如果自制则单位变动成本为 4 元，固定成本为 800 元，外购单价为 7 元。

要求：计算自制或外购的差量成本。

解：自制或外购的差量成本计算见表 6-1。

表 6-1 自制或外购的差量成本计算表 单位：元

方案 项目	外购	自制	差量成本
采购成本	7 000		
变动成本		4 000	
固定成本		800	
总成本	7 000	4 800	2 200

因此，最终选择自制，因其相关成本较低。

（五）专属成本

专属成本指那些能够明确归属于特定决策方案的固定成本或混合成本，其往往是为了弥补生产能力不足的缺陷，增加有关装置、设备、工具等长期资产而产生的。专属成本的确认与取得上述装置、设备、工具的方式有关。若采用租入的方式，则专属成本就是与此相关的租金成本；若采用购买方式，则专属成本的确认还必须考虑有关装置、设备、工具本身的性质。若取得的装置等是通用的，则专属成本就是与这些装置有关的主要使用成本，如折旧费、摊销费等；如果取得的装置是专用的，则专属成本就是这些装置等的全部取得成本。专属成本是与决策相关的成本，在做决策时必须考虑。

（六）共同成本

共同成本是指需要由多种产品或多部门共同负担的成本，如管理人员工资、几种产品共同的设备折旧等。共同成本是与决策无关的成本，决策时可以不予考虑。

以上所介绍的成本概念，按与决策的相关性划分，可分为两类：一类是相关成本，如差量成本、机会成本、专属成本、边际成本；另一类是非相关成本，如沉没成本、共同成本。在管理会计决策问题讨论中，这里只对较为常用的成本概念进行梳理，还有许多成本概念如不可避免成本等，将在具体研究内容中进行介绍。

第二节　短期经营决策常用分析方法

一、边际贡献分析法

边际贡献分析法也称为贡献毛益分析法，是指在成本性态分析的基础上，通过对比各备选方案所提供的边际贡献的大小来确定最优方案的分析方法。其基本程序为：计算各备选方案的边际贡献总额，其中边际贡献总额最大的方案为最优方案，具体见表6-2。

表6-2　边际贡献分析法计算程序和原理

项目＼方案	方案A	方案B
R（预期收入）	R_A	R_B
V（预期变动成本）	V_A	V_B
M（预期边际贡献）	M_A	M_B
a（预期固定成本）	a	a
P（预期利润）	P_A	P_B

如表6-2所示，边际贡献分析法即是判断M_A和M_B大小，并选择边际贡献总额较大的作为最优备选方案。在这里，"贡献"指企业的产品或劳务对企业利润目标的实现所做的贡献。传统会计认为只有当收入大于完全成本时，才形成贡献P；而管理会计则认为只要收入大于变动成本就形成了贡献M。由于固定成本总额a在相关范围内不随着业务量的增减而变动，因此边际贡献M越大，则减去不变的固定成本a后的余额P也越大。简而言之，边际贡献M的大小反映了备选方案对企业目标利润所做贡献的大小。

运用边际贡献法进行备选方案选择时，应该注意以下几点：

（1）如果不存在专属成本时，通过比较不同备选方案的边际贡献总额即可进行择优选择。

（2）如果存在专属固定成本，应计算并比较各备选方案的剩余边际贡献（边际贡献减专属成本后的余额），进行择优选择。

（3）如果企业的某项资源（如原材料、人工工时、机器工时等）受到限制，应通过计算并比较各备选方案的单位资源边际贡献进行择优选择。

（4）边际贡献总额的大小取决于单位产品边际贡献大小和产品的产销量，择优选择时应选择边际贡献总额最大的方案。也就是说决策时，不能只根据单位产品的边际贡献来进行择优选择，因为单位产品边际贡献越大，并不能够代表边际贡献总额越大，同样业务量也会影响边际贡献总额。

【例6-2】　HW公司现有的生产能力为每年50 000机器工时，现有生产能力利用程度为62.2%，现准备用剩余生产能力开发智能手机新产品A、产品B或产品C。新产品相关资料见表6-3。

表 6-3　新产品相关资料表

产品 项目	产品 A	产品 B	产品 C
单位产品定额工时（小时）	15	12	14
销售单价（元）	3 000	2 500	2 750
单位变动成本（元）	1 750	1 450	1 550

根据对新产品的考察，生产产品 C 需要增加专属设备。

要求：在产品 A、产品 B、产品 C 市场销售不受限制的情况下，采用边际贡献分析法做出该企业生产哪种产品的决策。根据调查分析，生产产品 C 需要增加专属设备，其成本为 3 000 元。

分析：企业现有剩余 18 900 机器工时，根据以上数据编制分析表，具体见表 6-4。

表 6-4　新产品决策分析表

产品 项目	产品 A	产品 B	产品 C
最大产量（件）	1 260	1 575	1 350
销售单价（元）	3 000	2 500	2 750
单位变动成本（元）	1 750	1 450	1 550
单位边际贡献	1 250	1 050	1 200
专属成本	0	0	3 000
边际贡献总额	1 575 000	1 653 750	1 620 000
剩余边际贡献	1 575 000	1 653 750	1 617 000
单位产品定额工时（小时）	15	12	14
单位工时边际贡献	83.33	87.5	85.71

从分析数据来看，生产产品 B 最为有利。首先，产品 B 的边际贡献总额比产品 A 和产品 C 大。其次，产品 B 的单位工时边际贡献大于产品 A 和产品 C 的单位工时边际贡献。因此，可以看出无论从边际贡献总额来判断，还是从单位工时边际贡献来判断，产品 B 的生产方案是最优的。

二、差量分析法

差量指的是两个备选方案同类指标间的数量差异。差量包括差量收入、差量成本和差量损益三类。差量收入则指两个备选方案预期收入之间的数量差异；差量成本是指两个备选方案预期成本之间的数量差异；差量损益是指差量收入和差量成本之间的数量差异，即两个方案损益的差。差量分析法即将两个备选方案的收入、成本进行比较，计算其差量收入、差量成本、差量损益，并在此基础上选择一种最优方案的方法。

差量的三个类别间的关系可用下列公式表示：

差量收入 = A 方案预期收入 − B 方案预期收入

差量成本 = A 方案预期成本 – B 方案预期成本

差量损益 = A 方案预期损益 – B 方案预期损益

如果差量损益大于 0 时，说明 A 方案可取，反之说明 B 方案可取。另外需要注意的是，差量分析法仅适用于两个方案间的比较，如果要在多个方案间选择，则需要进行两两比较、分析，逐步筛选，才能选出最优方案。

【例 6-3】 HW 公司使用同一台设备，可生产甲产品，也可生产乙产品。该设备的最大生产能力为 50 000 工时，生产甲产品每件需 20 工时，生产乙产品每件需 25 工时。两种产品的预期销售数量、预期销售单价、单位变动成本和固定成本总额资料见表 6-5。

表 6-5 产品资料表

产品 项目	甲产品	乙产品
预期销售数量（件）	2 000	2 500
预期销售单价（元）	30	20
单位变动成本（元）	18	12
固定成本总额（元）	6 000	

要求：HW 公司应选择生产甲产品还是乙产品。

解：由于无论是生产甲产品还是生产乙产品，固定成本总额 6 000 元都是不变的，所以在决策分析中，6 000 元属于无关成本，决策分析时不必考虑。

（1）计算两个方案的差量收入。

差量收入 = 2 000 × 30 – 2 500 × 20 = 10 000（元）

（2）计算两个方案的差量成本。

差量成本 = 2 000 × 18 – 2 500 × 12 = 6 000（元）

（3）计算两个方案的差量损益。

差量损益 = 10 000 – 6 000 = 4 000（元）

通过分析可以得出，生产甲产品比生产乙产品多获利 6 000 元，所以应选择生产甲产品。

此题中，6 000 元为无关成本，因此不必考虑。若产品生产中需增加专属成本，则还应考虑专属成本对决策的影响。

三、相关成本分析法

相关成本分析法是以成本高低作为决策依据的，在备选方案业务量能够事先确定的情况下，特别是各备选方案的预期收入相等时，可通过计算和比较不同方案的总成本来做出决策。当预期收入相等时，成本总额较小的方案即是最优方案。相关成本分析法的应用前提为业务量能够确定，如果无法确定，则不能应用相关成本分析法。

【例 6-4】 HW 公司生产手机需要一种零件，需要量为 1 000 件，此零件可以外购也可以自制，外购或自制的相关资料如下：

外购价格为每个零件 20 元。

自制零件单位成本为12元，但是自制零件需要引进一台设备，发生专属成本5 000元。

要求：HW公司应选择自制还是外购。

解：方案相关成本对比见表6-6。

表6-6 方案相关成本对比表

成本 \ 方案	外购	自制
预期需求数量（件）	1 000	1 000
预期销售单价（元）	20	12
专属成本（元）	0	5 000
相关成本（元）	20 000	17 000

通过对比分析可知，外购方案的相关成本大于自制方案的相关成本，因此应选择自制方案。尽管自制方案发生了专属成本5 000元，但是相关成本总额仍然小于外购方案成本。

四、成本无差别点分析法

成本无差别点分析法也称为临界成本分析法、成本平衡分析法。成本无差别点分析法是以成本高低作为决策的依据，在备选方案业务量事先不能确定的情况下，特别是各备选方案的预期收入相等时，可通过计算比较不同方案总成本相等时的业务量，也就是成本无差别点来选择预期成本较低的方案，这种决策分析方法称为成本无差别点分析法。成本无差别点的计算公式如下：

$$成本无差别点 = \frac{两个方案固定成本差额}{两个方案单位变动成本差额}$$

成本无差别点是指两个方案总成本相等时的业务量水平。如果预计未来的业务量在成本无差别点之下时，应选择固定成本较低的方案；如果预计未来的业务量在成本无差别点之上时，应选择固定成本较高的方案。

第三节 生产决策

一、新产品开发的品种决策分析

新产品开发的品种决策是指企业在利用现有的生产能力或剩余生产能力开发新产品的过程中，在两个或两个以上可供选择的新产品中选择一个最优品种的决策，它属于互斥方案决策的类型。

（一）不追加专属成本的决策分析

【例6-5】 HW公司利用同一台机器可生产A手机产品或B手机产品。若机器的最大生产能力为1 200机器工时，并且在生产过程中消耗一种有限的甲材料，假定企业现有的甲材料为120 000 千克，A 产品消耗甲材料的单耗定额为 20 千克/件，B 产品消耗甲材料的单耗定额为 12 千克/件，固定成本总额为 480 000 元，开发新产品过程中不需要追加专属成本。有关资料见表6-7。

表 6-7 新产品开发资料表

方案 项目	A 产品	B 产品
单位产品定额工时（小时）	0.2	0.12
每件产品消耗甲材料的单耗定额（千克）	20	12
销售单价（元）	400	200
单位变动成本（元）	320	140
单位边际贡献（元/件）	80	60

要求：做出开发何种新产品的决策。

方法一：利用边际贡献总额分析法进行分析。

解：（1）计算利用甲材料生产两种产品的产量。

①开发 A 产品的最大产量 = 120 000 ÷ 20 = 6 000（件）

②开发 B 产品的最大产量 = 120 000 ÷ 12 = 10 000（件）

（2）开发产品可获得的单位资源的边际贡献总额。

①（400 - 320）× 6 000 = 480 000（元）

②（200 - 140）× 10 000 = 600 000（元）

因此，生产 B 产品会比生产 A 产品多获得 120 000 元的边际贡献。

方法二：利用产品单位资源边际贡献分析法进行分析。

解：因为

（1）A 产品的单位边际贡献 = 400 - 320 = 80（元/件）

（2）B 产品的单位边际贡献 = 200 - 140 = 60（元/件）

又因为

（1）开发 A 产品可获得的单位资源的边际贡献 = 80 ÷ 20 = 4（元/千克）或 = 80 ÷ 0.2 = 400（元/小时）

（2）开发 B 产品可获得的单位资源的边际贡献 = 60 ÷ 12 = 5（元/千克）或 = 60 ÷ 0.12 = 500（元/小时）

通过计算可知，B（5）> A（4），B（500）> A（400），因此开发 B 产品比开发 A 产品更有利。

由于利用单位资源边际贡献分析法与利用边际贡献总额分析法进行决策得到的结论相同，说明两种方法都是可行的和科学的，只是应用的前提条件不同而已，但不能用产品的单位边际贡献作为决策标准进行决策。

（二）追加专属成本的决策分析

当新产品开发的品种决策方案中涉及追加专属成本时，就无法继续使用单位资源边际贡献分析法或边际贡献总额分析法，可以用差量分析法进行决策。

【例 6-6】 依据【例 6-5】的资料,在开发新产品过程中需要装备不同的专用模具,开发 A 产品需追加的专属成本为 16 000 元,开发 B 产品需追加的专属成本为 140 000 元。

要求:用差量分析法做出开发新产品的决策分析。

解: 依题意编制差量分析计算表,见表 6-8。

表 6-8 差量分析计算表　　　　　　　　　　单位:元

方案 项目	开发 A 产品专用模具	开发 B 产品专用模具	差量成本
相关收入	6 000×400=2 400 000	10 000×200=2 000 000	400 000
相关成本	1 936 000	1 540 000	396 000
增量成本	6 000×320=1 920 000	10 000×140=1 400 000	
专属成本	16 000	140 000	
差量损益	464 000	460 000	4 000

由表 6-8 可见,评价指标差别损益为 4 000 元,大于零,由此判定应当开发 A 产品,这样 HW 公司可以多获得 4 000 元的利润。

(三)剩余生产能力利用的决策分析

一个可以生产多种产品的企业,当企业的外部环境以及企业的供应、生产能力和销售等方面都允许增加产量时,就存在着应增加何种产品以有效地利用剩余生产能力的决策问题。

【例 6-7】 HW 公司目前生产甲、乙、丙三种产品,原设计生产能力为 200 000 机器工时,现在该厂的生产能力(用机器工时表示)的利用程度只达到 90%,尚有 20 000 机器工时的生产能力未被利用,为把剩余的 10% 的生产能力充分地利用起来,以增产哪一种产品为宜?甲、乙、丙三种产品的有关资料见表 6-9。

表 6-9 甲、乙、丙三种产品的基本资料

产品 项目	甲产品	乙产品	丙产品
单位产品售价(元)	400	240	440
单位产品变动成本(元)	240	160	360
单位产品的边际贡献(元)	160	80	80
单位产品的标准工时(小时/件)	200	80	160
全公司固定成本总额(元)	40 000		

解: 本决策中的固定成本总额保持不变,是一种非相关成本,只需比较各产品的单位资源所提供的边际贡献的大小或者比较各产品所提供的边际贡献总额的大小即可。根据上述资料,编制边际贡献计算表,见表 6-10。

表6-10 边际贡献计算表

项目 \ 产品	甲产品	乙产品	丙产品
最大产品（件）	20 000÷200=100	20 000÷80=250	20 000÷160=125
单位小时的边际贡献（元/小时）	160÷200=0.8	80÷80=1	80÷160=0.5
边际贡献总额（元）	160×100=16 000	80×250=20 000	80×125=10 000
或边际贡献总额（元）	20 000×0.8=16 000	20 000×1=20 000	20 000×0.5=10 000

上述分析表明，剩余生产能力应该用于生产乙产品250件，可获得边际贡献20 000元。但是，如果经市场预测，乙产品的市场容量只有200件，那么单位小时边际贡献指标的大小表明了用剩余生产能力生产产品的选择次序。即先生产乙产品200件，耗用16 000机器工时（200×80），提供16 000元的边际贡献总额（200×80或者16 000×1）；然后将剩余的4 000机器小时用于生产甲产品，可生产甲产品20件（4 000÷200），提供边际贡献总额为3 200元（4 000×0.8或20×160），搭配生产甲产品20件和乙产品200件，共提供边际贡献总额19 200元，比单独全部生产乙产品250件少提供边际贡献800元，但是比生产乙产品200件和生产丙产品25件（4 000÷160）多提供边际贡献总额1 200元［19 200－（16 000＋2 000）］。

二、亏损产品决策分析

财务会计与管理会计在亏损产品问题决策中，分析问题着眼点不同。在财务会计的核算中，亏损产品如果继续生产只会给企业的财务成果带来负面效应。但从管理会计成本性态分析的角度来看，对于亏损产品绝不能简单地予以停产，而是应该综合考虑企业各种产品的经营状况、生产能力的利用和有关因素的影响，从而做出停产、继续生产、转产或出租等选择，确定出最优方案。这是由于亏损产品虽然在财务成果上显示负面效应，但从成本性态方面分析，如果其仍然能够为企业创造边际贡献，并且边际贡献为正数，则继续生产该产品就能够补偿一部分固定成本；而停产不但不会减少亏损，反而会扩大亏损。不停产后是选择继续生产、转产还是出租，要根据各方案所提供的贡献大小来做进一步判断。因此，在分析亏损产品决策时，主要从是否停产以及是否转产两方面来进行。

（一）亏损产品是否停产的决策分析

若停产亏损产品，其闲置下来的产能无法被用于其他方面，即生产能力无法转移，可以采用贡献毛益来进行决策，只要贡献毛益为正数，该产品就不应该停产，反之则应该停产。因为在生产能力无法转移的情况下，停产亏损产品只能减少其变动成本，并不减少其固定成本。如果继续生产亏损产品，其所提供的贡献毛益还可以补偿一部分固定成本；而停产亏损产品不但不会减少亏损，反而会扩大亏损。

【例6-8】某手机生产商2017年生产有A、B、C三种手机产品，其中A、B为销售的明星产品，C为投放市场三年的产品，目前在市场上销售较为低迷，业绩上表现为亏损。其销售收入、贡献毛益、营业利润和成本资料见表6-11。其中A、B、C三种产品的共同成本为2 400 000元，按产品销售收入分摊额为700 000元、800 000元和900 000元。

表 6-11　产品销售资料和成本资料表　　　　　　　　　　单位：元

项目＼产品	A 产品	B 产品	C 产品	合计
销售收入	4 300 000	3 200 000	3 000 000	10 500 000
变动成本	3 100 000	1 800 000	2 300 000	7 200 000
贡献毛益	1 200 000	1 400 000	700 000	3 300 000
固定成本	700 000	800 000	900 000	2 400 000
营业利润	500 000	600 000	(-200 000)	900 000

要求：做出亏损产品在下一年是否停产的决策。

解：由表 6-11 可以看出，本年度 C 产品亏损 200 000 元，但是下一年度 C 产品不应停产，因为 C 产品的贡献毛益总额为 700 000 元，由于固定成本总额 24 00 000 元无论 C 产品生产与否总要发生，如果停产 C 产品，其原来负担的 900 000 元则由 A、B 产品分别负担，则 A 产品、B 产品的利润将会减少 900 000 元，即由原来的 1 100 000 元降低到 200 000 元。因此，不应该停产 C 产品，而应该继续生产。停产 C 产品后的利润计算见表 6-12。

表 6-12　停产 C 产品后利润计算表　　　　　　　　　　单位：元

项目＼产品	A 产品	B 产品	合计
销售收入	4 300 000	3 200 000	7 500 000
变动成本	3 100 000	1 800 000	4 900 000
贡献毛益	1 200 000	1 400 000	2 600 000
固定成本	1 216 000	1 184 000	2 400 000
营业利润	-16 000	216 000	200 000

从上表分析可知，在生产亏损产品的生产能力无法转移时，只要亏损产品提供的边际贡献总额大于零，就不应该停止亏损产品的生产。反之，则应停产。

（二）亏损产品是否转产或转作他用的决策分析

生产亏损产品的生产能力转移是指由于停产而导致的闲置能力能够被用于生产经营其他方面，如生产其他产品、承担零星加工业务或是将闲置设备出租等。上述情况，企业可以考虑是否将亏损产品予以转产或转作他用。

分析方法及结论如下：

（1）若转作他用确实是利用亏损产品停产后剩余的生产能力而不占用其他产品的生产能力。

（2）转作他用所提供的边际贡献总额大于原亏损产品所提供的边际贡献总额。

符合以上两条，转作他用方案就是可行的，否则就不行。

【例6-9】 接【例6-8】,假设该公司在停产C产品后,可将剩余生产能力转产D产品,其售价为500元,单位变动成本为250元,通过市场销售预测,一年可生产D产品3 000件。若不生产D产品,也可以选择出租,租金收益为600 000元。

要求:该公司是否应转产D产品,或是将设备出租。

解:对于亏损产品C,企业现有三个决策方案,即继续生产C产品、转产D产品、将设备出租。只要比较一下三个决策方案的边际贡献大小,即可做出最优选择。具体比较见表6-13。

表6-13 决策分析表　　　　　　　　　　　　　单位:元

项目		边际贡献
产品	继续生产C产品	700 000
	转产D产品	(500-250)×3 000=750 000
	设备转租	600 000

从上表分析结果可知,三个方案比较来看,转产D产品将会获得最大收益,因此应该选择转产D产品。

三、特殊价格追加订货的决策分析

这里所说的特殊价格,是指低于企业产品正常售价甚至低于产品成本的价格。特殊价格追加订货的决策,是指企业在实施正常订货计划之外,还存在部分剩余生产能力,此时外单位临时提出以较低的特殊价格继续追加订货生产任务,企业需要做出是否接受追加订货任务的决策。

是否接受低价追加订货的决策属于"接受或拒绝"方案的决策类型,往往涉及"接受追加订货"和"拒绝追加订货"两种选择。在进行此问题的决策时,企业需要考虑两方面内容,即订单数量和订单收益。

第一,在订单数量方面,企业需要分析追加订货和现有剩余生产能力之间的数量关系,从而判定能否在绝对剩余产能范围内完成订单,或需要破坏正常订单任务量来追加订货。因为数量关系会影响订单成本。

第二,在订单收益方面,企业需要比较"接受或拒绝"这两种方案的差别损益,从而做出是否接受订货的决策。其中,拒绝方案的相关收入和相关成本均为零,因此只要判断接受方案的相关收益是否大于零,若大于零则选择接受,反之则选择拒绝。

具体内容可按照以下几种情况进行讨论。

(一) 简单条件下是否接受低价追加订货的决策

所谓简单条件,就是假定以下三个条件同时具备的情况:

第一,追加订货量小于或等于企业的绝对剩余生产能力(后者为企业最大生产能力与正常订货量之差),这样,企业只要利用其绝对剩余生产能力就能够完成追加订货的数量要求,而不对正常任务的完成造成冲击。

第二,企业的绝对剩余生产能力无法转移。

第三,要求追加订货的企业没有提出任何特殊的要求,不需要追加投入专属成本。

在此情况下,接受追加订货方案的相关成本只有增量成本一项内容。

显然,在简单条件下,只要追加订货方案的相关收入大于其相关成本,即该方案的相关收益大于零,就可做出接受追加订货的决策。另外,也可以通过判断追加订货的单价是否大于该产品的单位变动生产成本,做出相应的决策。这种直接根据上述条件进行决策的方法又称简单法。

【例6-10】 已知:A企业只生产一种甲产品,每年最大生产能力为25 000件。本年已与其他企业签订了20 000件甲产品的供货合同,平均价格为2 000元/件,单位完全成本为1 800元/件,单位变动生产成本为1 500元/件。假定该企业的绝对剩余生产能力无法转移。1月上旬,B企业要求以1 600元/件的价格向A企业追加订货2 000件甲产品,于年底前交货;追加订货没有特殊要求,不涉及追加投入专属成本。

要求:做出是否接受追加订货的决策分析。

解:

(1) 企业的绝对剩余能力 = 25 000 − 20 000 = 5 000件,绝对剩余能力大于追加订货量2 000件,因此不需要破坏正常生产能力。

(2) 计算接受和拒绝的差别损益。差别损益分析表,见表6-14。

表6-14 差别损益分析表　　　　　　　　　单位:元

方案 项目	接受追加订货	拒绝追加订货	差异额
相关收入	1 600 × 2 000 = 3 200 000	0	3 200 000
相关成本	1 500 × 2 000 = 3 000 000	0	3 000 000
差别损益	200 000	0	200 000

从上表分析结果可知,应接受订货,会使企业多获得200 000元收益。如果用简单法的结论,只要特殊价格大于单位变动成本,就可以选择接受订单。这与差别分析法得出的结论是一致的。

(二)复杂条件下是否追加订货的决策

1. 追加订货必须追加投入专属成本

订货的企业有特殊要求,要完成追加订货必须追加投入一定的专属成本。与正常任务相比,如果追加订货在加工工艺或交货期方面有特殊要求,必须追加专属成本才能完成时,则应当将其纳入"接受追加订货"方案的相关成本之中。

【例6-11】 仍按【例6-10】中B企业追加订货资料。假定B企业的追加订货有特殊的工艺要求,需要A企业追加投入300 000元,其他条件不变。

要求:用差别损益分析法做出是否接受此项追加订货的决策。

解:依题意编制差别损益分析表,见表6-15。

表 6-15　差别损益分析表　　　　　　　　　单位：元

方案　项目	接受追加订货	拒绝追加订货	差异额
相关收入	1 600×2 000=3 200 000	0	3 200 000
相关成本 其中：增量成本 　　　专属成本	3 300 000 1 500×2 000=3 000 000 300 000	0	3 300 000
差别损益			-100 000

从上表分析结果可知，差别损益指标为 -100 000 元，不应接受此项追加订货，否则将使企业多损失100 000 元。

2. 追加订货冲击正常产销量

如果追加订货量大于企业的绝对剩余生产能力，企业就无法利用剩余生产能力来完成追加订货的订单，而必须通过挪用正常订货量来完成特殊订单的数量要求。因此，企业为了完成特殊订单，会冲击正常的产销量，从而影响正常收入而导致机会成本发生。

【例 6-12】　已知：仍按【例 6-10】中 B 企业追加订货资料。假定 B 企业要求以 1 550 元的价格追加订货 6 000 件，年底足量交货；追加订货没有特殊的工艺要求，不需要追加投入专属成本，剩余产能无法转移。此外，由于正常订单不能如期履约交付于客户，企业需要支付 200 000 元违约金。

要求：用差别损益分析法做出是否接受此项追加订货的决策。

解：依题意编制差别损益分析表，见表 6-16。

表 6-16　差别损益分析表　　　　　　　　　单位：元

方案　项目	接受追加订货	拒绝追加订货	差异额
相关收入	1 550×6 000=9 300 000	0	9 300 000
相关成本 其中：增量成本 　　　机会成本 　　　专属成本	9 950 000 1 550×5 000=7 750 000 2 000×1 000=2 000 000 200 000	0	9 950 000
差别损益			-650 000

由表 6-16 可知，接受特殊价格追加订货的订单，将会导致企业损失 650 000 元，因此不能接受订货。

由例题分析可知，当特殊订货量超过绝对剩余产能时，接受特殊订货的增量成本其相关业务量为剩余产能。这是因为只有剩余产能所产生的变动成本才是相关成本，而超额业务量变动成本并不属于决策的相关成本，无论是为了满足特殊订单的要求还是在正常订单中，这部分超额业务量的变动成本都会发生，并不会因为决策的发生而增加或减少，因此为无关成本。

同时，超额业务量因为没有按照预期正常价格进行销售，因此对于企业来说是一种潜在的损失，应当作为接受订单的机会成本，其数额为超额业务量与其正常价格的乘积。

此外，因为被冲击的正常任务无法正常履行合同，还需要交纳一定的违约赔偿金，那么这部分赔偿金属于"接受追加订货"方案而新增的相关成本，应当作为专属成本。

3. 绝对剩余产能可以转移

若企业的绝对剩余产能可以转移，意味着企业可以从被转移的生产能力中获取其他收益。在这种情况下如果接受追加订货，势必会放弃此部分收益，从而导致机会成本的发生。

【例6-13】 已知：仍按【例6-10】中B企业追加订货资料。假定A企业在正常订单范围，可以将闲置产能向外出租给C企业，租金收入为250 000元，其他条件不变。

要求：用差别损益分析法做出是否接受此项追加订货的决策。

解：依题意编制差别损益分析表，见表6-17。

表6-17　差别损益分析表　　　　　　　　　　　　　单位：元

项目＼方案	接受追加订货	拒绝追加订货	差异额
相关收入	1 600×2 000=3 200 000	0	3 200 000
相关成本	3 250 000		
其中：增量成本	1 500×2 000=3 000 000	0	3 250 000
机会成本	250 000		
差别损益			−50 000

通过表6-17结果可知，企业不应接受此项追加订货，否则会使企业多损失50 000元。

四、半成品是否进一步加工的决策分析

企业如果有剩余生产能力，常可以根据社会需求对某些现有产品做进一步加工，使它更加完善之后再进行出售，如纺织厂可以将产品"坯布"的一部分或全部，进一步加工为"色布"或"花布"出售。产品进一步加工后，一般可按较高的价格出售从而增加收入，同时，也必然需要增加相应的加工费用，其中包括变动成本和固定成本，有时还会发生机会成本。因此，对一种产品究竟是否进行进一步加工，除应该着重考虑是否符合社会需求这一根本问题外，还需采用差异分析法，计算分析加工后增加的收入与由于加工所增加的成本，只有当增加的收入大于所增加的成本即增加收益大于零时，才可以做出进一步加工的决定。在做出此类问题的决策分析时应特别注意，产品在未进一步进行加工之前原可获得的收入和原需发生的成本都是与产品进一步加工不相关的，因此都不必也不应加以考虑。

【例6-14】 某企业现生产A产品，正常情况下年度销售量为20 000件，每件售价12元，单位变动成本5元，由于销售量难以增加，以致现有部分加工能力被闲置。为此，企业准备利用此项闲置能力将该产品做进一步加工后按每件20元出售，但需追加单位变动成本4元，另需增加专属固定成本35 000元。由于进一步加工后产品更加方便实用且符合消费者需要，故预计提价并不会影响原有销售量。

解：据此，测算方案的经济效果如下：

相关收入：20 000 × (20 - 12) = 160 000（元）
变动成本：20 000 × 4 = 80 000（元）
固定成本：35 000 元
相关损益：45 000 元

比较上述分析资料可知，产品进一步加工后可使企业较现有情况增加利润 45 000 元，说明进一步加工是有利的。

五、联产品是否进一步加工的决策分析

在工业企业生产中，特别在某些石油化工企业生产中，经常会出现在同一生产过程中同时生产出若干种经济价值较大的联产品。这些联产品有的可以在分离后立即出售，也可以在分离后经过继续加工再进行出售。对于这类决策问题，可以采用差量分析法。但应注意的是联产品在进行进一步加工前所发生的成本，无论是变动成本还是固定成本，在决策分析中均属于无关成本，不必加以考虑。问题的关键在于分析研究联产品在加工后所增加的收入是否超过在进一步加工过程中所追加的成本（即"可分成本"）。如果前者大于后者，则以进一步加工联产品的方案较优；反之，若前者小于后者，则以不加工联产品的方案较优。

【例 6-15】 某设备加工厂生产的 A 产品在继续加工过程中，可分离出甲、乙两种联产品。A 产品售价 600 元，单位变动成本为 300 元，甲产品分离后即销售，单位售价为 500 元；乙产品单位售价 550 元，可进一步加工成丙产品销售，丙产品售价为 650 元，需追加单位变动成本 50 元。分离前的联合成本按甲、乙两种产品的售价分配。

要求：判断对甲、乙产品是否做进一步加工。

解：

甲产品分离后的单位变动成本 $= 300 \times \dfrac{500}{500 + 550} \approx 142.86$（元）

乙产品分离后的单位变动成本 $= 300 \times \dfrac{550}{500 + 550} \approx 157.14$（元）

由于甲产品分离后的售价 500 元大于分离后的单位变动成本 142.86 元，故分离后销售是有利的。

乙产品进一步加工需追加的成本为 50 元，进一步加工后的销售收入为 650 元，而分离后乙产品的销售收入为 550 元，则

差异收入 = 650 - 550 = 100（元）

差异收入 100 元大于可分成本 50 元，可见乙产品进一步加工是有利的。

六、零部件自制还是外购的决策分析

企业所需要的某些零部件常常是既可自行制造，又可外购。无论是自制，还是外购，其预期收入是一样的，因此，属于如何生产的决策类型。在此类决策中，自制方案的相关成本应包括零部件生产的变动成本和专为自制而引起的专属固定成本，如果因自制占用生产能力而必须压缩其他产品的产销量，则因此而放弃的原可获得的此部分收益，应构成自制方案的相关机会成本；而外购方案中零部件的买价、运杂费等都属外购方案的相关成本，但由自制转为外购后

其原有生产设备可转产其他产品或出租可获得净收益额,则应为外购成本的抵消因素。

【例 6-16】 华南公司全年需要甲零部件 5 000 件,该零部件既可以自制也可以从市场购买,若是从市场购买,购价和运杂费为每件 8 元,自制的单位成本资料如下:

直接材料:4 元
直接人工:2 元
变动制造费用:1 元
固定制造费用:2 元
单位生产成本:9 元

分别判断在下列情况下,华南公司应自制还是外购该零部件?

(1) 华南公司具有生产甲零部件 5 000 件的剩余生产能力,且华南公司剩余生产能力无法转移。

(2) 华南公司具有生产甲零部件 5 000 件的剩余生产能力,但生产所利用的空置厂房可对外出租,年租金预计为 6 000 元。

(3) 华南公司剩余生产能力只足够生产甲零部件 3 500 件,为了自制 5 000 件甲零部件,华南公司需购入一台专用设备,预计该设备的年使用成本为 2 800 元。

(4) 若华南公司选择自制 5 000 件甲零部件将影响华南公司的乙产品的正常生产,使乙产品的产量减少 1 000 件,已知乙产品的单位边际贡献为 6 元。

解:根据上述资料分析如下:

(1) 华南公司的剩余生产能力无法转移,因而利用剩余生产能力不会增加华南公司的固定制造费用。自制甲零部件的单位变动成本为直接材料、直接人工、变动制造费用之和,即甲零部件自制的单位变动成本为 7 (4 + 2 + 1) 元,小于外购的单位成本 8 元,所以,华南公司应选择自制该零部件。

自制零部件可节约的成本 = (8 - 7) × 5 000 = 5 000(元)

(2) 若华南公司选择自制甲零部件,便无法获得空置厂房对外出租的租金,即年租金 6 000 元应作为自制甲零部件的机会成本。则:

自制甲零部件的相关成本 = 7 × 5 000 + 6 000 = 41 000(元)
外购甲零部件的相关成本 = 8 × 5 000 = 40 000(元)

华南公司应选择外购甲零部件,可节约成本 1 000 (41 000 - 40 000)元

(3) 华南公司最多可自制 3 500 件甲零部件,且为自制甲零部件购入专用设备的年使用费应作为自制决策的专属成本。零部件自制外购成本分析见表 6-18。

表 6-18 零部件自制外购成本分析表　　　　　　　　　　　　　　　单位:元

方案 项目	自制 5 000 件甲零部件	外购 5 000 件甲零部件	差量成本
相关成本			
变动成本	7 × 5 000 = 35 000	8 × 5 000 = 40 000	- 5 000
专属成本	2 800	0	2 800
相关成本合计	37 800	40 000	- 2 200

经分析可知，华南公司自制甲零部件 3 500 件的相关成本较低，相比外购该零部件，企业可节约成本 2 200 元。

（4）若甲零部件全部自制，损失的 1 000 件乙产品的边际贡献额应作为自制甲产品的机会成本。零部件自制外购成本分析见表 6-19。

表 6-19 零部件自制外购成本分析表　　　　单位：元

项目＼方案	自制 5 000 件甲零部件	外购 5 000 件甲零部件	差量成本
相关成本			
变动成本	7 × 5 000 = 35 000	8 × 5 000 = 40 000	−5 000
机会成本	6 × 1 000 = 6 000	0	6 000
相关成本合计	41 000	40 000	1 000

通过表 6-19 可以看出，5 000 件甲零部件全部自制的成本为 41 000 元，高于外购成本 1 000 元，因此华南公司应选择外购 5 000 件甲零部件的决策方案。

七、选择不同工艺进行加工的决策分析

不同生产工艺技术方案的决策，是指企业在组织生产过程中，围绕不同的生产工艺技术方案所做的决策。它属于"互斥方案"的决策类型。各备选方案通常只涉及相关成本，而不涉及相关收入。采用先进的生产工艺技术，由于劳动生产率高，劳动强度低，原材料消耗相对少，并且产品质量高，可能会导致较低的单位变动成本，但往往采用较先进的设备装置，导致固定成本高。而采用普通的或落后的生产工艺技术，情况会相反。因设备比较简陋，虽然固定成本较低，但单位变动成本可能较高。由于单位产品中的固定成本是与产量呈反比，因此，当产量较大时，采用先进工艺技术较为有利；相反，若产量较小，则采用较为落后的工艺技术较为经济。由此可见，不同工艺方案的选择，必须同产品加工批量的大小联系起来分析研究，即采用成本无差别点法进行决策。另外，在决策过程中，除了考虑各个备选方案不同的单位变动成本和不同的固定成本外，还应充分考虑市场情况和加工的业务量水平，因地制宜地选择合适的生产工艺技术方案。

【例 6-17】 某公司决定生产 A 零件，有甲、乙两种不同的工艺方案可供选择。如果采用较先进的生产设备进行生产，其固定成本为 192 000 元，单位变动成本为 64 元/件。如果采用普通设备进行生产，其相关的固定成本为 128 000 元，但是单位变动成本为 96 元/件。要求用成本无差别点法为该公司做出采用何种工艺方案的决策。

设 a 为固定成本，b 为单位变动成本，x 为件数。

解：（1）甲方案的成本函数：$y_1 = a_1 + b_1 x = 192\,000 + 64x$。

乙方案的成本函数：$y_2 = a_2 + b_2 x = 128\,000 + 96x$。

（2）当 $y_1 = y_2$ 时，求得 $x = 2\,000$ 件。

（3）决策结论：当 A 零件的需用量小于 2 000 件时，应选择乙方案；当 A 零件的需用量等于 2 000 件时，甲或乙方案均可；当 A 零件的需用量大于 2 000 件时，应选择甲方案。

第四节 定价决策

一、定价影响因素

产品价格是影响企业经营成果的重要因素,产品价格制定的适当与否将会直接关系到产品的市场竞争地位和市场占有率。然而定价并非完全是销售部门的工作,更是管理会计工作之一。如果产品价格制定得过低,企业产品销售收入减少,利润下降;而产品价格制定过高,可能会使企业的销售量下降,收入减少,利润也随之降低。因此,企业在制定产品价格时一定要考虑所有影响产品价格的因素,尽量使产品价格处于合理的水平,实现企业利润最大化。一般来说,影响产品价格制定的因素主要包括成本因素、市场供需关系、竞争因素、商品的市场生命周期因素等。

(1) 成本因素。成本是产品定价的基础。从长期来看,产品价格应等于总成本加合理的利润,否则企业将无利可图;从短期来看,产品价格应高于平均变动成本,以便掌握盈亏情况,减少经营风险。

(2) 市场供需关系。市场供需关系是影响产品定价的另一个重要的因素。一般而言,当供给小于需求时,需求旺盛会促使价格上升;当供给大于需求时,需求低迷迫使价格下降。

(3) 竞争因素。产品竞争的激烈程度会影响到产品价格的制定,竞争越激烈,对价格的影响越大。由于竞争影响定价,企业在制定产品价格时必须充分了解竞争者的状况,以确定合理的产品价格。

(4) 商品的市场生命周期。如果将商品拟人化,其市场生命周期包括四个阶段,即投入期、成长期、成熟期和衰退期。在不同的生命周期内定价策略应有所不同。投入期既要补偿高成本,又要被市场所接受,成长期和成熟期应扩大产品销售,扩大市场份额,要求稳定价格以开拓市场;衰退期一般应采取降价措施。

二、定价方法

(一) 市场需求导向定价法

市场需求导向定价方法是指以消费者对某种产品价格的接受程度为基本依据来确定产品的价格的一种定价方法。这种方法优先考虑的是消费者对价格的接受程度,要求企业的管理者必须研究怎样的价格才能使企业取得最大的利润和销售收入。市场需求导向定价方法主要包括边际分析法、微分极值法等。

1. 边际分析法

【例6-18】 某企业生产A产品,最大生产能力为400件,该产品单位售价为9.25万元,年均可销售200台。A产品单位变动成本为5万元,固定成本总额为500万元。如果销售单价逐步下降,预计其在不同价格下的销售量、单位变动成本和固定成本总额见表6-20。

表 6-20 单价、销售量、单位变动成本和固定成本总额表

单价（万元）	销售量（台）	单位变动成本（万元）	固定成本总额（万元）
9.25	180	5	200
9	200	5	200
8.75	220	5	200
8.5	240	5	200
8.25	260	5	200
8	280	5	200
7.75	300	5	200
7.5	320	5	200

要求：做出能使企业获得最高利润的最优售价的决策。

解：根据上述资料，可编制营业利润总额表，具体见表 6-21。

表 6-21 营业利润总额表

单价（万元）	销售量（台）	销售收入（万元）	变动成本（万元）	边际贡献（万元）	固定成本（万元）	利润总额（万元）
9.25	180	1 665	900	765	200	565
9	200	1 800	1 000	800	200	600
8.75	220	1 925	1 100	825	200	625
8.5	240	2 040	1 200	840	200	640
8.25	260	2 145	1 300	845	200	645
8	280	2 240	1 400	840	200	640
7.75	300	2 325	1 500	825	200	625
7.5	320	2 400	1 600	800	200	600

由上表计算结果可知，获利最多的定价为 8.25 万元，因此应把价格定在 8.25 万元。

2. 微分极值法

微分极值法也称为公式法，可直接对收入与成本函数求导，计算结果比较准确。但是其缺点在于售价与销售量的函数关系以及总成本函数关系不容易确定，另外，只有可微函数才能求导数，对于非连续函数则无法用公式，只能借助列表法才能求得最优售价。

依据单位售价与销售量之间的数据关系，建立售价与销售量的关系式为：

$$P = 11.5 - 0.012\,5X$$

则销售收入模型为：

$$TR = PX = (11.5 - 0.012\,5X)X = 11.5X - 0.012\,5X^2$$

那么，边际收入为：

$$MR = 11.5 - 0.025X$$

总成本模型为：

$$TC = a + bX = 200 + 5X$$

那么，边际成本：$MC = 5$

令 $MR = MC$，则：$11.5 - 0.025X = 5$

可求得最优解，即最优销售量：$X_0 = 260$

将 $X_0 = 260$ 代入 $P = 11.5 - 0.0125X$

可求得最优售价 $P = 8.25$（万元）

（二）成本加成定价法

对标准产品制定正常的、长期性的价格，最常用的方法是成本加成定价法。它首先是以按完全成本法或变动成本法计算出来的单位产品成本为基础，然后在这个基础上加上预定的百分率或目标利润值，作为该产品目标售价的定价方法。成本加成定价法实质上是一种成本导向的定价策略。成本加成定价法的理论基础是对产品规定的售价除补偿"全部成本"外，还应为投资者提供合理的报酬。这里的"全部成本"，从管理会计角度来说，既包括变动成本，又包括固定成本，即任何成本都是定价决策的相关成本。

由于按全部成本法或变动成本法计算的单位产品成本的内涵各不相同，因而加成的内容也有所差异。在不同的条件和环境下，企业以哪种成本为依据进行计价的方式也有所差异。下面将就完全成本加成和变动成本加成分别介绍成本加成定价法。

1. 完全成本加成定价法

完全成本加成定价法是指在单位产品完全成本基础上，将全部销售管理费用与预期利润一起作为加成因素，确定成本加成率，制定目标价格的方法。这种方法的成本基数是产品的全部生产成本，包括固定生产成本和变动生产成本。

单位售价 = 单位产品完全成本 + 加成额 = 单位产品完全成本 ×（1 + 成本加成率）

成本加成率 =（预计期间费用总额 + 预期利润总额）÷ 预计产品成本总额

尽管有关的销售及行政管理费用等非生产成本不包含在"成本基数"里，但它却是考虑"加成"的基础。因此，这种定价方法能够补偿经营过程中发生的这些成本，并可给企业带来一定的利润。

【例 6-19】 已知北京大地公司拟制定标准产品甲的售价，总经理通知会计部门提供甲产品修改设计后的估计成本资料。预计 100 件甲产品的成本数据资料见表 6-22。

表 6-22　甲产品的成本数据资料表

成本项目	金额（元）
直接材料	12 000
直接人工	6 000
变动制造费用	3 000
固定制造费用	2 000
变动销售及管理费用	5 000
固定销售及管理费用	7 000

要求：根据总经理的决定，在甲产品的单位完全成本基础上加成 50% 作为目标售价。

解：

（1）甲产品的单位完全成本 = 120 + 60 + 30 + 20 = 230（元）

（2）目标售价 = 230 × （1 + 50%） = 345 （元）

完全成本加成定价法简单易行，符合传统财务会计的理念，而且可以使企业的全部成本得到补偿，并为企业提供一定的利润。但是这种方法人为地将固定成本分配于不同的产品，使制定目标价格基础的产品成本可能变得不准确，因此目标价格的准确性也会受到不同程度的影响。

2. 变动成本加成定价法

变动成本加成定价法是指在产品的变动成本的基础上加上一定比例的边际贡献，以此二者之和作为产品的销售价格的一种定价方法。在这种方法下，只要产品的单位销售价格大于单位变动成本，就能创造边际贡献。如果边际贡献大于单位产品的固定成本，说明边际贡献除了弥补了固定成本外，还为企业创造了利润；如果单位产品边际贡献小于单位产品固定成本，则产品不能给企业创造利润，但还是弥补了部分固定成本。

其计算公式为：

$$单位售价 = 单位变动成本 + 单位边际贡献 = \frac{单位变动成本}{1 - 边际贡献率}$$

$$边际贡献率 = （预计固定成本总额 + 预期利润总额） \div 预计产品成本总额$$

【例 6-20】 已知上例中甲产品的成本资料，预计该产品的边际贡献率为 40%，以变动成本较为基础的该产品的售价为：

$$单位售价 = \frac{单位变动成本}{1 - 边际贡献率} = \frac{120 + 60 + 30 + 50}{1 - 40\%} = 433.33（元）$$

由于不将固定成本人为地分配于产品，所以按贡献法制定的目标价格较为合理。

3. 成本加成率的确定

通常应以企业的目标利润为依据，再结合产品成本的不同计算方法进行估算。其计算公式如下：

（1）若采用完全成本加成定价法计算产品成本，则：

$$成本加成率 = （预计期间费用总额 + 预期利润总额） \div 预计产品成本总额$$

（2）若采用变动成本加成定价法计算产品成本，则：

$$成本加成率 = （预计固定成本总额 + 预期利润总额） \div 预计产品变动成本总额$$

其中，预期利润总额 = 投资总额 × 预期的投资报酬率。

在完全成本加成定价法下，预计产品成本总额 = 全部制造成本 = 直接材料 + 直接人工 + 制造费用。

在变动成本加成定价法下，预计产品变动成本总额 = 全部变动成本 = 直接材料 + 直接人工 + 变动制造费用 + 变动销售及管理费用。

成本加成定价法由于简单且易操作，所以是企业较为常用的定价方法，但是其主要缺点在于没有考虑价格与销售量的关系。既可能出现定价低而导致供不应求，也可能出现定价偏高导致供过于求，市场反应低迷，而完不成目标销售量。因此，为了使成本加成定价法能切合实际，一般可采取以下两项补救措施：第一，用公式计算出来的目标售价绝不能一成不变，需根据市场竞争形势的变化，由企业管理当局做出上下浮动的决定。第二，每个企业不应对其全部产品采用同一种加成百分率，而需根据市场上对各种产品需求的不同情况、各地区的习惯、同行业的惯例，分别制定不同产品的加成百分率。

（三）特殊定价法

1. 边际贡献定价法

企业产品实际售价具有一定的范围限制，即最低价格不能低于单位变动成本，最高价格即为目标售价（目标售价＝变动成本＋固定成本＋预期利润）。虽然从长远来看，企业应以目标售价作为追求目标，但是面对不断变化的内外部环境以及激烈的市场竞争，企业管理当局往往需要将售价在弹性范围内予以调整，即以不低于基础价格作为基本定价原则，至于高于最低售价多少，则需要视具体情况而定。

根据上述分析：

$$单位变动成本 \leq 单价 \leq 变动成本 + 固定成本 + 预期利润$$

或

$$0 \leq 单位边际贡献 \leq 固定成本 + 预期利润$$

2. 保本基础定价法

保本基础定价法是根据保本分析的原理建立的一种以保本为目的的定价方法。这种方法是企业为了扩大或维护企业的市场占有率而把产品价格定在保本或者微利的水平；或者是企业为了方便在参加国内外订货会、贸易洽谈会或投标活动时能迅速报价而提供的一系列在不同销售量（x）情况下的产品"保本价格"。其公式如下：

$$保本价格 = 单位变动成本 + （固定成本/预计销售量）$$

在激烈的竞争形势下，有些企业生产经营的个别产品其价格在一定条件下可能规定的比较低，只有微利甚至仅能保本，如为了扩大或维护企业的市场占有率，企业可按保本价格组织销售，只要价格略大于或等于保本价格，企业就不会吃亏。

此法除了适用于竞争产品保守价格的制定外，还可以应用于计算确定那些需要追加专属成本的特殊订货的最低可行价格，但必须以相关的绝对剩余生产能力无法转移为前提。

3. 保利基础定价法

保利基础定价法就是利用本-量-利分析原理中介绍过的实现目标利润的价格计算公式进行定价的方法。其公式是：

$$保利价格 = 单位变动成本 + \frac{固定成本 + 目标利润}{预计销售量}$$

保利基础定价法的目标是为了企业能够获得较为稳定的利润水平，当企业成本、销售量等因素发生变化时，唯一确定不变的就是目标利润。这种定价策略较适用于较为成熟的企业产品，而对于初期进入市场的企业或市场竞争激烈情况下，若想保利则较难，此定价方法并不适用。

三、定价策略

（一）新产品定价策略

新产品定价在企业经营管理中占有十分重要的地位。科学合理的定价决定新产品是否能在市场上站稳脚跟，是否会为企业带来竞争力。新产品定价常有以下两种策略：

1. 撇脂定价策略

撇脂定价策略是将产品价格定得较高，从尽可能地在产品销售初期获得较大的利润，随着产品销路的扩大再逐步降价。撇脂定价的名称来自牛奶中撇取奶油,含有提取精华之意。这是一种短期的定价策略。这种方法可能会迅速引来竞争,也会对及时打开销路产生影响,因此常用于没有竞争而且容易开辟市场的产品。

2. 渗透定价策略

渗透定价策略与撇脂定价策略相反,它是以略高于成本的较低价格投放市场,等在市场中形成了一定影响之后,再逐步提价。这是一种长远的定价策略。该策略有利于迅速打开市场,能有效地排斥竞争者的加入,从长远来看,仍可获得可观的利润。

(二) 心理定价策略

心理定价策略是利用消费者的不同消费心理,以促进销售。其主要形式如下:

(1) 去整取余法,又称尾数定价法或取九舍十法,多用于中档商品的定价,这种价格又称诱人价格,即宁可定价9.9元也不定价10元,以促使消费者产生只卖9元多的心理印象,进行促进产品的销售。

(2) 整数定价法,对高档商品若按整数价出售,可提高商品的身价,刺激消费者的购买欲望。

(3) 对比定价法,对于亟待出售需降价处理的商品,可将削价前后价格同时列出,促使顾客通过对比积极购买。

(三) 折扣与分期付款定价策略

1. 折扣定价策略

一般用于扩大老产品的销售的定价上,主要有以下几种:

(1) 现金折扣。对按约定日期付款的顾客给予一定的折扣,目的在于鼓励顾客及时偿付欠款,以加速企业资金周转。

(2) 数量折扣。根据顾客购买数量的多少,分别给予大小不同的折扣,购买数量越多,给予的折扣越大,从而鼓励顾客大量购买。

(3) 交易折扣。根据各类中间商在市场销售中所承担的功能不同,给予不同的折扣。例如,给予批发商折扣较大,给予零件商折扣较小。

(4) 季节性折扣。生产季节性产品的企业,对在非旺季的采购者给予折扣优待,鼓励中间商提早储存商品,以减少季节性对生产的影响。

2. 分期付款定价策略

对于价格较高的耐用消费品采用分期付款方式,可以增强吸引力,招揽顾客。

(四) 弹性定价策略

弹性定价策略是指根据价格弹性确定价格调整方向的原则或技巧。

价格弹性的大小,说明了商品价格与需求之间反方向变动水平的大小。就某一种产品的不同时期及不同销售量基础而言,弹性可能有大有小;即使在同一场合下的不同商品,仍会出现弹性有大有小的情况。弹性大,则价格下降会促使需求大大提高,因此,对弹性大的商品应采取调低价格的方法,薄利多销;弹性小的商品,当价格变动时,需求量的相应增减幅度很小,对这类产品不仅不应调低价格,相反,在条件允许的范围内应适当调高价格。

（五）其他定价策略

除以上几种定价策略外，还有组合定价策略、差别定价、地区定价等众多定价策略，定价时要综合研究，决定将哪些因素包括在基本价格之内，做好宣传工作，开拓市场。

除此之外，国家的价格政策、产品的质量、企业的定位、消费者的支付能力与心理状态，也是影响价格的重要因素。

第五节 存货决策

一、存货决策意义和基本要求

存货是企业所拥有的产品（商品）、在产品（半成品）和原材料，它是从事生产经营的必备条件，是保证供应、生产和销售活动顺利进行的物质基础。认真做好存货决策工作，对加强企业管理、提高经济效益具有重要意义。对于工业生产企业而言，存货决策的意义主要是保证生产经营活动对存货的正常需要，这就要求企业管理者要权衡利弊，做出正确决策，力求达到既不因存货过多而造成资金积压，又不因存货过少而出现缺货、停产的双重目的。

存货决策的基本要求首先是存货决策既要确定存货的订购次数，又要确定存货的订购数量；其次是存货决策既要使存货数量满足生产经营的正常需要，又要使存货成本处于现有条件下的最低水平。因此，存货管理的主要任务就是用最低的存货成本实现对企业生产经营活动所需物资的正常供应。

二、存货相关成本构成

存货相关成本是指企业为取得、保管存货及存货不足而直接引发的各项成本。按其形成原因不同，可分为订货成本、购货成本、储存成本和缺货成本四部分。

（一）订货成本

订货成本是指为订购存货而发生的成本，又称采购成本、订购成本。按其与订货次数的依存关系不同可分为变动订货成本和固定订货成本两类：变动订货成本是一定时期内其发生总额随订货次数增加而呈正比例增加的成本，如采购人员的差旅费、为选择供应单位以及签订合同而发生的有关业务费、邮电费、手续费及公证费等；固定订货成本是一定时期内其成本发生额不随订货次数变化而保持不变的成本，如常设的采购机构办公费、采购人员的月固定工资等。

（二）购货成本

购货成本是指购买存货所发生的成本。其主要指货款和采购费用。购货成本总额是采购单价与数量的乘积，但采购单价一般不随采购数量的变动而变动。因此，在大批量购买没有优惠折扣的情况下，采购成本对于经济订货量来讲是无关成本。除非供应商规定，如大批量购买可享受优惠折扣，则采购成本就成为决策分析的相关成本。

(三) 储存成本

储存成本是指为储存存货发生的成本。其主要包括存货所占资金的利息、保险费，存货在被保管期间为检查、盘点、调整货位等所需而产生的有关费用。储存成本也分为变动成本和固定成本两类：固定成本与存货量的多少无关，如仓库的折旧费、仓库保管人员的月固定工资等；变动成本与存货数量的大小呈正比例相关，此类成本属于变动储存成本，如存货所占资金的利息、存货保险费等。

(四) 缺货成本

缺货成本是指由于存货数量不能及时满足生产或销售的需要而给企业带来的损失。其主要包括由于原材料等物资的储备不足，造成停工待料而发生的损失；由于产品存货不足，不得不放弃部分销售机会而遭受的损失；由于交货误期、经常脱销而降低企业信誉所引起的严重损失等。在良好的企业管理条件下，不应发生缺货成本。

综上所述，存货相关成本应为：

$$存货相关成本 = 订货成本 + 购货成本 + 储存成本 + 缺货成本$$

存货决策分析的目的就是使与存货有关的上述四项成本的总和达到最低。

三、经济订货量

存货决策涉及四个方面的内容，即决定进货项目、决定供货单位、决定进货时间、决定进货批量。进货项目和供货单位的决定是由销售部门、采购部门和生产部门来完成的，而进货时间和进货批量的决定则需要由企业的财务部门来完成。

存货决策的直接目的就是要通过制定合理的进货时间和进货批量，使存货的总成本最低。所谓经济订货量，是指能使年存货总成本处于最低水平的一次订货的数量。经济订货量确定以后，就可以根据有关的模型来求出最合适的进货时间。

正常条件下，经济订货量的确定是在如下假设条件下进行的：

(1) 年需求量已知或能确定。

(2) 每次的购买量能集中到货，而非陆续入库。

(3) 存货采购单价不变，不考虑现金折扣。

(4) 不允许缺货，即没有缺货成本。

(5) 企业现金充足，不会因现金短缺而影响进货。

(6) 所需存货市场供应充足，不会因买不到需要的存货而影响生产。

在此假设条件下，与采购批量决策相关的成本只有变动订货成本和变动储存成本两项，采购成本和缺货成本均为无关成本。因此，当该两项成本之和最低时的每次采购量，即为经济订货量。此时，经济订货量可以采用列表法、图解法和公式法三种方法确定，下面以实例说明三种方法的运用。

【例6-21】 某企业的一种主要材料A，全年需要量为24 000单位，每次变动订货成本为100元，单位材料年变动储存成本为1元。据此，确定经济订货量。

(一) 列表法

列表法是根据全年需用量，按若干不同的采购次数和采购批量，分别测算全年的变动订购成本、变动储存成本和两者之和,并列于计算表加以比较,以费用总额最低的采购批量为经济订货量的一种方法。具体计算结果见表 6-23。

表 6-23　与采购批量相关成本计算表

每次订货量（单位）	6 000	4 000	2 000	1 500	1 000	500
全年订货次数（次）	4	6	12	16	24	48
全年平均存量（单位）	3 000	2 000	1 000	750	500	250
年变动订货成本（元）	400	600	1 200	1 600	2 400	4 800
年变动储存成本	3 000	2 000	1 000	750	500	250
年相关成本总额	3 400	2 600	2 200	2 350	2 900	5 050

根据表 6-23 可知,当每次采购量为 2 000 单位时,与采购批量相关的两项成本之和最低,为 2 200 元。因此,可以确定材料 A 的经济订货量为 2 000 单位。该方法具有简单易理解的特点,但是该方法的缺点是其计算的经济订货量不够精确,只是一个大概的数值,并不能完全代表最佳订货量。

（二）图解法

图解法是通过在平面坐标图中分别反映年度变动订货成本、变动储存成本和两者之和与采购批量之间的依存关系,以确定经济订货量的一种方法。将上例有关资料制图如图 6-1 所示。

根据图 6-1 可以看出,经济订货量成本费用最低点为订货量 2 000 单位的批量。由图可以看出,当订货费用与存储费用相等时,全年费用总额最低,此时的订货量为最佳经济订货量。

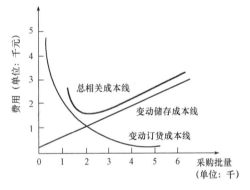

图 6-1　经济订货量分析图

图解法的优点是可以客观形象地揭示全年变动订货费用、全年变动储存费用与全年费用总额三者在不同订货量条件下的关系,有助于非会计专业人员理解经济订货量的含义。其缺点是测得的经济订货量也不够准确,而要用此法为众多的每一项存货确定经济订货量,其业务也过于繁重。

（三）公式法

公式法也称数学模型法,就是运用数学方法直接计算经济订货量的方法。下面先拟定公式法中的字母代表的含义列表,具体见表 6-24。

表 6-24　数学模型中字母代表的含义列表

字母	字母代表的含义	字母	字母代表的含义
D	代表存货的年需要量	C	代表单位存货的全年平均储存成本
Q	代表每次订货的数量	x	代表到货期内每日的到货量
K	代表每次订货成本	y	代表供应周期内每日的耗用量
u	代表采购单价	T	代表全年存货相关总成本
d	代表折扣率	N	最优订货次数

下面列出相关指标的计算公式：

$$订货次数 = \frac{全年需要量}{每次订货量} = \frac{D}{Q}$$

$$全年相关的订货总成本 = 每次订货成本 \times 订货次数 = K \times \frac{D}{Q}$$

$$平均库存量 = \frac{每次订货量}{2} = \frac{Q}{2}$$

$$全年相关的平均储存总成本 = 单位存货的全年平均储存成本 \times 平均库存量 = C \times \frac{Q}{2}$$

全年存货的相关总成本 T = 全年相关订货总成本 + 全年相关的平均储存总成本

$$= K \times \frac{D}{Q} + C \times \frac{Q}{2}$$

以 Q 为自变量，求 T 的一阶导数 T'

$$T' = \frac{dT}{dQ} = \frac{C}{2} - \frac{DK}{Q^2}$$

令 $T' = 0$，则 $\frac{C}{2} - \frac{DK}{Q^2} = 0$，$Q^2 = \frac{2DK}{C}$

$$Q = \sqrt{\frac{2DK}{C}}$$

由以上的计算结果，可使 T 得到最小值，故这里的 Q 即经济订货量。将公式 $Q = \sqrt{\frac{2DK}{C}}$ 代入公式 $\frac{D}{Q} \times K + \frac{Q}{2} \times C$ 中，得到

$$T = \frac{D}{\sqrt{\frac{2DK}{C}}} \times K + \frac{\sqrt{\frac{2DK}{C}}}{2} \times C = \sqrt{2DKC}$$

将公式 $Q = \sqrt{\frac{2DK}{C}}$ 代入 $N = \frac{D}{Q}$ 中，得到

$$N = \frac{D}{\sqrt{\frac{2DK}{C}}} = \sqrt{\frac{DC}{2K}}$$

【例 6-22】 某公司需要采用 A 材料 2 500 千克，每次订货费用 50 元，每千克 A 材料的储存费用 1 元，现要求确定 A 材料的订货批量和最低存货成本。

解：$Q = \sqrt{\frac{2DK}{C}} = \sqrt{\frac{2 \times 2\,500 \times 50}{1}} = 500$（千克）

$T = \sqrt{2DKC} = \sqrt{2 \times 2\,500 \times 50 \times 1} = 500$（元）

案例导入分析

首先分析湖滨公司目前排球的成本。每盒排球的成本中有 36 美元的材料费，24 美元的

工人工资、10 美元的动力费、16 美元的水电、折旧等固定费用，如果按照完全成本计算，每盒排球的成本为 86 美元，而其他公司欲出价以 78 美元的价格追加订货，显然不可以。但是如果仔细分析，湖滨公司 86 美元的成本中实际的变动成本仅包括 36 美元的材料费、24 美元的工人工资和 10 美元动力费三项，其总和为 70 美元。而水电、折旧等为固定性生产成本，在 7 000 盒排球产能范围内，这项成本总额并不会随着产量的变化而变化，对追加订货并不会产生影响，因此是该项决策的无关成本。按照差别损益法进行分析，见表 6-25。

表 6-25 差别损益分析表　　　　　　　　　　　　单位：元

项目＼方案	接受追加订货	拒绝追加订货	差异额
相关收入	78×1 000＝78 000	0	78 000
相关成本 其中：增量成本 　　　专属成本	75 000 70×1 000＝70 000 5 000	0	75 000
差别损益	3 000	0	3 000

根据上述分析，接受追加订货比拒绝订货会多获得 3 000 元的收益，因此应该选择接受订货。

本章小结

决策是指为实现特定的目标，根据目前的条件和对未来有关因素的预测、判断、分析，对未来行动做出的决定。

企业决策按照影响时间的长短，可以分为短期经营决策和长期投资决策。

短期经营决策主要包括生产决策、定价决策和存货决策。在进行决策分析时，必须分清哪些是决策分析的相关成本，哪些是无关成本。

生产决策主要是解决生产什么、生产多少和怎样生产的问题，包括新产品开发的决策、亏损产品是否停产或转产的决策、零部件自制或外购的决策、生产工艺选择的决策、产品组合的决策、产品加工程度的决策等内容。

定价决策主要是对产品定价以及调价等相关问题的决策。

存货决策主要是对经济订货量、订货点、最优生产批量等问题的决策。

技能训练

一、单项选择题

1. 在管理会计中，将决策划分为确定型决策、风险型决策和不确定型决策的分类标志是（　　）。

　　A. 决策的重要程度　　　　　　　　B. 决策条件的肯定程度
　　C. 决策规划时期的长短　　　　　　D. 决策解决的问题内容

2. 在经济决策中应由中选的最优方案负担的、按所放弃的次优方案潜在受益计算的那部分资源损失,就是所谓的( )。

　　A. 增量成本　　　　B. 机会成本　　　C. 专属成本　　　D. 沉没成本

3. 下列各项中,属于无关成本的是( )。

　　A. 沉没成本　　　　B. 增量成本　　　C. 机会成本　　　D. 专属成本

4. 在零部件自制或外购的决策中,如果零部件的需要量尚不确定,应当采用的决策方法是( )。

　　A. 相关损益分析法　　　　　　　　B. 差别损益分析法
　　C. 相关成本分析法　　　　　　　　D. 成本无差别点法

5. 在新产品开发的品种决策中,如果方案涉及追加专属成本,则下列方法中不宜采用的是( )。

　　A. 单位资源边际贡献分析法　　　　B. 边际贡献总额分析法
　　C. 差别损益分析法　　　　　　　　D. 相关损益分析法

6. 在管理会计的定价决策中,企业不接受特殊价格追加订货的原因是买方出价低于( )。

　　A. 正常价格　　　　　　　　　　　B. 单位产品成本
　　C. 单位变动生产成本　　　　　　　D. 单位固定成本

7. 在管理会计的定价决策中,利润无差别点法属于( )。

　　A. 以成本为导向的定价方法　　　　B. 以需求为导向的定价方法
　　C. 以特殊要求为导向的定价方法　　D. 定价策略

8. 已知:某企业尚有一定闲置设备台时,拟用于开发一种新产品,现有甲、乙两个品种可供选择。甲品种的单价为100元/件,单位变动成本为60元/件,单位产品台时消耗定额为2小时/件,此外,还需消耗A材料,其单耗定额为5千克/件;乙品种的单价为120元/件,单位变动成本为40元/件,单位产品台时消耗定额为8小时/件。A材料的单耗定额为4千克/件。假定A材料的供应不成问题。则该企业应开发( )。

　　A. 甲品种　　　　　　　　　　　　B. 乙品种
　　C. 无法判断　　　　　　　　　　　D. 甲品种与乙品种均不可开发

9. 在进行半成品是否进一步深加工决策时,应对半成品在加工后增加的收入和( )进行分析研究。

　　A. 进一步加工前的变动成本　　　　B. 进一步加工追加的成本
　　C. 进一步加工前的全部成本　　　　D. 加工前后的全部成本

10. 在固定成本不变的情况下,应该采取采购的策略是( )。

　　A. 自制单位变动成本小于外购价格　　B. 自制单位变动成本等于外购价格
　　C. 自制单位变动成本大于外购成本　　D. 自制单位产品成本大于外购成本

二、多项选择题

1. 按照决策条件的肯定程度,可将决策划分为( )。

　　A. 战略决策　　　B. 战术决策　　　C. 确定型决策
　　D. 风险型决策　　E. 不确定型决策

2. 在进行是否接受低价追加订货的决策中,如果发生了追加订货冲击正常任务的现象,就意味着(　　)。
　　A. 不可能完全利用其绝对剩余生产能力来组织追加订货的生产
　　B. 追加订货量大于正常订货量
　　C. 追加订货量大于绝对剩余生产能力
　　D. 因追加订货有特殊要求必须追加专属成本
　　E. 会因此而带来机会成本
3. 在剩余生产能力无法转移时，亏损产品不应停产的条件有(　　)。
　　A. 该亏损产品的变动成本率大于1
　　B. 该亏损产品的变动成本率小于1
　　C. 该亏损产品的边际贡献大于0
　　D. 该亏损产品的单位边际贡献大于0
　　E. 该亏损产品的边际贡献率大于0
4. 下列各项中，属于生产经营决策中相关成本的是(　　)。
　　A. 增量成本　　　　　　　　B. 机会成本
　　C. 专属成本　　　　　　　　D. 沉没成本
　　E. 不可避免成本

三、判断题

1. 在短期经营决策中，所有的固定成本或折旧费都属于沉没成本。　　(　　)
2. 在"是否接受低价追加订货的决策"中，如果追加订货量大于剩余生产能力，必然会出现与冲击正常生产任务相联系的机会成本。　　(　　)
3. 联合成本是由多个产品或部门共同负担的成本，因此属于相关成本，决策时应予以考虑。　　(　　)
4. 机会成本是一项实际支出，应登记入账。　　(　　)

四、业务题

1. 某企业在生产过程中对零件甲的年需要量不确定。企业可以选择外购或自制该零件：其中自制零件方案需增添专业设备两台，每台价值100 000元，使用期限5年，假定没有残值，采用直线法进行折旧，每年为40 000元，另外单位变动成本为58元，外购单价为60元。

要求：判断该企业应自制还是外购零件甲。

2. 某企业本年计划生产甲产品2 000台，销售单价为200元，单位变动成本为140元，现有一公司向企业发出订单，要求订货500台，订单报价为每台170元。

要求：对以下情况做出决策：

(1) 如果企业的最大生产能力为3 000台，剩余生产能力不能转移，且追加订货不需要追加专属成本。

(2) 如果企业的最大生产能力为2 200台，且追加订货不需要追加专属成本。

(3) 如果企业的最大生产能力为2 500台，但追加订货需要使用某专用设备，该设备的使用成本为2 000元，若不接受追加订货，则该部分生产能力可以出租，可得租金5 000元。

(4) 如果企业的最大生产能力为2 400台，追加订货需要追加3 000元的专属成本，若不接收追加订货,则该部分生产能力可以接收其他业务,预计边际贡献为 4 000 元。

3. 某企业现有生产能力为 40 000 机器工时,尚有 20% 的剩余生产能力,为充分利用生产能力,准备开发新产品,有甲、乙、丙新产品可以选择,资料见表 6-26。

表 6-26 产品资料

产品名称	甲	乙	丙
预计售价	100	60	30
预计单位变动成本	50	30	12
单件定额机时	40	20	10

要求:(1) 计算三种产品的单位工时边际贡献;

(2) 应优先生产哪种产品。

(3) 如果甲产品的年需求量为 600 件,乙产品的年需求量为 500 件,丙产品的年需求量为 200 件,为充分利用生产能力,该如何安排生产。

4. 已知:某企业生产常年需要的 B 部件以前一直从市场上采购,已知采购量在 5 000 件以下时,单价为 8 元/件;达到或超过 5 000 件时,单价为 7 元/件。如果追加投入 12 000 元专属成本,就可以自行制造该部件,预计单位变动成本为 5 元/件。

要求:用成本无差别点为企业做出自制或外购 B 部件的决策,并说明理由。

5. 某企业预计年生产 C 产品 10 000 件,工厂总成本为 450 000 元,其中直接原料 280 000 元,直接人工费 80 000 元,其他变动费用 40 000 元,固定费用 50 000 元,目标成本利润率 40%。

要求:按成本加成法确定产品价格,并确定生产 8 000 件和 12 000 件的价格。

第七章

长期投资决策

★ 案例导入

2009年，网易总裁丁磊宣布网易将进军养猪业。经过两年的筹备，网易养猪场在2011年3月正式落户浙江安吉县洛四房村。

从互联网到养猪，这个跨度掀起了巨大的轰动。为了推进这个项目，网易成立了以丁磊、毛山、周炯为核心的三人管理团队，被公司内部员工称为"养猪三人组"。

根据规划，网易计划投资3亿元，在两三年内建成占地1 200亩的现代养猪场，其中一期工程计划投资4 000万元打造猪舍，养殖规模在6 000~10 000头，并且从场所设计到喂养方式，全部采用世界顶级的高科技，不少人笑称，"这到底是养猪还是养猪八戒？"

两年多过去，网易猪肉却是"千呼万唤不出来"，吊足了外界的胃口。

2012年6月，网易表示消费者在2013年年底就可以吃上"丁氏猪肉"。但一年后，猪肉并未如期上市，同时，公司的法定代表人变更为倪金德。面对"网易养猪折戟"的质疑，网易表示"我们确实高估了自己，也高估了养猪中所面临的问题。农业对于网易真的是一个全新的领域，复杂的供应链管理的确也不是互联网公司的长项"。

到了2014年，网易食堂餐桌上终于出现了"丁氏猪肉"，2016年11月的乌镇世界互联网大会期间，"丁氏猪肉"成了互联网公司大佬们聚餐时的主要食材之一，而且颇受好评，杨元庆曾表示，"我可以证明，丁磊的猪肉确实好吃"。

2016年12月25日，网易黑猪开始在网易考拉上进行首次拍卖，最终整头猪的成交价格超过10万元，最高达到16万元。

从7年前，网易宣称要养猪，到2016年才正式开始售卖，你认为"丁氏猪肉"面临的机遇与困难有哪些？

★ 学习目标

- 了解长期投资的特征。

- 理解现金流量的概念及内容,并能熟练地计算现金净流量。
- 掌握各种投资决策指标的计算方法,以及长期决策分析的专门方法及具体应用。

★重点与难点

- 重点:掌握资金时间价值和现金流量的概念与计算,资金成本的概念,资金成本的意义,长期投资决策的评价指标。
- 难点:了解长期投资决策的动态评价指标的计算和长期投资决策的运用。

★职业技能

在工作中如果涉及长期投资决策,可以与其他生产管理、技术管理等部门配合,计算方案的现金流量,能够综合考虑行业盈利水平、风险等因素,设定合理的最低收益率,选择适合的评价方法评价投资方案的财务可行性。

第一节 长期投资决策概述

一、长期投资决策的概念和长期投资的特征

(一)长期投资决策的概念

长期投资是指投入资金量大,获取报酬的持续时间长,能在较长时间内影响企业经营获利能力的投资。与长期投资项目有关的决策,称为长期投资决策。广义的长期投资包括固定资产投资、无形资产投资和长期证券投资等内容。由于固定资产投资一般在长期投资中所占的比例较大,所以狭义的长期投资特指固定资产投资,本章主要介绍狭义的长期投资决策。

(二)长期投资的特征

1. 投资金额大

长期投资,特别是战略性扩大生产能力的投资金额一般都较大,往往是企业多年的资金积累。长期投资在企业总资产中占到很大比重。因此,长期投资对企业未来的财务状况和现金流量有着相当大的影响。

2. 影响时间长

长期投资的投资期和发挥作用的时间都较长,长期投资项目建成后对企业的经济效益会产生长久的效应,并可能对企业的前途有决定性的影响。

3. 变现能力差

长期投资项目的使用期长,而且一般不会在短期内变现,即使由于种种原因想在短期内变现,其变现能力也较差。长期投资项目一旦建成,想要改变是很困难的,虽然不是完全无法实现,但是都会付出巨大代价。

4. 投资风险大

长期投资项目的建设和使用期长，面临的不确定因素很多，如原材料供应情况、市场供求关系、技术进步速度、行业竞争程度、通货膨胀水平等都会影响投资的效果，所以长期投资面临较高的投资风险。

长期投资不仅需要投入较多的资金，而且对企业经营的影响时间长，投入的资金和投资所得收益都要经历较长的时间才能回收。在进行长期投资决策时，一方面要对各方案的现金流入量和现金流出量进行预测，正确估算出每年的现金净流量；另一方面要考虑资金的时间价值，还要计算出为取得长期投资所需付出的资金，即资金成本。因此，现金净流量、资金时间价值和资金成本是影响长期投资决策的重要因素。

二、长期投资的分类

（一）按其对象分类

按其投资对象的不同可分为项目投资、证券投资和其他投资三种类型。

项目投资是一种以特定项目为对象，直接与固定资产的购建项目或更新改造项目有关的投资行为；换而言之，它是以形成或改善企业生产能力为最终目的的，至少涉及一个固定资产项目的投资。

证券投资是企业通过让渡资金的使用权而取得某种有价证券，以收取信息、使用费或股利等形式取得收益而使得资金增值或获得对特定资源、市场及其他企业控制权为目的的一种投资行为，它包括债券投资、股票投资和其他金融衍生品投资。

其他投资是指除项目投资和证券投资以外的投资，如联营投资等。

按其对象分类是企业投资最基本的分类。

（二）按其动机分类

按其动机可分为诱导式投资和主动式投资两种类型。

诱导式投资是指由于投资环境条件的改变、科技的进步、政治条件形式的变革，而从生产本身激发出来的投资；主动式投资则是指完全由企业家本人主观决定的投资，该投资受到投资者个人的偏好、对风险的态度及其灵活性的影响。

（三）按其影响的范围分类

按其影响的范围可分为战术型投资与战略型投资两种类型。

战术型投资一般是指不会改变企业经营方向，只限于局部条件的改善且影响范围较小的投资；战略型投资通常是指能够改变企业经营方向，对企业全局产生重大影响的投资。

（四）按其与再生产类型的联系分类

按其与再生产类型的联系可分为合理型投资和发展型投资两种类型。

合理型投资是指与简单再生产相联系，为维持原有产品的生产经营而必须进行的投资，如设备的日常维修和一般更新等；发展型投资是指为扩大再生产所需进行的投资，如新增固定资产、扩建厂房、建造设备等。

（五）按其直接目标的层次分类

按其直接目标的层次可分为单一目标投资和复合目标投资两种类型。

单一目标投资包括单纯以增加收入为目标的投资和以节约开支为目标的投资两种类型；复合目标投资的奋斗目标不唯一，按照多个目标之间的关系不同又分为主次目标分明型的投资和多目标并列型的投资。

三、长期投资决策的意义

企业的各级决策者经常要面临与资本投资相关的重大决策。在面临投资决策时，必须在不同方案之间做出某些选择。

长期投资决策是指决策者根据国民经济及社会发展规划和国家的经济建设方针、政策，考虑项目有关的各种信息，按照国家规定的建设程序，采用科学分析的方法，对投资项目进行技术经济分析和综合评价，选择项目建设的最优方案的过程。投资决策是项目建设前期工作所要解决的重要问题，又是项目建设前期工作的重要成果。因此，每项投资建设都必须做好投资决策。

投资项目自身的建设是一个宏大的系统工程，其特点是规模庞大，结构复杂，投入的人、财、物多，具有广博性、多结构性、长期性和综合性，因而导致投资决策活动参变量多、决策过程复杂、决策后果影响重大。不仅如此，由于每一个建设项目的目标和建设条件都不相同，每一个投资项目决策都是单一的、不重复的决策，所以投资决策在管理决策分类中属于非程序化决策。而非程序化决策要求项目内部条件与外部环境保持动态平衡，这又大大增加了投资决策的难度。因此，投资决策不是简单地对项目建设方案做出一种选择和判断，而必须拥有自己完整的理论基础和方法体系，并建立一套严格的决策制度和决策程序，从而对项目建设问题做出科学的分析和判断。

投资决策正确与否对项目建设的成败和经济效益起着决定性作用，并直接关系到企业未来的发展方向、发展速度和获利的可能性。同时，投资决策的意义不仅仅在于一个项目本身的得失，它还对整个国家（部门、地区）的经济建设也会产生较大影响。特别是重大项目决策的正确与否，对整个基本建设，乃至国民经济的影响都有举足轻重的作用。

投资决策需进行经济、技术和财务等方面的可行性分析，本书主要分析财务的可行性。

四、长期投资决策的相关概念

（一）长期投资的对象

前面已经讲到，管理会计的长期投资对象是固定资产投资项目，以下简称项目，长期投资又可称为项目投资。项目投资可分为以新增生产能力为主的新建项目和以恢复与改善生产能力为主的更新改造项目两种，新建项目按其是否涉及流动资产投资，又分为单纯固定资产投资项目和完整工业投资项目两种，单纯固定资产投资项目不涉及流动资金的投入，而完整工业投资项目不仅包括固定资金投资，还包括流动资产投资、无形资产投资，甚至包括其他长期资产项目的投资。

（二）项目计算期

项目计算期是指投资项目从投资建设开始到最终清理结束整个过程的全部时间，即该项目的有效持续时间，通常以年为单位。

完整的项目计算期包括建设期和生产经营期两部分，建设期是指从项目资金投入开始到项目建成投产为止所需要的全部时间。建设期的第一年年初成为建设起点，建设期最后一年的年末称为投产日。在实际工作中，建设期不足一年的，可按建设期为零计算。生产经营期是指投产日到项目最终报废这段时间，项目最终报废转入清理的时间被称为终结点，通常可以用固定资产的寿命周期作为生产经营期。建设起点记作第 0 年，投产日记作第 s 年，项目终结点记作第 n 年，建设期可用 s 表示，$s \geq 0$，生产经营期可用 p 表示。

项目计算期、建设期和生产经营期之间有以下关系，即：

$$项目计算期（n）= 建设期 + 生产经营期 = s + p$$

（三）长期投资主体

企业的长期投资所需要的资金量很大，通常需要进行多渠道筹资，资金来源有借入资金和投资者投入资金。因此，站在不同的资金来源立场上，评价项目时的角度可能就有所不同，需要区分债权人、股东对项目成败的不同要求。债权人关注的是资金的安全，股东关注项目对所有者权益最大化的影响，如果站在国家角度来进行国民经济评价，投资决策考虑的因素和标准又会有所不同。从项目投资的具体投资行为的发出者角度来看，投资行为的直接发出者是企业本身，企业作为投资者会关心全部资金的回收情况，本书以企业为长期投资主体。

以企业而不是以企业投资者或债权人为主体进行决策，意味着不考虑资金来源，不区分自有资金还是借入资金，除了在计算项目总投资和固定资产原始价值时要计算建设期资本化利息外，不考虑利息支出。

第二节　投资决策影响因素

长期投资决策与短期经营决策的基本原则相同，都是选择成本最小而收益最大的方案，但在长期投资决策的成本、收益的计算不是仅仅涉及一年而是涉及很多年，因而长期投资决策涉及的问题更复杂，考虑的因素更多，具体主要考虑两个因素：资金时间价值、现金流量。

一、资金时间价值

1624 年，当时的北美印第安人以 24 美元的价格出售了曼哈顿岛，现在看来简直是"岂有此理"的价钱。大家都知道纽约的曼哈顿岛是寸土寸金的地方，著名的华尔街就在曼哈顿岛上。

这 24 美元的价钱是太低了吗？我们来换个角度看，如果当时的北美印第安人的酋长把这一笔"小钱"按 6% 的年利投资，利滚利，到现在为止，这笔钱值 1 000 亿美元，可以将纽约市的大部分土地买下来。但是对于生活在 1624 年的北美印第安人的酋长来说，当时的那笔钱现在值 1 000 亿美元对他有什么意义呢？1624 年的 24 美元与现在的 1 000 亿美元又怎么比较呢？

如何比较现在和将来的价值，即今天的 1 元在将来值多少元，或将来的 1 元现在值多少元，可以按利率作为基础计算。

（一）资金时间价值的概念

资金时间价值是投资决策必须考虑的客观经济范畴，其所揭示的是在一定时空条件下，运动中的货币具有增值性的规律。也就是说，资金时间价值是指作为资本的资金在使用过程中随时间的推移而带来的增值部分。

资金时间价值揭示了一定量资金在不同时点上具有不同的价值量。一笔资金如果用储存手段保存起来，在不存在通货膨胀因素的条件下，经过一段时间后，作为同名资金，其价值不会有什么改变。如果考虑通货膨胀因素，其价值还会贬值。但同样一笔资金如果作为社会再生产过程中的资本来运用，经过一段时间后，就会带来利润，从而使其增值。例如，你是现在愿意收到 100 元还是愿意一年后收到 100 元，显然绝大多数人都愿意现在收到 100 元。这是因为：第一，如果现在收到钱，现在就可以用来购买商品而无须等到一年后；第二，如果现在收到钱没有合适的商品需要购买，那么可以利用现在收到的 100 元以一定的利率，如 10% 的利率进行投资，则一年后可以得到 110 元。用专业的语言来描述这种现象即资金具有时间价值，这种由于投资而放弃现在使用资金的机会所得到的按放弃时间长短计算的报酬，其实质就是资金周转利用后会产生增值。一定量资金周转利用的时间越长，其产生的增值额也越大。

放弃现在使用一定量资金的机会，而按一定量的资金、一定的利率和放弃时间长短计算的报酬就是资金时间价值。由于长期投资的投资额大，投资收益回收时间长，因此为了正确评价长期投资各备选方案，必须考虑资金时间价值。货币资本在时间上的增值性可以看作是其自身的一种固有属性。

在利润平均化规律的作用影响下，资金时间价值的一般表现形式就是在没有风险与通货膨胀条件下社会平均的资金利润率。由于资金时间价值的计算方法与利息的计算方法相同，因此很容易将资金时间价值与利息率相混淆。实际上，投资活动或多或少存在风险，市场经济条件下通货膨胀也是客观存在的。利息率既包含时间价值，也包含风险价值和通货膨胀的因素。只有在通货膨胀率很低的情况下，方可将几乎没有风险的短期政府债券的利息率视同资金时间价值。

由于资金具有时间价值，在进行长期投资决策时，不能直接比较发生在不同时点的现金流量，需要将这些不同时点的现金流量转换到同一时点。这就是资金时间价值需要考虑的核心问题。

（二）资金时间价值的计算

在资金时间价值的计算中，为了表示方便，采用以下符号：P 表示本金，又称现值；F 表示本金和利息之和（简称本利和），又称终值；I 表示利息；i 表示年利率，又称折现率或贴现率；n 表示计算利息的期数。

利息的计算有两种不同的方法，一种称为单利制，另一种称为复利制。按单利制计算，各期的利息均以最初的本金为计息基础求得，所以各期的利息是固定不变的。按复利制计算，各期的利息是以上期的本利和（本金和利息之和）为计息基础求得，也就是不仅要计算本金的利息,还要计算利息的利息,所以各期的利息是递增的。

1. 单利计息和复利计息

单利计息是指只按本金计算利息,而利息部分不再计息的一种计息方式。单利计息情况下利息的计算公式为:

$$I = P \cdot i \cdot n$$

单利计息情况下本利和(终值)的计算公式为:

$$F = P + P \cdot i \cdot n = P \cdot (1 + i \cdot n)$$

【例7-1】 某人在银行存入100 000元,年利率为6%,采用单利计息。

要求:分别计算第一、第二和第三年年末的应计利息和本利和。

解:$I_1 = 100\,000 \times 6\% \times 1 = 6000$(元) $F_1 = 100\,000 \times (1 + 6\% \times 1) = 106\,000$(元)

$I_2 = 100\,000 \times 6\% \times 2 = 12\,000$(元) $F_2 = 100\,000 \times (1 + 6\% \times 2) = 112\,000$(元)

$I_3 = 100\,000 \times 6\% \times 3 = 18\,000$(元) $F_3 = 100\,000 \times (1 + 6\% \times 3) = 118\,000$(元)

复利计息是指本金加上已产生的利息再计算下一期利息的计息方法,即所谓"利上滚利",即:

第一年年末本利和(终值)$F_1 = P + P \cdot i = P \cdot (1 + i)$

第二年年末本利和(终值)$F_2 = P \cdot (1 + i) \cdot (1 + i) = P \cdot (1 + i)^2$

第三年年末本利和(终值)$F_3 = P \cdot (1 + i)^2 \cdot (1 + i) = P \cdot (1 + i)^3$

……

第 $n-1$ 年年末本利和(终值)$F_{n-1} = P \cdot (1 + i)^{n-1}$

第 n 年年末本利和(终值) $F_n = P \cdot (1 + i)^n$

所以,在复利计息情况下本利和(终值)的计算公式为:

$$F = P \cdot (1 + i)^n$$

在复利计息情况下,利息的计算公式为:

$$I = F - P = P \cdot [(1 + i)^n - 1]$$

【例7-2】 某人在银行存入100 000元,年利率为6%,采用复利计息。

要求:分别计算第一、第二和第三年年末的应计利息和本利和。

解:$F_1 = 100\,000\,(1 + 6\%) = 106\,000$(元) $I_1 = 106\,000 - 100\,000 = 6\,000$(元)

$F_2 = 100\,000\,(1 + 6\%)^2 = 112\,360$(元) $I_2 = 112\,360 - 100\,000 = 12\,360$(元)

$F_3 = 100\,000\,(1 + 6\%)^3 = 119\,102$(元) $I_3 = 119\,102 - 100\,000 = 19\,102$(元)

在第一个计息期,单利和复利计算的利息相同,但在第二个及以后各个计息期,两者利息就不同了,复利计算的利息一定大于单利计算的利息,而且计息期越长,差异越大。

依例7-1、例7-2,参见表7-1,本金100 000元,年利率为6%,计息期为五年的情况。

表7-1 利息计算表 单位:元

年数	单利			复利		
	年初本金	年末利息	年末本利和	年初本金	年末利息	年末本利和
1	100 000	6 000	106 000	100 000	6 000	106 000
2	100 000	12 000	112 000	106 000	6 360	112 360

续表

年数	单利			复利		
	年初本金	年末利息	年末本利和	年初本金	年末利息	年末本利和
3	100 000	18 000	118 000	112 360	6 742	119 102
4	100 000	24 000	124 000	119 102	7 146	126 248
5	100 000	30 000	130 000	126 248	7 575	133 823

在上面的计算公式中利率 i 和期数 n 一定要相互对应，如 i 为年利率时，n 应为年份数；i 为月利率时，n 应为月份数，以此类推。

比较单利和复利，可知复利计算充分体现了资金时间价值，所以，在进行投资决策时，一般均采用复利计算。以下的介绍，也都以复利计算为前提。

2. 复利的终值与现值

（1）复利终值的计算。终值又称将来值，是指现在一定量的资金在未来某一时点上的价值，也称本利和。已知现值 P，利率为 i，n 期后的复利终值的计算公式为：

$$F = P \cdot (1+i)^n$$

式中，$(1+i)^n$ 通常称为利率为 i、期数为 n 的"1 元复利终值系数"，用符号 $(F/P, i, n)$ 表示，其数值可以直接查阅书后附表 1 复利终值系数表。例如，查表得到 $(F/P, 8\%, 5) = 1.469\ 3$，说明在复利计息的条件下，年利率为 8%，现在的 1 元相当于 5 年后的 1.469 3 元。

于是复利终值的计算公式又可表示为：

$$F = P \cdot (1+i)^n = P \cdot (F/P, i, n)$$

【例 7-3】 某公司将 10 000 元存入银行，银行年利率为 8%，每年复利一次。要求：计算该公司 5 年后可取出的本利和。

解：$10\ 000 \times (F/P, 8\%, 5) = 10\ 000 \times 1.469\ 3 = 14\ 693$（元）

从以上计算可知，该公司 5 年后从银行可取出本利和为 14 693 元。

（2）复利现值的计算。复利现值是指未来某一时点上的一笔资金按复利计算的现在价值。复利现值是复利终值的逆运算，其计算公式为：

$$P = F \cdot (1+i)^{-n}$$

式中，$(1+i)^{-n}$ 通常称为利率为 i、期数为 n 的"1 元复利现值系数"，用符号 $(P/F, i, n)$ 表示，其数值可以直接查阅书后附表 2 复利现值系数表。例如，查表得到 $(P/F, 8\%, 5) = 0.680\ 6$，说明在复利计息的条件下，年利率为 8%，5 年后的 1 元仅相当于现在的 0.680 6 元。

于是复利现值的计算公式又可表示为：

$$P = F \cdot (P/F, i, n)$$

【例 7-4】 某公司准备在 5 年以后用 20 000 元用于发放特殊贡献人员的奖励，银行年利率为 8%，每年复利一次。

要求：计算该公司现在需一次存入银行多少元？

解：$P = 20\ 000 \times (P/F, 8\%, 5) = 20\ 000 \times 0.680\ 6 = 13\ 612$（元）

公司只要现在存入 13 612 元，5 年后可取出本利和 20 000 元。

从上述计算可知，现值是未来某一时点的特定金额按复利计算的现在价值。计算现值的意义恰好与计算终值的意义相反。计算终值是已知现在投资金额、利率及时期，从而测算投资的将来值（终值）；而计算现值则是已知将来值（终值）、利率及时期，来测算现在需投资的金额。

求现值，即把未来金额折算为现值的过程，称为折现。现值与折现利率 i 和折现的时间 n 有密切联系，折现利率越高，折算的现值就越小，折现的时间越长，折算的现值就越小。折现利率称为折现率，有时也通称为利率。在投资决策中，现值概念的应用较终值概念更为广泛。

3. 年金的终值与现值

年金是指一定时期内，以相同的时间间隔连续发生的等额收付款项，以 A 表示。年金在现实生活中应用广泛，如定期支付的租金、折旧费、保险费、利息、分期付款、零存整取或整存零取的储蓄等。

年金有许多不同的种类，如普通年金、预付年金、递延年金和永续年金等。普通年金是指每笔等额收付款项都发生在期末，又称后付年金。普通年金是实际中最为常用的年金，所以以后凡涉及年金问题若不做特殊说明均指普通年金。

（1）普通年金终值的计算。普通年金终值是指一定时期内每期期末等额款项的复利终值之和。例如，企业每年年末存入资金 A，年利率为 i，每年复利一次，则 n 年后的普通年金终值如图 7-1 所示。

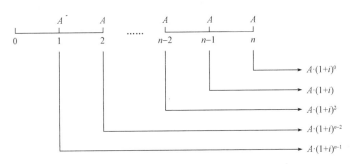

图 7-1　普通年金终值计算示意图

第一年年末的 A 折算到第 n 年年末的终值为 $A \cdot (1+i)^{n-1}$

第二年年末的 A 折算到第 n 年年末的终值为 $A \cdot (1+i)^{n-2}$

……

第 $n-2$ 年年末 A 折算到第 n 年年末的终值为 $A \cdot (1+i)^2$

第 $n-1$ 年年末 A 折算到第 n 年年末的终值为 $A \cdot (1+i)$

第 n 年年末 A 折算到第 n 年年末的终值为 $A \cdot (1+i)^0$

可得年金终值的计算公式为：

$$F = A \cdot (1+i)^{n-1} + A \cdot (1+i)^{n-2} + \cdots + A \cdot (1+i)^2 + A \cdot (1+i) + A(1+i)^0 \quad ①$$

将①式两边同乘以 $(1+i)$，得：

$$(1+i)\cdot F = A\cdot(1+i)^n + A\cdot(1+i)^{n-1} + \cdots + A\cdot(1+i)^3 + A\cdot(1+i)^2 + A\cdot(1+i) \quad ②$$

将②式 - ①式得：

$$i\cdot F = A\cdot[(1+i)^n - 1]$$

整理，得：

$$F = A\cdot\frac{(1+i)^n - 1}{i}$$

式中，$\frac{(1+i)^n - 1}{i}$ 通常称为利率为 i、期数为 n 的"1元年金终值系数"，用符号（$F/A, i, n$）表示，其数值可以直接查阅书后附表 3 年金终值系数表。

于是年金终值的计算公式又可表示为：

$$F = A\cdot\frac{(1+i)^n - 1}{i} = A\cdot(F/A, i, n)$$

【例 7-5】 每年年末存入 100 元，若利率为 10%，计算 5 年后可获得的本利和。

解：5 年后获得的本利和见表 7-2。

表 7-2 5 年后可获得的本利和

存款日	本金（年金）	存款期	期末本利和
第一年年末	100	4 年	100×(1+10%)⁴ = 146.41
第二年年末	100	3 年	100×(1+10%)³ = 133.10
第三年年末	100	2 年	100×(1+10%)² = 121.00
第四年年末	100	1 年	100×(1+10%) = 110.00
第五年年末	100	0 年	100×(1+10%)⁰ = 100.00
合计	500		610.51

$$F = 100\times(F/A, 10\%, 5)$$
$$= 100\times6.105 = 610.50（元）$$

从以上计算可知，5 年后从银行可取出本利和为 610.50 元。

（2）年偿债基金的计算。偿债基金是指为了在未来某一时点偿还一定的金额而提前在每年年末存入相等的金额的资金。它是年金终值的逆运算，也属于已知整取求零存的问题，即由已知的年金终值 F，求年金 A。其计算公式为：

$$A = F\cdot\frac{i}{(1+i)^n - 1}$$

式中，$\frac{i}{(1+i)^n - 1}$ 称为利率为 i、期数为 n 的"偿债基金系数"，记为（$A/F, i, n$），其数值可通过查偿债基金系数表得到，一般可根据年金终值系数的倒数推算出来。所以上式也可表示为：

$$A = F\cdot(A/F, i, n) = F\cdot[1/(F/A, i, n)]$$

【例 7-6】 某企业有一笔 500 万元的长期债务，在第五年年末到期。企业准备在 5 年内每年年末存入银行一笔资金，以便在第五年年末偿还这笔长期债务，假定银行利率为 5%。

要求：计算企业每年年末应存入银行多少元。

解：$A = 500 \times (A/F, 5\%, 5) = 500 \times [1/(F/A, 5\%, 5)] = 500 \times (1/5.5256)$
$= 90.4879$（万元）

企业每年年末应存入银行 90.4879 万元。

（3）普通年金现值的计算。普通年金现值是指一定时期内每期期末等额款项的复利现值之和。例如，企业每年年末存入资金 A，年利率为 i，则该企业 n 年内的年金现值如图 7-2 所示。

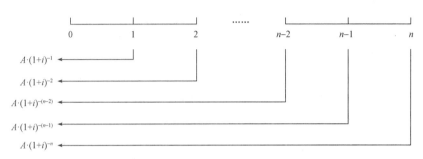

图 7-2 普通年金现值计算示意图

第一年年末的 A 折算到第一年年初的现值为 $A \cdot (1+i)^{-1}$

第二年年末的 A 折算到第一年年初的现值为 $A \cdot (1+i)^{-2}$

……

第 $(n-2)$ 年年末的 A 折算到第一年年末初的现值为 $A \cdot (1+i)^{-(n-2)}$

第 $(n-1)$ 年年末的 A 折算到第一年年初的现值为 $A \cdot (1+i)^{-(n-1)}$

第 n 年年末的 A 折算到第一年年初的现值为 $A \cdot (1+i)^{-n}$

可得年金现值的计算公式为：

$$P = A \cdot (1+i)^{-1} + A \cdot (1+i)^{-2} + \cdots + A \cdot (1+i)^{-(n-2)} + A \cdot (1+i)^{-(n-1)} + A \cdot (1+i)^{-n}$$

③

将③式两边同乘以 $(1+i)$，得：

$$(1+i) \cdot P = A + A \cdot (1+i)^{-1} + \cdots + A \cdot (1+i)^{-(n-3)} A \cdot (1+i)^{-(n-2)} + A \cdot (1+i)^{-(n-1)}$$

④

将④式 - ③式，得：

$$P = A \cdot \frac{1-(1+i)^{-n}}{i}$$

式中，$\frac{1-(1+i)^{-n}}{i}$ 称为利率为 i、期数为 n 的"1元年金现值系数"，记作 $(P/A, i, n)$，其数值可以直接查阅书后附表 4 年金现值系数表。

于是年金现值的计算公式又可表示为：

$$P = A \cdot \frac{1-(1+i)^{-n}}{i} = A \cdot (P/A, i, n)$$

【例 7-7】 每年年末能收到 100 元，一共可收 5 年，若以 10% 的利率计算，各期的现值及其合计数可计算如下。

解：各期的现值及其合计数见表7-3。

表7-3 各期的现值及其合计数

收款日	本金（年金）	贴现期	现值系数	现值
第一年末	100	1年	$(1+10\%)^{-1}=0.9091$	$100\times(1+10\%)^{-1}=90.91$
第二年末	100	2年	$(1+10\%)^{-2}=0.8264$	$100\times(1+10\%)^{-2}=82.64$
第三年末	100	3年	$(1+10\%)^{-3}=0.7513$	$100\times(1+10\%)^{-3}=75.13$
第四年末	100	4年	$(1+10\%)^{-4}=0.6830$	$100\times(1+10\%)^{-4}=68.30$
第五年末	100	5年	$(1+10\%)^{-5}=0.6209$	$100\times(1+10\%)^{-5}=62.09$
合计	500		3.7907	379.07

也就是说，虽然总共收到500元，但各期收入均以现在时点的价值来衡量，就只有379.07元。

$P=100\times(P/A,10\%,5)=100\times3.791=379.07$（元）

现在应当存入款项的金额为379.07元。

（4）年资本回收额的计算。年资本回收额是指在一定时期内，等额回收初始投入资本或清偿所欠债务的金额。它是年金现值的逆运算，也属于已知整存求零取的问题。即由已知年金现值P，求年金A。其计算公式为：

$$A=P\cdot\frac{i}{1-(1+i)^{-n}}$$

式中，$\frac{i}{1-(1+i)^{-n}}$，称为利率为i、期数为n的"资本回收系数"，记作$(A/P,i,n)$，其数值可通过查资本回收系数表得到，一般可根据年金现值系数的倒数推算出来。所以上式也可表示为：

$$A=P\cdot(A/P,i,n)=P\cdot[1/(P/A,i,n)]$$

【例7-8】 某企业准备投资50万元建造一条生产流水线，预计使用寿命为10年，若企业期望的资金收益率为10%。

要求：计算该企业每年年末至少要从这条流水线获得多少收益，方案才是可行的。

解：$A=50\times(A/P,10\%,10)=50\times[1/(P/A,10\%,10)]$
$=50\times(1/6.1446)=8.1372$（万元）

该企业每年年末至少要从这条流水线获得收益8.1372万元，方案才是可行的。

4. 预付年金的终值和现值

预付年金又称先付年金或即付年金，是指从第一期起，每期期初等额发生的系列收付款项，它与普通年金的区别仅在于收付款的时点不同，普通年金和预付年金的对比如图7-3所示。

从图7-3可见，n期的预付年金与n期的普通年金，它们的收付款次数是一样的，只是

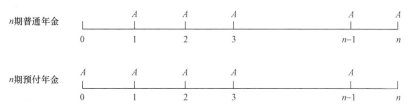

图7-3 普通年金和预付年金对比

收付款时点不一样。如果计算年金终值，预付年金要比普通年金多计一期的利息；如果计算年金现值，则预付年金要比普通年金少折现一期，因此，只要在普通年金的现值、终值的基础上，再乘以（1+i）便可计算出预付年金的终值与现值。

（1）预付年金的终值。预付年金终值的计算公式为：

$$F = A \cdot (F/A, i, n) \cdot (1+i)$$

即

$$F = A \cdot \frac{(1+i)^n - 1}{i} \cdot (1+i) = A \cdot \left[\frac{(1+i)^{n+1} - 1}{i} - 1 \right]$$

式中，$\left[\frac{(1+i)^{n+1} - 1}{i} - 1 \right]$ 称"预付年金终值系数"，记作 $[(F/A, i, n+1) - 1]$，它是在普通年金终值系数的基础上，期数加1，系数减1所得的结果。上式预付年金终值的计算公式也可表示为：

$$F = A \cdot [(F/A, i, n+1) - 1]$$

【例7-9】 某人连续6年每年年初存入银行1 000元，年利率为6%。

要求：计算第六年年末可获得的本利和。

解：$F = 1\,000 \times (F/A, 6\%, 6) \times (1+6\%) = 1\,000 \times 6.975\,3 \times 1.06 = 7\,393.82$（元）

或 $F = 1\,000 \times [(F/A, 6\%, 6+1) - 1] = 1\,000 \times (8.393\,8 - 1) = 7\,393.80$（元）

用不同方法计算的结果的微小差异是系数表保留位数有限所引起的。

（2）预付年金的现值。预付年金的现值的计算公式为：

$$P = A \cdot (P/A, i, n) \cdot (1+i)$$

即

$$P = A \cdot \frac{1 - (1+i)^{-n}}{i} \cdot (1+i) = A \cdot \left[\frac{1 - (1+i)^{-(n-1)}}{i} + 1 \right]$$

式中，$\left[\frac{1 - (1+i)^{-(n-1)}}{i} + 1 \right]$ 称"预付年金现值系数"，记作 $[(P/A, i, n-1) + 1]$，它是在普通年金现值系数的基础上，期数减1，系数加1所得的结果。预付年金现值的计算公式也可表示为：

$$P = A \cdot [(P/A, i, n-1) + 1]$$

【例7-10】 某人连续6年在每年年初存入银行1 000元，年利率为6%。

要求：计算相当于在第一年年初存入多少元。

解：$P = 1\,000 \times (P/A, 6\%, 6) \times (1+6\%) = 1\,000 \times 4.917\,3 \times 1.06 = 5\,212.34$

（元）

或 $P = 1\,000 \times [(P/A, 6\%, 6-1) + 1] = 1\,000 \times (4.2124 + 1) = 5\,212.40$（元）

5. 递延年金的终值和现值

递延年金是指第一次收付款发生时间不在第一期期末，而是在第二期或第二期以后才开始发生的等额系列收付款项。它是普通年金的特殊形式。普通年金与递延年金的区别如图7-4所示。

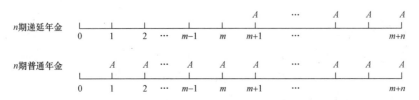

图7-4 普通年金与递延年金对比

从图7-4中可知，递延年金与普通年金相比，尽管期数一样，都是 $m+n$ 期，但普通年金在 $m+n$ 期内，每个期末都要发生等额收付款。而递延年金在 $m+n$ 期内，前 m 期无等额收付款项发生，称为递延期，只在后 n 期才发生等额收付款。

（1）递延年金的终值。递延年金终值的大小，与递延期无关，只与收付期有关，它的计算方法与普通年金终值相同，即

$$F = A \cdot (F/A, i, n)$$

【例7-11】 某企业于年初投资一项目，预计从第四年开始至第八年，每年年末可获得投资收益30万元，按年利率8%。

要求：计算该投资项目年收益的终值。

解：$F = 30 \cdot (F/A, 8\%, 5) = 30 \times 5.8666 = 175.998$（万元）

（2）递延年金的现值。递延年金现值的计算方法有三种。

计算方法一：把递延年金视为 n 期的普通年金，先求出在递延期期末的现值，再将此现值折现到第一期期初。其计算公式为：

$$P = A \cdot (P/A, i, n) \cdot (P/F, i, m)$$

计算方法二：先计算 $m+n$ 期的普通年金的现值，再扣除实际并未发生递延期（m 期）的普通年金现值，即可求得递延年金现值。其计算公式为：

$$P = A \cdot [(P/A, i, m+n) - (P/A, i, m)]$$

计算方法三：先计算递延年金的终值，再将其折算到第一年年初，即可求得递延年金的现值。其计算公式为：

$$P = A \cdot (F/A, i, n) \cdot (P/F, i, m+n)$$

【例7-12】 现在存入银行一笔款项，如果从第4年年末起，5年中每年年末从银行取出10 000元，利率为10%，复利核算条件下，现在应当存入的款项为：

$P = 10\,000 \times [(P/A, 10\%, 8) - (P/A, 10\%, 3)]$
$= 10\,000 \times (5.335 - 2.487) = 28\,480.00$（元）

或：

$$P = 10\,000 \times (P/A, 10\%, 5) \times (P/F, 10\%, 3)$$
$$= 10\,000 \times 3.791 \times 0.751 = 28\,470.41 \text{（元）}$$

或

$$P = 10\,000 \times (F/A, 10\%, 5) \times (P/F, 10\%, 8)$$
$$= 10\,000 \times 6.1051 \times 0.4665 = 28\,480.29 \text{（元）}$$

6. 永续年金的现值

永续年金是指无限期等额收付的年金。在经济生活中，并不存在无限期的年金，但可将持续期较长的年金视同永续年金。由于假设永续年金没有终止的时间，因此不存在终值，只存在现值。永续年金的现值计算公式可由普通年金现值公式推导得出：

$$P = A \cdot \frac{1-(1+i)^{-n}}{i}$$

当 $n \to \infty$，$(1+i)^{-n} \to 0$，因此，永续年金现值的计算公式为：$P = A/i$。

【例7-13】 市场上出售一种优先股股票，每年可支付股息100 000元，若银行年利率为5%。

要求：计算该股票的投资价值。

解：$P = A/i = 100\,000/5\% = 2\,000\,000$（元）

该股票的投资价值为2 000 000元，高于此价格则不应该投资。

（三）名义利率和实际利率

在实际工作中，复利的计息期不一定是一年，可能是半年、季度或月份。当利息在一年内复利次数超过一次时，给出的年利率称为名义利率，实际得到的利息要比名义利率计算的利息高。

实际利率与名义利率的关系可用下面公式表示：

$$i = (1 + r/m)^m - 1$$

式中　i——实际利率；

r——名义利率；

m——每年复利次数。

根据实际利率与名义利率之间的关系可知：按实际利率每年复利一次计算得到的利息与按名义利率每年复利若干次计算得到的利息是相等的。对于一年内复利多次的情况，可采取两种方法计算资金时间价值。

【例7-14】 某人于年初存入银行10 000元，年利率为6%，半年复利一次。

要求：计算第五年年末能得到的本利和。

解：方法一：根据题意，$P = 10\,000$，$r = 6\%$，$m = 2$，$n = 5$

因此，实际利率 $i = (1+r/m)^m - 1 = (1+6\%/2)^2 - 1 = 6.09\%$

$F = P \cdot (1+i)^n = 10\,000 \times (1+6.09\%)^5 = 13\,439.16$（元）

方法二：不计算实际利率，而是相应调整复利终值计算公式中的相关指标，即利率调整为 r/m，期数调整为 $m \cdot n$。本例中利率为 $6\%/2 = 3\%$（半年利率），期数为 $2 \times 5 = 10$ 期（10个半年）。

$F = P \cdot (1+r/m)^{m \cdot n} = 10\,000 \times (1+6\%/2)^{2 \times 5} = 10\,000 \times (1+3\%)^{10} = 10\,000 \times (F/P, 3\%, 10) = 10\,000 \times 1.3439 = 13\,439$（元）

二、现金流量

（一）现金流量的概念

在长期投资决策中，现金流量是指投资项目在其有效期内发生的各项现金流入与现金流出的统称。现金流量以收付实现制为基础，以反映广义现金运动为内容，是计算长期投资决策主要经济评价指标的基础。

长期投资决策是对一个投资项目的各种方案的投资支出和投资后的收入进行对比分析，以选择投资效果最佳的方案。以现金的实际流入和流出作为计算投资效益的基础，主要有以下几个优点：第一，减少了决策风险。现金收入是实在的，而未收到现金的收益，往往具有较大的风险。特别是当投资支出及回收过程历时较长时，若不是以实际的现金流入作为收入，则容易过高地估计项目的投资收益。第二，避免了人为因素的影响。在权责发生制下，企业利润的计算在很大程度上受管理人员的主观决定的影响，如折旧计算方法、存货计价方法选择等，都会影响收益的计算。因此，以利润来评价投资效益会影响评价结果的准确性。而现金流量是以现金的实际收支为计算基础的，这样就使投资效益的计算有一个客观的基础。第三，使决策时考虑资金时间价值成为可能。只有以现金的实际流入和流出作为计算投资效益的基础，才能正确地计算不同时点的货币所具有的价值，从而做出正确的投资决策。

企业能真正用来再投资的是现金，而不是账面上记载的利润。相对于利润而言，现金流量有很多不同。

1. 各个时期的现金流量与利润在数额上并不相同

利润是按照权责发生制原则计算出来的。计算利润所使用的收入并不等于实际的现金收入数额（这与会计上收入确认的标准有关），计算利润所使用的成本并不等于确实的现金支出数额。因为成本计量时发生的费用分摊、折旧计提等并不需要支出现金。因此，以账面上"虚"计的利润作为未来投资的保证是很不现实的。

2. 现金流量与具体的时点相联系，可以据此计算资金时间价值，而利润则不然

科学的投资决策需要考虑资金时间价值，为此，需要确认投资项目在有效期内各项收入和支出发生的时间，唯有不同时期的现金流量才与各自的收付时点相联系。而利润由于是按权责发生制计算的，计算各个时期的利润时并不考虑是否实际收到或付出现金。例如，购置固定资产时付出的大量现金不计入成本，因而不影响利润；将固定资产价值以折旧的形式逐期记入成本时影响利润，但并不需要付出现金；计算利润时也不考虑垫支流动资金的数量和时间；在确认销售收入实现时，并不一定能于当期全部收到现金，而是有一部分形成应收账款；投资项目寿命终了时以现金形式回收的固定资产残值和垫付的流动资金，在利润计算中并未反映。上述各种现金收入和支出额都是投资项目主要的现金流量，它们在计算利润时却未能得到很好的反映。可见，在投资决策分析中只有用现金流量（而不是利润）才能很好地考虑资金时间价值，借以正确地评价投资项目的优劣。

3. 现金流量具有客观性、可比性，利润指标透明度较差

在计算利润和贯彻权责发生制时，必然会遇到各种各样的存货计价、成本分摊、折旧计提、费用摊配等方法。显然，不同的决策者会选用不同的方法，不同的会计处理方法会导致不同的利润。因此，利润指标具有相关性差、透明度不高的缺陷。而现金流量的取得是和投

资项目的进行并驾齐驱的，采用现金流量评估投资项目，可以回避利润的缺陷，使不同的投资项目具有可比性。

（二）现金流量的具体内容

一个投资项目的现金流量，包括现金流入量和现金流出量。导致现金流入量增加的有资本、负债的增加及非现金资产的减少，导致现金流出量增加的有资本、负债的减少和非现金资产的增加。现金流入用 CI_t 表示，现金流出用 CO_t 表示，t 表示第 t 年。现金流量其主要包括以下几方面：

1. 初始现金流量

初始现金流量是指在项目建设期发生的现金流量，此期间的现金流量是由投资活动产生的，多为现金流出量。

（1）建设投资（含更新改造投资），指建设期内按一定生产经营规模和建设内容进行的固定资产、无形资产和开办费等项投资的总和。其具体包括以下几种：

①固定资产投资包括房屋、建筑物的造价，设备的买价，或建造成本、关税、运输费和安装成本等。

②无形资产投资是指用于取得专利权、专有技术、商标权等无形资产而产生的投资。

③开办费投资是指在项目筹建期间所发生的，但不能划归固定资产和无形资产的那部分投资。

建设投资是建设期间发生的主要现金流出量。其中，固定资产投资可能与计算折旧的固定资产投资原值之间存在差异，原因在于固定资产原值可能包括建设期内资本化了的借款利息。两者的关系如下：

$$固定资产原值 = 固定资产投资 + 建设期资本化借款利息$$

值得注意的是，对企业而言既可以现金进行投资，也可以实物或无形资产进行投资。当用非现金资产进行投资时，应以其重置成本而不是历史成本确认其投资额。

（2）垫支流动资金指项目投产前后分次或一次投放于流动资产项目的投资额。这种投资既可以发生在建设期内，又可能发生在经营期内，而不像建设投资大多集中在建设期发生。对于更新改造项目而言，一般不涉及追加投入流动资产，其原始投资额仅包括建设投资。

建设投资与垫支流动资金之和称为项目的原始总投资。原始总投资无论是一次投入还是分次投入，均假设它们是在建设期内投入的，经营期间不再有新的投资发生，各年垫支流动资产投资额的合计应等于在终结点一次回收的流动资产，流动资金投资均发生于建设期末，经营期不发生流动资金追加投入或提前收回的情况。

（3）投资的机会成本是指由于某些原有固定资产（如土地）用于此项投资而不能出售或做他用，因而失去的收入。此类投资虽未付出现金，但减少了现金收入，故决策分析时视同现金付出。

（4）原有固定资产的变价收入。在固定资产更新改造投资中旧固定资产转入清理，就会产生此项收入。这是建设期中唯一的现金流入项目。

2. 营业现金流量

营业现金流量是指项目投产以后，在整个运营期内，由于正常生产经营而带来的现金流量。此类现金流量应按年计算。其具体包括以下几方面：

（1）营业收入。营业收入指项目投产后每年实现的全部销售收入或业务收入。在按总价法核算现金折扣和销售折扣时，营业收入指不包括折扣与折让的净额。一般纳税人企业在确定营业收入时，应按不含增值税的净价计算。此外，作为经营期现金流入项目，应当按当期现销收入与回收以前年度应收账款的合计数确认。但为简化计算，可假定正常经营年度内每期发生的赊销额与回收的应收账款大体相等，所以营业收入额就是全部现金流入。它是构成经营期内现金流入量的主要内容。

（2）经营成本。经营成本又可称为付现成本或付现营运成本。它是生产经营期间最主要的现金流出量项目，是指项目投产后在生产经营过程中发生的各项用现金支付的成本费用。它与融资方案无关，不考虑财务费用。

某年经营成本 = 该年的外购原材料、燃料和动力 + 该年的工资福利 + 该年的修理费 + 该年的其他费用

或：某年经营成本 = 该年的总成本费用（不含财务费用） − 该年折旧额 − 无形资产、开办费摊销额

因为折旧额、摊销额等并非各年的现金流出内容，这些项目大多与固定资产、无形资产和开办费用等长期资产的价值转移有关，不需要动用现实的货币资金支出。也可以简单理解为，变动成本基本都是付现成本，固定成本除掉折旧与各项摊销以后也都是付现成本。

经营成本的节约相当于现金流入，但为了统一现金流量的计算口径，仍然以负值作为现金流出项目。

（3）各项税款。各项税款指项目投产后依法缴纳的单独列示的各项税款，包括各项营业税金及附加和企业所得税等。一般纳税人在价外费用核算的增值税不包括在此项目中。

需要注意的是，如果投资主体是企业，应把企业所得税列入现金流出量项目；如果在投资主体是国家等情况下，就可以不把企业所得税列入现金流出量项目。

（4）其他现金流出。其他现金流出指不包括在以上内容中的现金流出项目，如营业外净支出等。

3. 终结点现金流量

终结点现金流量指项目运营期末，计算期最后一年的现金流量。这一年由于在终结点之前项目仍在运行，其现金流量与运营期基本相同，唯独多了在终结点设备报废时回收的固定资产残值和回收的垫支流动资金，通常把二者合称为回收额。

（三）现金净流量的计算

现金净流量是指投资项目在整个计算期（包括建设期和经营期）内现金流入量和现金流出量的差额，记为 NCF_t。

为了便于理解和简化现金净流量的计算，通常假设现金净流量是以年为时间单位发生的，并发生于某时点，主要是每年的年初或年末。例如，建设投资在建设期内有关年度的年初发生，垫支流动资金在建设期的最后一年年末即经营期的第一年年初发生；经营期内各年的营业收入、付现成本、折旧摊销、利润、所得税等项目均在年末发生；固定资产残值回收和流动资金回收均发生在经营期最后一年年末。

现金净流量的计算公式为：

年现金净流量（NCF_t）= 年现金流入量（CI_t）− 年现金流出量（CO_t）

由于现金流入、流出在项目计算期内的不同阶段上的内容不同,使得各阶段上的现金净流量表现出不同的特点:如在建设期内,现金净流量一般小于或等于零;在经营期内,现金净流量则多为正值。

长期投资决策中的现金净流量,从时间特征上看包括三个组成部分:初始现金净流量、营业现金净流量和终结现金净流量。

1. 不考虑所得税情况下的现金净流量计算

(1) 初始现金净流量的计算。初始现金净流量是指在建设期投资时产生的现金净流量,即某年现金净流量 = - 该年原始投资额。

如建设期不为零时,现金净流量的发生取决于投资额的投入方式是一次投入还是分次投入。

(2) 营业现金净流量的计算。营业现金净流量是指投资项目投产后,在经营期内由于生产经营活动而产生的现金净流量,即

某年营业现金净流量 = 营业收入 - 付现成本 = (营业收入 - 不含财务费用的总成本) + 折旧 + 摊销 = 息税前利润 + (折旧 + 摊销)

注:本章以后提到总成本均不包括财务费用。

(3) 终结现金净流量的计算。终结现金净流量是指投资项目终结时即经营期最后一年年年末所产生的现金净流量,即

该年现金净流量 = 该年营业现金净流量 + 回收额

【例 7-15】 假定 HM 公司拟进行一项目投资,其预计的有关资料如下:

(1) 该项目建设期两年,分别于第一年年初和第二年年初各投资 500 万元建造固定资产,第二年年末(投产前)再投入流动资金 100 万元(该项投资属于垫支,项目结束时全部收回)。

(2) 预计项目投产后经营六年,期满残值 16 万元,每年按直线法折旧。

(3) 投产后第一年产品销售收入为 300 万元,以后五年均为 600 万元,假定第一年的付现成本为 80 万元,以后五年均为 160 万元。

要求:计算项目计算期内各年的净现金流量。

解:项目计算期为八年,

$NCF_0 = -500$(万元)

$NCF_1 = -500$(万元)

$NCF_2 = -100$(万元)

$NCF_3 = 300 - 80 = 220$(万元)

$NCF_{4\sim7} = 600 - 160 = 440$(万元)

$NCF_8 = 440 + 100 + 16 = 556$(万元)

【例 7-16】 某项目预计固定资产投资 5 000 万元,流动资金 1 000 万元,项目当年建成投产,预计项目寿命期为 5 年。项目寿命期各年产品的销售收入为 3 000 万元、3 100 万元、3 200 万元、3 300 万元、3 400 万元,年经营成本均为 640 万元,年销售税金为 60 万元、61 万元、62 万元、63 万元、64 万元。固定资产投资全部形成固定资产原值,采用直线法折旧,折旧年限为 5 年,净残值率为 4%,所得税税率为 25%。

要求：计算项目的现金流量。

解：年折旧额 $= \dfrac{固定资产原始成本 - 预计净残值}{折旧年限} = \dfrac{5\,000 - 5\,000 \times 4\%}{5} = 960$（万元）

各年总成本费用 = 经营成本 + 折旧 = 640 + 960 = 1 600（万元）

年息税前利润 = 销售收入 - 总成本费用 - 销售税金，其中：

第一年息税前利润 = 3 000 - 1 600 - 60 = 1 340（万元）
第二年息税前利润 = 3 100 - 1 600 - 61 = 1 439（万元）
第三年息税前利润 = 3 200 - 1 600 - 62 = 1 538（万元）
第四年息税前利润 = 3 300 - 1 600 - 63 = 1 637（万元）
第五年息税前利润 = 3 400 - 1 600 - 64 = 1 736（万元）

现金流量计算表，见表7-4。

表7-4 现金流量计算表 单位：万元

序号	年份	0	1	2	3	4	5
1	现金流入		3 000	3 100	3 200	3 300	4 600
1.1	销售收入		3 000	3 100	3 200	3 300	3 400
1.2	固定资产余值回收						200
1.3	流动资金回收						1 000
2	现金流出	6 000	700	701	702	703	704
2.1	固定资产投资	5 000					
2.2	流动资金	1 000					
2.3	经营成本		640	640	640	640	640
2.4	销售税金		60	61	62	63	64
3	净现金流量	-6 000	2 300	2 399	2 498	2 597	2 696

2. 考虑所得税情况下的现金净流量计算

对企业来说所得税是一种现金流出，如果投资主体是企业，可以在考虑所得税情况下计算年现金净流量。

（1）新建项目。所得税对初始现金净流量的影响，即

①初始现金净流量的计算。

某年现金净流量 = - 该年原始投资额

②营业现金净流量的计算。

在考虑所得税因素之后，经营期的营业现金净流量可按下列方法计算：

某年营业现金净流量 = 息税前利润 +（折旧 + 摊销）- 所得税额
　　　　　　　　　　 = 税后利润 +（折旧 + 摊销）
　　　　　　　　　　 =（营业收入 - 不含财务费用的总成本）×（1 - 所得税税率）+（折旧 + 摊销）

③终结现金净流量的计算。终结现金净流量可按下列方法计算：

该年现金净流量 = 该年营业现金净流量 + 回收额

(2) 更新改造项目。固定资产更新是对技术上或经济上不宜继续使用的旧资产，用新的资产更换，或用先进的技术对原有设备进行局部改造。在进行这类固定资产投资决策时，通常要计算的是使用新设备会增加多少现金净流量。此类项目一般假定新增固定资产投资均在建议期内（不含建设期末）投入，也不增加流动资金投资。

由于旧固定资产提前报废会产生损失（收益）从而抵减所得税（增加所得税），应被视为现金流出的减少（增加）。由于所得税是年末计缴，所以建设期为零时，所得税的抵减发生在经营期第一年的年末，建设期大于零时，发生在建设期第一年的年末。

建设期为大于等于一年时，

建设起点的 $NCF_0 = -$（该年发生的新固定资产投资 - 旧固定资产变价收入）

经营期第一年净现金流量 $NCF_1 =$ 该年因营业利润增加而增加的息税前利润 × (1 - 所得税率) + 该年因更新改造而增加的折旧额 ± 因固定资产提前报废发生净损失（收益）而抵减（缴纳）的所得税额

经营期其他各年净现金流量 = 该年因营业利润增加而增加的息税前利润 × (1 - 所得税率) + 该年因更新改造而增加的折旧额 + 该年回收新固定资产净残值超过继续使用的旧固定资产净残值的差额

注：

(1) 因旧固定资产提前报废发生净损失（收益）而抵减（缴纳）的所得税额 = 旧固定资产清理净损失（收益）× 适用的企业所得税税率。

(2) 旧设备的年折旧不是按其原账面价值确定的，而是按更新改造当时旧设备的变价净收入扣除假定可继续使用若干年后的预计净残值，再除以预计可继续使用年限计算出来的：旧设备的年折旧 = （旧设备的变价净收入 - 旧设备预计净残值）/尚可使用年限。

(3) 为了简化计算，假定新旧设备的残值相同，新设备寿命与旧设备尚可使用年限相同。折旧可以简化计算：因更新改造而增加的折旧额 = （新设备的投资 - 旧设备的变价净收入）/尚可使用年限。

【例 7-17】 仍依【例 7-15】，该公司所得税税率为 25%，其他条件均不变。

要求：计算该投资项目各年的现金净流量。

解：年折旧额 = (1 000 - 16)/6 = 164（万元）

$NCF_0 = -500$（万元）

$NCF_1 = -500$（万元）

$NCF_2 = -100$（万元）

$NCF_3 = [300 - (80 + 164)] × (1 - 25\%) + 164 = 206$（万元）

$NCF_{4\sim7} = [600 - (160 + 164)] × (1 - 25\%) + 164 = 371$（万元）

$NCF_8 = 371 + 100 + 16 = 487$（万元）

【例 7-18】 仍依【例 7-16】，该公司所得税税率为 25%，其他条件均不变。

要求：计算该投资项目各年的现金净流量。

解：第一年所得税 = 1 340 × 25% = 335（万元）

第二年所得税 = 1 439 × 25% = 359.75（万元）

第三年所得税 = 1 538 × 25% = 384.5（万元）

第四年所得税 = 1 637 × 25% = 409.25（万元）

第五年所得税 = 1 736 × 25% = 434（万元）

现金净流量结果见表7-5。

表7-5 现金净流量表　　　　　　　　　　　　　　　　单位：万元

序号	年份	0	1	2	3	4	5
1	现金流入		3 000	3 100	3 200	3 300	4 600
1.1	销售收入		3 000	3 100	3 200	3 300	3 400
1.2	固定资产余值回收						200
1.3	流动资金回收						1 000
2	现金流出	6 000	1 035	1 060.75	1 086.5	1 112.25	1 138
2.1	固定资产投资	5 000					
2.2	流动资金	1 000					
2.3	经营成本		640	640	640	640	640
2.4	销售税金		60	61	62	63	64
2.5	所得税		335	359.75	384.5	409.25	434
3	净现金流量	-6 000	1 965	2 039.25	2 113.5	2 187.75	3 462

【例7-19】 GL公司准备购置一套设备，该设备需投资额220 000元，购入当年即可投入使用，使用寿命期是5年，5年后有设备残值20 000元，设备的折旧采用直线法。在未来5年中每年的销售收入是150 000元，而在设备的使用过程中，随着设备的陈旧，每年的付现成本是逐年增长的，在未来5年中每年的付现成本分别是60 000元、65 000元、70 000元、75 000元和80 000元。另外，还需要垫支流动资金60 000元。所得税税率为25%。要求：计算现金净流量。

解：

新设备每年折旧额 =（220 000 - 20 000）/5 = 40 000（元）

利润计算见表7-6。

表7-6 利润计算表　　　　　　　　　　　　　　　　单位：元

年度	1	2	3	4	5
销售收入	150 000	150 000	150 000	150 000	150 000
付现成本	60 000	65 000	70 000	75 000	80 000
折旧	40 000	40 000	40 000	40 000	40 000
税前利润	50 000	45 000	40 000	35 000	30 000
所得税	12 500	11 250	10 000	8 750	7 500
税后利润	37 500	33 750	30 000	26 250	22 500

$NCF_0 = -220\ 000 - 60\ 000 = -280\ 000$（元）

$NCF_1 = 37\ 500 + 40\ 000 = 77\ 500$（元）

$NCF_2 = 33\ 750 + 40\ 000 = 73\ 750$（元）

$NCF_3 = 30\ 000 + 40\ 000 = 70\ 000$（元）

$NCF_4 = 26\ 250 + 40\ 000 = 66\ 250$（元）

$NCF_5 = 22\ 500 + 40\ 000 + 60\ 000 = 122\ 500$（元）

【例 7-20】 尚德钢厂打算变卖一套尚可使用 5 年的旧设备，另购置一套新设备来替换旧设备。取得新设备的投资额为 180 000 元，旧设备的折余价值为 95 000 元，其变价净收入为 80 000 元，到第 5 年末新设备与继续使用旧设备届时的预计净残值相等。新旧设备的替换将在当年内完成（即更新设备的建设期为零）。使用新设备可使企业在第 1 年增加营业收入50 000 元，增加经营成本 25 000 元；第 2～5 年内每年增加营业收入 60 000 元，增加经营成本 30 000 元。设备采用直线法计提折旧。适用的企业所得税税率为 25%。

要求：估算该更新设备项目的项目计算期内各年的差量净现金流量（ΔNCF_t）。

解：

依题意计算以下相关指标：

更新设备比继续使用旧设备增加的投资额 = 新设备的投资 - 旧设备的变价净收入
$$= 180\ 000 - 80\ 000 = 100\ 000\ （元）$$

运营期第 1～5 每年因更新改造而增加的折旧 = 100 000/5 = 20 000（元）

运营期第 1 年不包括财务费用的总成本费用的变动额 = 该年增加的经营成本 + 该年增加的折旧 = 25 000 + 20 000 = 45 000（元）

运营期第 2～5 年每年不包括财务费用的总成本费用的变动额 = 30 000 + 20 000 = 50 000（元）

因旧设备提前报废发生的处理固定资产净损失为：

旧固定资产折余价值 - 变价净收入 = 95 000 - 80 000 = 15 000（元）

因旧固定资产提前报废发生净损失而抵减的所得税额 = 15 000 × 25% = 3 750（元）

运营期第 1 年息税前利润的变动额 = 50 000 - 45 000 = 5 000（元）

运营期第 2～5 年每年息税前利润的变动额 = 60 000 - 50 000 = 10 000（元）

息税前利润 = 营业收入 - 不含财务费用的总成本费用 - 营业税金及附加

建设期差量净现金流量为：

$\Delta NCF_0 = -(180\ 000 - 80\ 000) = -100\ 000$（元）

运营期差量净现金流量为：

$\Delta NCF_1 = 5\ 000 \times (1 - 25\%) + 20\ 000 + 3\ 750 = 27\ 500$（元）

$\Delta NCF_{2\sim 5} = 10\ 000 \times (1 - 25\%) + 20\ 000 = 27\ 500$（元）

在实际工作中，现金流量计算估计的工作量相当大，而且要求工作十分细致，需要许多部门共同协作完成。销售收入的估计要以销售价格和市场的预测为前提，主要应由销售部门来完成；投资方案的资本支出，涉及研制费用、设备购置、厂房建筑等，需要产品开发和技术部门负责，而经营成本与费用的计算要涉及材料和商品的价格预测，涉及工资水平、社会经济发展状况等诸方面，需要生产与财务部门共同来完成。另外，财务部门还需要为所有的预测建立共同的假设条件，如物价水平、可利用资源的限制条件等，协调参与预测工作的各个部门人员，使之能相互衔接与配合，以防止预测者因个人偏好或部门利益而高估或低估收入和成本。当然，不同投资项目现金流量估计所涉及的范围和复杂程度并不完全一样，但基本的原理和步骤是一致的。通常投资项目的规模越大，投资所涉及的范围越广，现金流量的计算也就越复杂。

第三节 长期投资决策评价指标

长期投资决策的评价指标可以分成两大类：一类是静态评价指标，也称非贴现指标，这类指标不考虑资金时间价值，主要包括总投资收益率、静态投资回收期等；另一类是动态评价指标，也称贴现指标，这类指标考虑资金时间价值，主要包括净现值、净现值率、现值指数、内含报酬率等。

一、静态评价指标

（一）总投资收益率

总投资收益率又称投资利润率，是指投资方案的年息税前利润或年平均息税前利润额与投资总额的比率，记为 ROI。总投资收益率的计算公式为：

$$总投资收益率 = \frac{年息税前利润或年平均息税前利润}{项目总投资} \times 100\%$$

其中，分母项目总投资是项目原始总投资加上建设期资本化利息。

总投资收益率从会计收益角度反映投资项目的获利能力，即投资一年能给企业带来的平均利润是多少。总投资收益率是相对指标，利用总投资收益率进行投资决策时，若单一方案，将方案的总投资收益率与预先确定的基准总投资收益率（或企业要求的最低总投资收益率）进行比较，若方案的总投资收益率大于或等于基准总投资收益率时，方案可行；若方案的总投资收益率小于基准总投资收益率时，方案不可行。若是多方案选择，以高于最低总投资收益率最多者作为优先选择。一般来说，总投资收益率越高，表明投资效益越好；总投资收益率越低，表明投资效益越差。

【例 7-21】 尚德钢厂有甲、乙两个下属企业，现有一个投资方案，需要选择是由甲厂还是乙厂进行运营。该方案原始投资总额为 290 万元，全部为借入资金，年利率 5%，其中 200 万元用于购置固定资产，另外 90 万元用于购置流动资产，固定资产按直线法折旧，建设期一年，运营期为四年，残值为 10 万元，该企业要求的最低总投资收益率为 7%，该投资项目投给甲厂和乙厂的利润情况见表 7-7。

表 7-7 甲、乙两厂净利润　　　　　　　　　　　单位：万元

时间	甲厂净利润	乙厂净利润
第一年	40	35
第二年	40	38
第三年	40	40
第四年	40	43
合计	160	156

要求：计算甲、乙两厂的总投资收益率，并判断投资项目应落户哪个厂。

解： 建设期资本化利息 = 200 × 5% = 10（万元）

项目总投资 = 290 + 10 = 300（万元）

建设期资本化利息均为 10 万元，项目总投资均为 300 万元。

甲厂年平均利润 = (40 + 40 + 40 + 40) ÷ 4 = 40（万元）

乙厂年平均利润 = (35 + 38 + 40 + 43) ÷ 4 = 39（万元）

甲厂的总投资收益率 = 40 ÷ 300 × 100% = 13.33%

乙厂的总投资收益率 = 39 ÷ 300 × 100% = 13%

从计算结果可以看出，甲、乙两厂的总投资收益率均大于基准总投资收益率7%，投资给哪个厂均为可行方案，但甲厂的总投资收益率比乙厂的总投资收益率高出0.33%，故应将项目落户于甲厂。

总投资收益率的优点主要是计算简单，易于理解。其缺点主要是：①没有考虑资金时间价值；②没有直接利用现金净流量信息；③计算公式的分子是时期指标，分母是时点指标，缺乏可比性。基于这些缺点，总投资收益率不宜作为投资决策的主要指标，一般只作为投资方案评价的辅助指标。

（二）静态投资回收期

静态投资回收期是指以投资项目营业现金净流量抵偿原始总投资所需要的全部时间。静态投资回收期分为包含建设期（通常以年来表示，记为 PP）和不包含建设期（通常以年来表示，记为 PP'）两种，二者的关系是 PP = 建设期 + PP'。一般来说，投资回收期越短，表明该投资方案的投资效果越好，则该项投资在未来时期所承担的风险越小。投资回收期的计算，在各年的营业现金净流量相等与不相等的条件下有所不同。

如果一项长期投资决策方案满足以下特殊条件，即经营期前若干年（假设为 m 年）每年营业现金净流量相等，且有以下关系存在：

m × 经营期前 m 年每年的 NCF > 原始投资总额

则可按以下简化公式直接计算投资回收期：

回收期（PP'） = 原始投资总额 ÷ 每年相等的 NCF

如果经营期各年的 NCF 不符合上述条件，则可通过列表计算累计现金净流量的方法来确定回收期。一般而言，投资者总希望尽快地收回投资，因而投资回收期越短越好。运用此法进行决策时，应将方案的投资回收期与期望投资回收期相比。

投资方案回收期 < 期望投资回收期，则接受投资方案；

投资方案回收期 > 期望投资回收期，则拒绝投资方案。

期望的投资回收期一般可以设定为方案计算期或运营期的一半，则有：

PP > 方案计算期的一半

PP' > 方案运营期的一半

（1）经营期前 m 年现金净流量相等，且 m × 经营期前 m 年每年的 NCF > 原始投资总额。其计算公式为：静态投资回收期 = 原始总投资 / 年现金净流量。

【例7-22】 根据【例7-21】资料。

要求：计算甲厂的静态投资回收期。

解： 甲厂年折旧 = $\frac{290-10}{4}$ = 70（万元）

甲厂年现金净流量 = 40 + 70 = 110（万元）

甲厂静态投资回收期 = $\frac{290}{110}$ ≈ 2.64（年）

按照这种方法计算出来的回收期是不含建设期的，计算甲厂含建设期的回收期应为：

$$2.64 + 1 = 3.64（年）$$

（2）经营期年现金净流量不符合上述条件。在这种情况下，经营期各年现金净流量不相等，或虽然经营期前若干期现金净流量相等，但在此期间的现金净流量之和不足以抵偿全部投资，需计算逐年累计的现金净流量，然后计算出投资回收期。

【例7-23】 根据【例7-21】资料。

要求：计算乙厂的投资回收期。

解： 列表计算现金净流量和累计现金净流量，见表7-8。

乙厂年折旧 = $\frac{290-10}{4}$ = 70（万元）

表7-8 现金净流量和累计现金净流量计算表

计算期	乙厂		
	净利润	现金净流量（NCF）	累计现金净流量
0	0	-290	-290
1	0	0	-290
2	35	105	-185
3	38	108	-78
4	40	110	32
5	43	113	145

从表7-8可得出，乙厂第三年年末累计现金净流量为-78万元，第四年年末累计现金净流量为32万元，静态投资回收期在第三年与第四年之间，回收期可用下式计算：

乙厂的静态投资回收期 = 累计现金净流量最后一次出现负值的年份 + $\frac{当年尚未收回投资额}{下一年的现金净流量}$

$$= 3 + 78 \div 110 = 3.71（年）$$

采用这种方式计算的回收期是包含建设期的，其不含建设期的回收期为：

$$3.71 - 1 = 2.71（年）$$

如果比较两个厂的回收期，【例7-22】中甲厂的静态投资回收期小于乙厂的静态投资回收期，但如果设定的期望投资回收期为方案计算期或运营期的一半（5/2或4/2），就会发现投资项目投到哪个厂都是不可行的。

静态投资回收期的主要优点是概念易懂，计算简便，并可促使企业尽快回收投资，减少风险。其缺点主要是：①没有考虑资金时间价值；②仅考虑了回收期以前的现金流量，没有考虑回收期以后的现金流量，而有些长期投资项目在中后期才能得到较为丰厚的收益，投资回收期不能反映其整体的营利性。正因为其存在明显的缺陷,所以静态投资回收期只作为辅助性的决策方法使用,一般应用于项目的初选评估。

二、动态评价指标

(一)净现值

净现值是指在项目计算期内,按行业基准收益率或投资者设定的贴现率计算的各年现金净流量现值的代数和,记为NPV。净现值的基本计算公式为:

$$NPV = \sum_{t=0}^{n}（第t年的现金净流量 \times 第t年的复利现值系数）$$

$$= \sum_{t=0}^{n} \frac{NCF_t}{(1+i)^t} = \sum_{t=0}^{n} NCF \cdot (P/F, i, t)$$

式中 n——项目计算期(包括建设期与经营期);

NCF_t——第t年的现金净流量;

i——行业基准收益率或投资者设定的贴现率;

$(P/F, i, t)$——第t年、贴现率为i的复利现值系数。

显然,净现值也可理解为投资方案的现金流入量总现值减去现金流出量总现值的差额,即:

净现值 = 未来报酬总现值 - 原始总投资额现值

净现值的经济意义是把各期现金净流量都统一在与原始投资额的投入时间相一致的时点上,从而使运营期现金净流量同原始投资额具有可比性。

当净现值大于等于零时,未来报酬总现值大于原始总投资额现值,说明方案可行;当净现值小于零时,未来报酬总现值小于原始总投资额现值,说明方案不可行,净现值越大,方案越好。

下面就几种不同的现金净流量情况,介绍一下具体的计算方法。

1. 一般情况

在任何情况下,净现值都可以按基本公式计算。

【例7-24】 现有一投资项目,原始总投资为1 000万元,无建设期,运营期4年,运营期各年现金净流量分别为400万元、500万元、600万元、700万元,假定行业基准收益率为10%,计算其净现值。

解:$NPV = 400 \times (P/F, 10\%, 1) + 500 \times (P/F, 10\%, 2) + 600 \times (P/F, 10\%, 3) + 700 \times (P/F, 10\%, 4) - 1\ 000 = 400 \times 0.909\ 1 + 500 \times 0.826\ 4 + 600 \times 0.751\ 3 + 700 \times 0.683\ 0 - 1\ 000 = 750.72$(万元)

【例7-25】 YN矿业公司准备引进先进设备与技术,有关资料如下:

(1)设备总价700万元,第一年年初支付400万元,第二年年初支付300万元。该设备第二年年初投入生产,使用期限为6年,预计净残值40万元,按直线法折旧。

(2)预计技术转让费共360万元,采用分期付款方式付款,第一、第二年年初各支付150万元,其余的在第三年年初付清。

(3)预计经营期第一年税后利润为100万元,第二年税后利润为150万元,第三年税后利润为 180 万元，第四年、第五年、第六年税后利润均为 200 万元。

（4）经营期初投入流动资金 200 万元。

要求：按 12% 的贴现率计算该项目的净现值，并做出评价。

解：该项目的现金净流量计算见表 7-9。

表 7-9 现金净流量计算表   单位：万元

年序	0	1	2	3	4	5	6	7
购买设备	-400	-300						
无形资产投资	-150	-150	-60					
流动资产投资		-200						
税后利润			100	150	180	200	200	200
折旧			110	110	110	110	110	110
无形资产摊销			60	60	60	60	60	60
残值回收								40
流动资产回收								200
现金净流量（NCF）	-550	-650	210	320	350	370	370	610
折现率（12%）	1	0.892 9	0.792 9	0.711 8	0.635 5	0.567 4	0.506 6	0.452 3

$NPV = -550 + (-650) \times 0.892\ 9 + 210 \times 0.792\ 9 + 320 \times 0.711\ 8 + 350 \times 0.635\ 5 + 370 \times 0.567\ 4 + 370 \times 0.506\ 6 + 610 \times 0.452\ 3 = 159.608$（万元）

该项目的净现值大于零，方案可行。

2. 特殊情况

现金流量表现为年金时，可根据具体情况采用以下简化公式：

（1）项目无建设期，运营期年现金净流量相等。在这种情况下，净现值的计算公式为：

净现值 = -原始总投资 + 经营期每年相等的现金净流量 × 年金现值系数

【例 7-26】 现有一投资项目，原始总投资为 1 000 万元，无建设期，运营期 4 年，运营期年现金净流量均为 400 万元，假定行业基准收益率为 10%，计算其净现值。

解：$NPV = -1\ 000 + 400 \times (P/A, 10\%, 4) = -1\ 000 + 400 \times 3.169\ 9 = 267.96$（万元）

（2）项目有建设期，全部投资均于建设起点一次投入，运营期年现金净流量相等。在这种情况下，净现值的计算公式为：

净现值 = -原始总投资 + 经营期每年相等的现金净流量 × 按运营期计算年金现值系数 × 按建设期计算复利现值系数

= -原始总投资 + 经营期每年相等的现金净流量 ×（按寿命期计算年金现值系数 - 按建设期计算年金现值系数）

【例 7-27】 现有一投资项目，原始总投资为 1 000 万元，建设期 1 年，全部投资均于建设起点一次投入，运营期 4 年，运营期年现金净流量均为 400 万元，假定行业基准收益率为 10%。

要求：计算其净现值。

解：$NPV = -1\,000 + 400 \times (P/A, 10\%, 4) \times (P/F, 10\%, 1) = -1\,000 + 400 \times 3.169\,9 \times 0.909\,1 = 152.7$（万元）

或 $= -1\,000 + 400 \times [(P/A, 10\%, 5) - (P/A, 10\%, 1)] = -1\,000 + 400 \times (3.790\,8 - 0.909\,1) = 152.68$（万元）

【例7-28】 依【例7-21】、【例7-22】、【例7-23】。

要求：计算甲、乙两厂的净现值。

甲厂 $NPV = -280 + 110 \times (P/A, 6\%, 4) \times (P/F, 6\%, 1) = -280 + 110 \times 3.465\,1 \times 0.943\,4 = 79.59$（万元）

乙厂 $NPV = -280 + 105 \times (P/F, 6\%, 2) + 108 \times (P/F, 6\%, 3) + 110 \times (P/F, 6\%, 4) + 113 \times (P/F, 6\%, 5) = -280 + 105 \times 0.89 + 108 \times 0.839\,6 + 110 \times 0.792\,1 + 113 \times 0.747\,3 = 75.7$（万元）

（3）项目有建设期，全部投资于建设期分次投入，运营期年现金净流量相等。在这种情况下，净现值的计算公式为：

净现值 = -原始总投资现值 + 经营期每年相等的现金净流量 × 按运营期计算年金现值系数 × 按建设期计算复利现值系数

或 = -原始总投资现值 + 经营期每年相等的现金净流量 × （按寿命期计算年金现值系数 - 按建设期计算年金现值系数）

【例7-29】 现有一投资项目，原始总投资为1 000万元，建设期1年，投资额于年初年末各投入500万元，运营期4年，运营期年现金净流量均为400万元，假定行业基准收益率为10%。

要求：计算其净现值。

解：$NPV = -500 - 500 \times (P/F, 10\%, 1) + 400 \times (P/A, 10\%, 4) \times (P/F, 10\%, 1)$

$= -500 - 500 \times 0.909\,1 + 400 \times 3.169\,9 \times 0.909\,1 = 198.15$（万元）

或 $= -500 - 500 \times (P/F, 10\%, 1) + 400 \times [(P/A, 10\%, 5) - (P/A, 10\%, 1)]$

$= -500 - 500 \times 0.909\,1 + 400 \times (3.790\,8 - 0.909\,1) = 198.13$（万元）

使用净现值指标进行投资方案评价时，贴现率的选择相当重要，因为贴现率的选择会直接影响投资方案评价的正确性，它的确定通常需要考虑行业特点、资金时间价值和风险报酬率。

净现值是长期投资决策评价指标中最重要的指标之一。其优点在于：①充分考虑了资金时间价值，能较合理地反映投资项目的真正经济价值；②考虑了项目计算期的全部现金净流量，体现了流动性与收益性的统一；③考虑了投资风险性，贴现率选择应与风险大小有关，风险越大，贴现率就可选得越高。但是该指标的缺点也是很明显的：①净现值是一个绝对值指标，无法直接反映投资项目的实际投资收益率水平；②当各项目投资额不同时，难以确定投资方案的好坏；③贴现率的选择比较困难，没有一个统一标准。

（二）净现值率

净现值率是指投资项目的净现值与原始总投资现值之和的比率，记为NPVR，净现值率的基本计算公式为：

$$净现值率 = \frac{净现值}{原始总投资现值之和} = \frac{NPV}{\left| \sum_{t=0}^{s} [NCF(1+i)^{-t}] \right|}$$

【例 7-30】 根据【例 7-29】计算净现值的数据。

要求：计算方案的净现值率。

解：$NPVR = \dfrac{198.15}{|-500 - 500 \times 0.9091|} \times 100\% = 20.76\%$

【例 7-31】 根据【例 7-28】的资料。

要求：计算两个投资方案的净现值率。

解：$NPVR_甲 = \dfrac{79.59}{280} \times 100\% = 28.4\%$

$NPVR_乙 = \dfrac{75.7}{280} \times 100\% = 27\%$

净现值率反映每元原始投资的现值未来可以获得的净现值有多少元。净现值率大于或等于零，投资方案可行；净现值率小于零，则投资方案不可行，用多个独立方案进行评价时，应选择净现值率最大的方案。

净现值率这个贴现的相对数评价指标的优点是，可以从动态的角度反映投资方案的资金投入与净产出之间的关系，反映了投资的效率；在已知净现值的情况下，计算简便，使投资额不同的项目具有可比性。其不足之处是无法反映项目的实际收益率。

（三）现值指数

现值指数又称获利指数，是指项目投产后按一定贴现率计算的经营期内各年现金净流量的现值之和与原始总投资现值之和的比率，记为 PI。其计算公式为：

$$现值指数 = \frac{经营期内各年现金净流量的现值之和}{原始总投资现值之和}$$

现值指数与净现值率之间存在如下关系：

$$现值指数 = 1 + 净现值率$$

现值指数反映每元原始投资的现值未来可以获得报酬的现值有多少。现值指数大于或等于1，投资方案可行；现值指数小于1，投资方案不可行。现值指数用于多个相互独立方案之间的比较时，现值指数最高的投资方案应优先考虑。

【例 7-32】 依前例【例 7-21】、【例 7-22】、【例 7-23】、【例 7-28】。

要求：计算甲乙两厂的现值指数。

解：$PI_甲 = (110 \times 3.4651 \times 0.9434) \div 280 = 1.28$

$PI_乙 = (105 \times 0.89 + 108 \times 0.8396 + 110 \times 0.7921 + 113 \times 0.7473) \div 280 = 1.27$

由于甲厂的现值指数比乙厂高，所以甲厂优于乙厂。

【例 7-33】 根据【例 7-29】的资料。

要求：计算投资方案的现值指数。

解：$PI = \dfrac{400 \times 3.1699 \times 0.9091}{|-500 - 500 \times 0.9091|} = 1.2076$

现值指数同净现值率一样是贴现的相对数评价指标，可以从动态的角度反映投资方案的资金投入与总产出之间的关系,不足之处仍然是不能反映项目的实际收益率。

(四) 内含报酬率

内含报酬率也称内部收益率,是指项目在计算期内各年现金净流量的现值累计等于零时的折现率,记为 IRR。显然,内含报酬率 IRR 应满足以下等式:

$$\sum_{t=0}^{n} NCF_t(P/F, IRR, t) = 0$$

净现值和净现值率、现值指数的计算都是以设定的贴现率为依据来计算的,它们并不能揭示投资方案本身达到的报酬率。内含报酬率可以弥补这一缺陷。从上式可以看出,根据方案整个计算期的现金净流量就可计算出内含报酬率,它是方案的实际收益率。因此,内含报酬率是投资决策中的重要评价指标。如果投资项目的内含报酬率大于部门或行业的基准收益率,应认为项目具有财务可行性。内含报酬率越高,说明投资项目的效益越好。如果利用内含报酬率对多个方案进行选优时,在方案可行的条件下,内含报酬率最高的方案是最优方案。

计算内含报酬率的过程,就是寻求使净现值等于零的贴现率的过程。根据投资方案各年现金净流量的情况不同,内含报酬率可以按以下两种方式进行计算。

1. 一般计算法

一般计算法是指通过计算项目不同设定折现率的净现值,然后根据内部收益率的定义所揭示的净现值与设定折现率的关系,采用一定技巧,最终设法找到能使净现值等于零的折现率——内部收益率 IRR 的方法,又称为逐次测试逼近法(简称逐次测试法)。其计算步骤如下:

第1步:先估算一个折现率,并以此折现率计算出项目的净现值。如果净现值为零或接近零,说明该折现率就是投资项目的内含报酬率。

第2步:如果净现值大于零,说明估算的折现率小于项目的内含报酬率,再定一个较大的折现率重新计算,如果净现值小于零,说明估算的折现率大于项目的内含报酬率,再定一个较小的折现率重新计算。

第3步:重复第2步,直到净现值为零或接近于零;或直到求出相邻的一正一负两个净现值。

第4步:如果净现值为零或接近于零,则设定的折现率就是项目的内含报酬率;如果求出了相邻近的一正一负两个净现值,就可用插值法算出近似的内含报酬率。需要注意的是,采用插值法时,最后用来计算内含报酬率的两个贴现率的差最大不宜超过5%。

具体计算过程见下例。

【例7-34】 根据【例7-25】的资料,假设方案要求的最低报酬率为12%。

要求:计算该方案的内含报酬率。

解:第一次测试,取贴现率16%:

$NPV = -550 - 650 \times (P/F, 16\%, 1) + 210 \times (P/F, 16\%, 2) + 320 \times (P/F, 16\%, 3) + 350 \times (P/F, 16\%, 4) + 370 \times (P/F, 16\%, 5) + 370 \times (P/F, 16\%, 6) + 610 \times (P/F, 16\%, 7) = -550 - 650 \times 0.8621 + 210 \times 0.7432 + 320 \times 0.6407 + 350 \times 0.5523 + 370 \times 0.4761 + 370 \times 0.4104 + 610 \times 0.3538 = -12.141$ (万元)

NPV 的值低于0,说明高估了贴现率。

第二次测试，取贴现率12%：

$NPV = -550 - 650 \times (P/F, 12\%, 1) + 210 \times (P/F, 12\%, 2) + 320 \times (P/F, 12\%, 3) + 350 \times (P/F, 12\%, 4) + 370 \times (P/F, 12\%, 5) + 370 \times (P/F, 14\%, 6) + 610 \times (P/F, 12\%, 7) = -550 + (-650) \times 0.8929 + 210 \times 0.7929 + 320 \times 0.7118 + 350 \times 0.6355 + 370 \times 0.5674 + 370 \times 0.5066 + 610 \times 0.4523 = 159.608$（万元）

NPV 的值大于 0 较多，说明低估了贴现率。

第三次测试，取贴现率14%：

$NPV = -550 - 650 \times (P/F, 14\%, 1) + 210 \times (P/F, 14\%, 2) + 320 \times (P/F, 14\%, 3) + 350 \times (P/F, 14\%, 4) + 370 \times (P/F, 14\%, 5) + 370 \times (P/F, 14\%, 6) + 610 \times (P/F, 14\%, 7) = -550 + (-650) \times 0.8772 + 210 \times 0.7695 + 320 \times 0.675 + 350 \times 0.5921 + 370 \times 0.5194 + 370 \times 0.4556 + 610 \times 0.3996 = 69.156$（万元）

根据以上计算，得到该方案的内含报酬率在 14%～16%，由于净现值与贴现率之间存在对应关系，可以运用插值法，计算内含报酬率，公式如下：

$$IRR = i_1 + \frac{NPV_1}{NPV_1 - NPV_2} \cdot (i_2 - i_1)$$

由此，上例的内含报酬率为：

$$IRR = 14\% + \frac{69.156}{69.156 - (-12.141)} \cdot (16\% - 14\%) = 15.7\%$$

【例7-35】 依【例7-21】、【例7-22】、【例7-23】，假设行业基准折现率为6%。

要求：计算甲乙两厂的内含报酬率。

甲厂第一次测试14%：

$NPV = -280 + 110 \times (P/A, 14\%, 4) \times (P/F, 14\%, 1) = -280 + 110 \times 2.9137 \times 0.8772 = 1.15$（万元）

甲厂第二次测试16%：

$NPV = -280 + 110 \times (P/A, 16\%, 4) \times (P/F, 16\%, 1) = -280 + 110 \times 2.7982 \times 0.8621 = -14.64$（万元）

采用插值法，$IRR = 14\% + \frac{1.15}{1.15 - (-14.64)} \cdot (16\% - 14\%) = 14.15\%$

甲厂的 $IRR = 14.15\%$

乙厂第一次测试12%：

$NPV = -280 + 105 \times (P/F, 12\%, 2) + 108 \times (P/F, 12\%, 3) + 110 \times (P/F, 12\%, 4) + 113 \times (P/F, 12\%, 5) = -280 + 105 \times 0.7972 + 108 \times 0.7118 + 110 \times 0.6355 + 113 \times 0.5674 = 14.6$（万元）

乙厂第二次测试14%：

$NPV = -280 + 105 \times (P/F, 14\%, 2) + 108 \times (P/F, 14\%, 3) + 110 \times (P/F, 14\%, 4) + 113 \times (P/F, 14\%, 5) = -280 + 105 \times 0.7695 + 108 \times 0.675 + 110 \times 0.5921 + 113 \times 0.5194 = -3.48$（万元）

采用插值法计算，$IRR = 12\% + \frac{14.6}{14.6 - (-3.48)} \cdot (14\% - 12\%) = 13.62\%$

乙厂 IRR = 13.62%

两厂都大于最低报酬率，但是甲厂大于乙厂，选择甲厂更好。

2. 简便计算法

一般计算法比较复杂，如果投资方案建设期为零，全部投资均于建设起点一次投入，而且经营期内各年现金净流量为普通年金的形式，可用简便计算法计算内含报酬率。计算步骤如下：

假设建设起点一次投资额为 A_0，每年现金净流量为 A，则有：

$$A(P/A, IRR, n) - A_0 = 0$$
$$(P/A, IRR, n) = A_0/A$$

然后，通过查年金现值系数表，用线性插值方法计算出内含报酬率。

【例7-36】 根据【例7-26】的资料。

要求：计算该项目的内含报酬率。

解：该投资项目，原始总投资为1 000万元，无建设期，运营期4年，运营期年现金净流量均为400万元，假定行业基准收益率为10%。

$400 \times (P/A, IRR, 4) - 1\,000 = 0$

$(P/A, IRR, 4) = 1\,000/400 = 2.5$

查年金现值系数表，在 $n=4$ 这一行中，查到最接近2.5的两个值，一个大于2.5的是2.588 7，其对应的贴现率为20%；另一个小于2.5的是2.493 6，其对应的贴现率为22%。IRR 应位于20% ~ 22%。

利用线性插值法得到

$$IRR = 20\% + \frac{2.588\,7 - 2.5}{2.588\,7 - 2.493\,6} \cdot (22\% - 20\%)$$

$IRR = 20\% + 1.87\% = 21.87\%$

由于内含报酬率大于要求的报酬率10%，所以方案可行。

内含报酬率也是长期投资决策评价指标中最重要的指标之一。用内含报酬率评价方案可以有效地克服净现值法和现值指数法不能确定有关方案本身实际上可以达到的投资报酬率的缺陷，使长期投资决策的分析评价更趋于精确化，而且不受决策者设定的贴现率高低的影响，比较客观。但其计算十分复杂，如果投资方案出现经营期追加投资的情况，就可能计算出若干个内含报酬率，会非常令人费解，还有，各年的现金净流量流入后，是假定各个项目在其全过程内是按各自的内含报酬率进行再投资而形成增值，而不是所有项目按统一要求达到的、并在统一的资本市场上可能达到的报酬率进行再投资而形成增值，这一假定具有较大的主观性，缺乏客观的经济依据。

三、长期投资决策评价指标的运用

（一）长期投资方案的分类

根据方案之间的关系，可将方案分为独立方案、互斥方案和组合或排队方案。

独立方案是指在决策过程，一组互相分离、互不排斥的方案或单一的方案。一组完全独立的方案存在着如下几个前提条件：

(1) 投资资金来源无限制。
(2) 投资资金无优先使用的排列。
(3) 各投资方案所需的人力、物力均能得到满足。
(4) 不考虑地区、行业之间的相互关系及其影响。
(5) 每一个投资方案是否可行，仅取决于本方案的经济效益，与其他方案无关。

符合上述前提条件的方案即为独立方案。例如，资金无限制条件下的一组方案有扩建生产线、购置一辆运输汽车、新建办公楼。

互斥方案指互相关联、互相排斥的方案，即一组方案中的各个方案彼此可以相互代替，采纳方案组中的某一方案，就会自动排斥这组方案中的其他方案。因此，互斥方案具有排他性。例如，扩建生产线项目的方案分别有自行建造和外包。

组合或排队方案是指既不属于相互独立，又不属于相互排斥，而是可以实现任意组合或排队的一组方案。例如，在资金有限情况下的一组方案有扩建生产线、购置一辆运输汽车、新建办公楼。

正确地计算主要评价指标的目的，是为了在进行长期投资方案的对比与选优中发挥这些指标的作用。为正确地进行方案的对比与选优，要从不同的投资方案之间的关系出发，使用长期投资决策评价指标。

（二）独立方案的可行性评价

若某一独立方案的动态评价指标满足以下条件：

$$NPV \geq 0，NPVR \geq 0，PI \geq 1，IRR \geq i_m$$

式中，i_m 表示基准贴现率（即预期报酬率或资金成本率）。

则项目具有财务可行性；反之，则不具备财务可行性。

注意：利用以上四个动态评价指标对同一个投资方案的财务可行性进行评价时，得出的结论完全相同，不会产生矛盾。如果静态评价指标的评价结果与动态评价指标评价的结果产生矛盾时，应以动态评价指标的结论为准。

【例 7-37】 依【例 7-21】、【例 7-22】、【例 7-23】、【例 7-28】、【例 7-31】、【例 7-32】、【例 7-35】，整理资料，可知下列评价指标：

(1) 总投资利润率：甲厂 13.3%，乙厂 13%，基准总投资收益率 7%。
(2) 静态投资回收期：甲厂不含建设期回收期 2.64 年，含建设期回收期 3.64 年；乙厂不含建设期回收期 2.71 年，含建设期回收期 3.71 年，含建设期的基准静态投资回收期 2.5 年，不含建设期的基准静态投资回收期 2 年。
(3) 净现值：甲厂 79.59 万元，乙厂 75.7 万元。
(4) 净现值率：甲厂 28.4%，乙厂 27%。
(5) 现值指数：甲厂 1.28，乙厂 1.27。
(6) 内含报酬率：甲厂 14.15%，乙厂 13.62%，行业基准折现率 6%。

单独看甲厂，总投资利润率 13.3% > 基准总投资收益率 7%；不含建设期回收期 2.64 年 > 不含建设期的基准静态投资回收期 2 年；含建设期回收期 3.64 年 > 含建设期的基准静态投资回收期 2.5 年；净现值 79.59 万元 > 0；净现值率 28.4% > 0；现值指数 1.28 > 1；内含报酬率 14.15% > 行业基准折现率 6%。

单独看乙厂，总投资利润率13%＞基准总投资收益率7%；不含建设期回收期2.71年＞不含建设期的基准静态投资回收期2年；含建设期回收期3.71年＞含建设期的基准静态投资回收期2.5年；净现值75.7万元＞0；净现值率27%＞0；现值指数1.27＞1；内含报酬率13.62%＞行业基准折现率6%。

根据以上的计算结果，如果把甲厂和乙厂分别作为独立的两个方案来看，两方案的各项动态评价指标和总投资利润率指标均达到方案可行的标准，只是静态投资回收期略长，有一定的风险。所以从总体上来讲，两方案均具有财务可行性。

（三）多个互斥方案的对比和选优

多个互斥方案对比和选优的过程，就是在每一个入选的投资方案已具备财务可行性的前提下，利用评价指标从各个备选方案中最终选出一个最优方案的过程。在各种不同的情况下，需要选择某一特定评价指标作为决策标准或依据，从而形成了净现值法、净现值率法、差额净现值法、差额内含报酬率法、年等额净现值法等具体方法。

1. 多个互斥方案原始投资额相等且计算期相同的情况

在对原始投资额相等并且计算期也相等的多个互斥方案进行评价时，可采用净现值法或净现值率法，即通过比较所有投资方案的净现值或净现值率指标的大小来选择最优方案，净现值或净现值率最大的方案为最优方案。

【例7-38】 依【例7-37】，由于甲厂净现值79.59万元，乙厂净现值75.7万元，所以将投资项目投放于甲厂更合适。

2. 多个互斥方案原始投资额不相等，但项目计算期相等的情况

在对原始投资额不相等但计算期相等的多个互斥方案进行评价时，有人会考虑用反映单位投资额获利能力的净现值率或现值指数，以避免用净现值作为绝对数不能与投资多少相联系的问题。从表面上看这是合理的，事实上却可能出现这样的问题：某些大额投资项目带来了较高的净现值，但其净现值率较低，某些投资额较小的项目净现值率虽高，但是净现值总额并不高，当必须在这两个项目中进行二选一时，如果以净现值率高低为标准，就会舍弃较多的净现值，也会使企业大额投资项目的一部分资金闲置。这种情况使用净现值、净现值率、现值指数都是不适合的，可采用差额净现值法（记作 ΔNPV）或差额内含报酬率法（记作 ΔIRR），这两种方法是在两个原始投资总额不同的方案的差量现金净流量（记作 ΔNCF）的基础上，计算出差额净现值或差额内含报酬率，并以此做出判断的方法。

在一般情况下，差量现金净流量等于原始投资额大的方案的现金净流量减原始投资额小的方案的现金净流量，当 $\Delta NPV \geq 0$ 或 $\Delta IRR \geq i_m$ 或基准贴现率时，原始投资额大的方案较优；反之，则原始投资额小的方案较优。差额净现值 ΔNPV 和差额内含报酬率 ΔIRR 的计算过程与依据 NCF 计算净现值 NPV 和内含报酬率 IRR 的过程完全一样，只是所依据的是 ΔNCF。

（四）多方案组合排队决策

有时企业会同时有几个不存在相互排斥关系的长期投资项目要进行投资，对于这样的情况，如果企业不存在资金不足的问题，只需要考核各个方案的可行性，在可行性的基础上按照 NPV 的大小排队，确定优先考虑顺序。以净现值为标准，是由于净现值是一个绝对数，直接揭示了投资项目对企业财富绝对额的增加关系，使投资分析与企业财富最大的经营目标一致。

但是如果企业资金有限，就不是所有可行项目都可以被通过，而是需要进行组合排队，选出 NPV 之和最大的组合。

案例导入分析

该项目的投资机遇：根据峰瑞资本调研的数据显示，2015 年，中国仅下游的猪肉市场就有大约 1.4 万亿元人民币；中游的饲养、防疫的养猪场有约 1.1 万亿元人民币的市场；上游厂家+农资流通有约 0.45 万亿元人民币的市场；而这些链条之间的毛利都在 20% 以上。丁磊所参与的就是中游产业链的养殖环节，占猪肉市场份额的 70%~80%，每年市场规模大约是 1.1 万亿元人民币。2015 年中国猪肉年产量为 5 487 万吨，是改革开放初期的 4 倍多（1980 年为 1 134 万吨），年平均增速约 11%。中国人去年大概吃掉 7 亿头猪，每人一年平均吃半头猪（约 40 千克），也就是大约每人一天吃 2 两猪肉。猪肉产量在中国整体处于上升趋势，而且这种趋势仍在继续。因此，可以说养猪产业规模巨大，而网易的"黑猪"有可能会成为猪肉产业的"黑马"。

该投资项目面临的问题：①竞争激烈。与生产制造业相比，万头规模养殖场投资在 2 000 万元左右，门槛算不上多高，而且是完全竞争市场，几乎没有进入壁垒，因此竞争激烈。②成本较高。在目前的技术和组织形式下，健康营养的猪可以生产，只不过成本要高一些。例如，养猪场密度不能高，抗生素规范使用，病死猪全部淘汰销毁。③高科技企业难以融入。随着消费者对于食品安全要求的提高，会推动市场提供品质更好的产品，有更多的细分市场。但是新技术的应用要与行业基础相适应，目前行业处于转型期，产业规模化和组织化程度低，这意味着很多新的东西应用比较慢。④多重风险并存。种植业和养殖业不同于其他行业，一般而言，前期投资大，投资回报周期长，而且容易遭受自然灾害、疫情等不利因素影响，总而言之，农业属于长时间深耕细作的行业而不是资本大进大出、投机炒作的行业。⑤管理人员对发展方向意见不一。养猪三人组散伙，说明内部存在很大的争议，内部意见难以统一，实体业务也就难以开展。

养猪其实是技术含量很高的行业，个人农户能养好，不见得养猪容易。丁磊除了有资金优势，其他各项都没有优势，在实践探索后发现各种问题，最终"丁家猪"迟迟不能走向市场。

本章小结

长期投资决策包含了发生在几个时期内的现金流量，这种决策分析以具体项目为中心。长期投资决策分析的基本因素包括资金时间价值、资本成本、现金流三个因素。

长期投资决策评价的方法分为静态评价方法和动态评价方法。静态评价方法是指不考虑时间价值因素进行的投资决策分析，常用的分析指标主要包括总投资利润率、静态投资回收期；动态评价方法是指在考虑时间价值因素的条件下进行的决策分析，常用的分析指标主要包括净现值、现值指数法、动态回收期和内含报酬率。

技能训练

一、单项选择题

1. 下列有关长期投资决策说法不正确的是(　　　)。

A. 长期投资决策涉及大量资金流出

B. 长期投资决策一经确定，还要编制资本支出预算，以便进行控制与考评

C. 在对投资方案进行选择时，只需考虑从成本与效益上进行分析

D. 长期投资决策是指与长期投资项目有关的决策制定过程

2. 下列关于独立方案与互斥方案的说法不正确的有( )。

   A. 机器甲与机器乙的使用价值相同，两者只能购置其一，因而购置甲或者购置乙这两个方案是独立方案

   B. 单一方案是独立方案的特例

   C. 独立方案之间不能相互取代

   D. 在对多个互斥方案进行选择时，最多只能选取其中之一

3. 下列说法中错误的是( )。

   A. 偿债基金系数与年金终值系数互为倒数关系

   B. 资本回收系数与年金现值系数互为倒数关系

   C. 复利现值系数与复利终值系数互为倒数关系

   D. 资本回收系数与年金终值系数互为倒数关系

4. 下列有关现金流量在评价长期投资项目中的作用，不正确的是( )。

   A. 有利于正确评价投资项目的经济效益   B. 有利于企业获得更高的报酬率

   C. 使投资决策更符合客观实际   D. 有利于科学地应用资金时间价值

5. 某投资方案的年营业收入为100万元，年总成本为60万元，其中折旧为10万元，所得税率为25%，则该方案每年的营业现金净流量为( )。

   A. 40万元   B. 30万元   C. 37.5万元   D. 26万元

二、多项选择题

1. 下列关于长期投资说法正确的有( )。

   A. 长期投资所投入的资金数额大

   B. 长期投资涉及的时间长

   C. 在长期投资决策中，必须重视时间因素的影响

   D. 从广义上看，证券投资也是长期投资

   E. 管理会计中的长期投资通常是指证券投资和直接投资兴办企业或扩大原有企业规模

2. 下列有关现金流量的说法，正确的有( )。

   A. 现金流量是以权责发生制为基础的

   B. 管理会计中的现金流量与财务会计中的现金流量大体一致

   C. 在确定现金流量时，不能仅计算投资项目本身的现金流量，而必须计算增量现金流量

   D. 现金流量中，营运资金指的是流动资产与流动负债的差额

   E. 在评价投资项目和确定现金流量时，应将投资资金全部视为自有资金

3. 利用评价指标对进行单一的独立投资项目财务可行性评价时，能够得出完全相同结论的指标有( )。

  A. 净现值　　　　　B. 净现值率　　　　C. 获利指数
  D. 内部收益率　　　E. 静态投资回收期

4. 非折现的现金流量法包括(　　)。
  A. 回收期法　　　　B. 总投资收益率法　C. 净现值法
  D. 获利指数法　　　E. 内部报酬率法

5. 在单一的独立投资项目中，当一项投资方案的净现值小于零时，表明该方案(　　)。
  A. 获利指数小于1　　　　　　　　B. 不具备财务可行性
  C. 净现值率小于零　　　　　　　　D. 内部收益率小于行业基准折现率
  E. 静态投资回收期小于基准回收期

三、判断题

1. 对于一个投资项目，只要净现值大于0，则现值指数大于1，其内含报酬率必然高于资本成本率，说明该项目是有利的。因此，采用这三个指标评价各投资项目，结论相同。(　　)

2. 如果存在多个独立投资方案，其内含报酬率均大于要求的最低投资报酬率，则应选择内含报酬率最高的投资方案。(　　)

3. 资金时间价值一般用利息来表示，而利息需按一定的利率计算。因此，资金时间价值就是利率。(　　)

4. 先付年金与普通年金的区别仅在于付款时间不同。(　　)

5. 永续年金既无现值，也无终值。(　　)

四、业务题

1. 假设某人于年初存入500元，年利率为10%，存期4年。
 (1) 若每年的利息和年末存款余额按单利计息，则4年后能取出多少钱？
 (2) 若每年的利息和年末存款余额按复利计息，则4年后能取出多少钱？

2. 某企业准备购入一设备以扩充生产能力。现有甲、乙两个方案可供选择，甲方案需投资20 000元，使用寿命为5年，采用直线法计提折旧，5年后设备无残值。5年中每年营业收入为8 000元，每年的付现成本为3 000元。乙方案需投资24 000元，采用直线法计提折旧，使用寿命也为5年，5年后有残值收入4 000元，5年中每年的营业收入为10 000元，付现成本第一年为4 000元，以后随着设备陈旧，逐年将增加修理费200元，另需垫支营运资金3 000元。假设所得税率为40%，投资报酬率为10%。

 要求：(1) 计算两个方案各年的现金净流量；
 (2) 计算两个方案的现值指数。

3. 某公司计划开发一种新产品，该产品的寿命期为5年，开发新产品的成本及预计收入为：需投资固定资产240 000元，需垫支营运资金200 000元，5年后可收回固定资产残值30 000元。投产后，预计每年的销售收入可达240 000元，每年需支付直接材料、直接人工等变动成本128 000元，每年的设备维修费为10 000元。目前该公司的资金成本为10%，假设适用的所得税税率为40%。

 要求：请用净现值法和内部收益率法对该项新产品是否开发做出分析评价。

第八章

全面预算

★ 案例导入

"两级"全面预算协同管理在张矿集团的应用

据《财务与会计》2016年第1期"'两级'全面预算协同管理在张矿集团的应用"介绍，张矿集团通过健全组织制度、预算分解、预算编制、预算审批和预算分析考核这五大体系，打造全面预算管理长效机制；通过深度应用全面预算管控信息平台，实现"一协同、三对接、全考核"的核心目标；并建立了集团级与矿厂级"两级"的预算目标管控机制与预警机制。其主要特点如下：

一是充分考虑了经营预算、投资预算与资金预算的协同关系，以资金为主线进行控制，全部经营活动必须在资金保障下开展。

二是依据单位成本标准模型编制矿厂级成本预算。通过分析当前生产经营状态下与理想状态下成本消耗差异的影响因素，量化成本因素的影响，进而确定成本控制目标，使得企业成本预算的编制更加准确和科学化。

三是在矿厂级预算中把占据原煤成本1/3以上的材料成本预算落实到工作面的单笔材料预算，并在生产矿井单位推行矿厂级井上零库存管理，对接全面预算管控平台与物资管控平台，实时领用，实时结算，从而实现了集团对各下属单位从采购到结算的全过程管控。

四是从各单位最小单元——区队、车间、部室发起预算编制，突出全员责任目标精细管理。

五是开发了全面预算信息管控平台，实现了集团级与矿厂级预算的两级衔接，提高了管理效率。

张矿集团全面预算管理的创新之处？

★ 学习目标

- 了解全面预算的内涵、内容与作用。

- 理解全面预算的编制原则。
- 掌握全面预算的编制程序及方法。

★ 重点与难点

- 重点：理解全面预算的内涵和种类，从实际工作视角真正掌握全面预算的编制程序和编制方法。
- 难点：掌握全面预算的编制程序及几种预算方法的特点。

★ 职业技能

通过学习，学生能够了解全面预算的内涵、内容及作用，掌握编制企业全面预算的程序和方法。能编制全面预算，确定各项财务目标。

第一节　全面预算概述

一、预算制度的演进

早在公元1344年，英国议会就要求国王用钱必须依照议会所决定的用途支用。这是议会分配经费的起点，但事实上，议会并没有真正办理查账工作，到了17世纪末，议会分配政府经费的权限才完全确定，直到18世纪开始以后，议会才真正行使分配经费以控制支出的权力。美国政府建立后，发扬和完善了英国创立的预算制度。最初，总统对概算的汇编或协调，完全置身事外，实际编制概算者为各个行政部门，而且没有统一机构协调和控制各个行政部门的概算，造成了一定程度的混乱，影响目标的达成。1921年以后，逐步由中央控制一切开支，而以支出用途的种类编制预算，依据塔虎脱总统命令成立的经济效益委员会的报告，促成了1921年联邦政府制定《预算会计法案》作为编制预算的基础。以后又经过了以管理为中心的绩效预算制度、以设计为中心的设计计划预算制度时期。1977年2月14日，美国总统卡特下令各级行政官员，运用零基预算的方法编制1979会计年度预算，至此零基预算制度得以迅速地在政府和企业机构推行。

二、全面预算的内涵

全面预算又称总预算，是以货币形式及其他数量形式对企业未来在一定时期内的全部经济活动做出全面具体的规划。它以企业经营目标为出发点，以市场需求的研究和预测为基础，按照企业既定的经营目标和程序，以销售预算为主导，进而包括生产、成本和现金收支等各方面，并落实到生产经营活动对企业财务状况和经营成果的影响，最后以预计财务报表作为终结，以便对企业特定计划时期内全部生产经营活动有效地进行组织与协调。

三、全面预算的内容

企业性质和规模不同,全面预算的具体内容体系也会有所不同,但其基本内容是相同的,通常包括生产经营预算、专门决策预算及财务预算三个部分。

(一) 生产经营预算

生产经营预算又称日常业务预算,是指企业在预算期的日常营业活动,即产、供、销等生产经营活动所编制的各种预算,是企业具有实质性的基本活动的预算。

日常业务预算是编制全面预算的基础,主要包括销售预算、生产预算、直接材料预算、直接人工预算、制造费用预算、产品成本预算、营业及管理费用预算等。

这些预算大多以实物量指标和价值量指标分别反映企业收入与费用的构成情况。

(二) 专门决策预算

专门决策预算也称特种决策预算,是指企业为不经常发生的长期投资项目或者一次性专门业务所编制的预算。通常是指与企业投资活动、筹资活动或收益分配等相关的各种预算。

它可以分为资本预算和一次性专门业务预算两类。其中,资本预算主要是针对企业长期投资决策编制的预算,包括固定资产投资预算、权益性资本投资预算和债券投资预算;一次性专门业务预算主要有资金筹措及运用预算、缴纳税金与发放股利预算等。

(三) 财务预算

财务预算是指根据日常业务预算和专门决策预算所涉及的有关现金收支、经营财务成果和财务状况变动所编制的预算。

财务预算是建立在营业预测基础上的,包括现金预算、预计损益表、预计资产负债表和预计现金流量表等。

以价值量指标总括反应经营预算与资本支出预算的结果。

四、全面预算的作用

预算管理作为对现代企业成熟与发展起过重大推动作用的管理系统,是企业内部管理控制的一种主要方法。全面预算管理是为数不多的能把组织的所有关键问题融合于一个体系之中的管理控制方法之一。

(一) 明确目标,控制业务

预算是目标的具体化,它不仅能够帮助人们更好地明确整个企业的奋斗目标,而且能够使人们清楚地了解自己部门的任务。编制预算的目的是为了贯彻目标管理的原则,指导和控制业务。

(二) 内部协调,综合平衡

预算把整个企业各方面的工作严密地组织起来,使企业内部上下左右协调起来,从达到平衡。把企业内部有关协作单位的配合关系,也纳入统一的预算,这样就能更进一步地发挥预算的控制作用。

(三) 分析比较,评价成绩

预算工作不能只限于编制,还应该包括预算的执行,在生产经营过程中,把实际与预算加以比较，揭示出来的差异，一方面可以考核各部门或有关人员的工作成绩，另一方面也用来检查预算编制的质量。有些实际脱离预算的差异，并不表示实际工作的好坏，而是预算的本身问题，如预算脱离了实际。掌握这些情况，有利于改进下期预算的编制工作。

五、全面预算编制的原则

（一）以明确的经营目标为前提

如在确定了目标利润后，就需要相应地确定目标成本，编制有关销售收入和成本费用的预算。

（二）具有全面性和完整性

凡是影响目标实现的业务、事项，均应以货币或其他计量形式来具体地加以反映，尽量避免由于预算缺乏周详的考虑而影响目标的实现。有关预算指标之间要相互衔接，钩稽关系要明确，以保证整个预算的综合平衡。

（三）积极可靠，留有余地

积极可靠是指要充分估计目标实现的可能性，不要把预算指标定得过低或过高，保证预算能在实际执行过程中，充分发挥其指导和控制作用。为了应对实际工作的千变万化，预算又必须留有余地，具有一定的灵活性，以免在意外事项发生时，造成被动局面，影响平衡，以至于影响原定目标的实现。

第二节　全面预算体系编制

一、全面预算编制程序

全面预算编制的程序有"自上而下""自下而上"两种基本方式。不管是自上而下，还是自下而上，全面预算的编制都要经过一个上下沟通、反复协调、几上几下的复杂流程，才能最终形成正式预算草案，切不可一蹴而就，草草了事。下面，以编制年度预算为例，说明编制全面预算的程序。

（一）下达预算目标

首先，由公司预算管理委员会根据公司董事会制定的公司发展战略和经营目标，经过对预算期内市场情况、企业自身情况等因素的科学预测，一般于每年9~10月份提出下一年度的企业全面预算目标，包括销售目标、成本费用目标、利润目标和长期投资方案等。然后，由公司预算管理部门编写"年度预算编制大纲"、设计预算表格、分解各项预算指标，通过召开专门预算会议的形式，将预算指标下达给下属各预算编制部门。

（二）编制草案上报

各预算编制部门按照公司下达的预算目标和预算编制大纲，结合自身特点以及预测的执行条件，经过认真测算后提出本部门的预算草案，于当年11月中旬上报给公司预算管理部门。

第八章　全面预算

（三）审查平衡

公司预算管理部门会同有关职能部门对各预算编制部门上报的预算草案进行审查、汇总，并提出综合平衡的建议。在审查、平衡过程中，公司预算管理部门要进行充分协调、沟通，对发现的问题和偏差，提出初步调整意见，并反馈给有关预算编制部门予以修正。对经过多次协调仍不能达成一致的，应在充分调研的基础上，向公司预算管理委员会汇报，以确定是否调整有关预算编制部门的预算目标，并最终达到综合平衡。

（四）审议批准

公司预算管理部门在有关预算编制部门修正、调整预算草案的基础上，汇总编制出整个公司的全面预算方案，报公司预算管理委员会审议；预算管理委员会召集专门会议审议公司全面预算方案，对于不符合企业发展战略或经营目标的事项，预算管理委员会要责成公司预算管理部门进行修订和调整；在反复修订、调整的基础上，公司预算管理委员会编制正式的年度全面预算草案，提交公司最高决策机构——公司董事会或股东（大）会审议批准。

（五）下达执行

公司预算管理部门将已经审议批准的年度全面预算，在次年1月份之前，逐级下达到各预算部门执行。

二、生产经营预算编制

全面预算的编制流程和方法往往与预算管理模式的选择有关，以下选择制造业在销售为核心的预算管理模式下全面预算的编制方法。

（一）销售预算编制

企业生产经营全面预算的编制通常要以销售预算为出发点，而销售预算又必须以销售预测为基础。销售预测是指企业在进行大量市场调查的基础上，对企业一定时期产品的销售量或销售额的未来发展趋势所做出的科学预计和推测，它必须对本企业产品销售的历史资料和在未来市场上的供需情况进行认真分析研究，特别要着重考虑与本企业有关的各种经济发展趋势和各种重要经济指标的变动情况，销售预测是否准确直接影响到全面预算的可靠性。

销售预算包括产品的名称、销售量、单价、销售额等项目。生产经营多种产品的企业，为避免销售预算过于繁杂，一般只列示全年及各季的销售总额，并对主要产品分别编制销售预算附表附在销售预算之后，对于数量较少、销售额较低的产品则予以省略。为了便于现金预算的编制，在销售预算中一般还附有预计现金收入表。预计现金收入表中包括本期销售应在本期收到的款项和以前销售中应在本期收到的款项。

【例8-1】W公司2016年各季的销售收入中有70%在当季收到现金，其余的30%在下季收到现金。假定W公司只产销一种产品。

预算期预计销售收入的计算公式为：

$$预计销售收入 = 预计销售量 \times 预计销售单价$$

预算期收到现金的计算公式为：

$$某季收到的现金 = 该期销售收入 \times 该期收现率 + 期初应收账款 \times 该期回收率$$

W公司2016年销售预算和预计现金收入预算见表8-1、表8-2。

表 8-1　W 公司 2016 年销售预算　　　　　　　　　　　　　　　单位：元

季度	一	二	三	四	全年
预计销售量（件）	1 000	1 500	1 800	2 000	6 300
预计销售单价（元/件）	100	100	100	100	100
预计销售额（元）	100 000	150 000	180 000	200 000	630 000

表 8-2　W 公司 2016 年预计现金收入表　　　　　　　　　　　　单位：元

季度	一	二	三	四	全年
年初应收账款	36 000				36 000
第一季度销售额	70 000	30 000			100 000
第二季度销售额		105 000	45 000		150 000
第三季度销售额			126 000	54 000	180 000
第四季度销售额				140 000	140 000
现金收入合计	106 000	135 000	171 000	194 000	606 000

表中的销售量、销售单价来自 2016 年的销售预测，每期收到的现金数占销售收入的比率根据历史经验确定。

（二）生产预算编制

销售预算确定后就可以根据预算期的销售量制定生产预算。生产预算是指为规划预算期生产水平而编制的一种日常业务预算，该预算是所有日常业务预算中唯一使用实物计量单位的预算，可以为进一步编制成本和费用预算提供实物量数据。由于企业的生产和销售不可能做到"同步同量"，就需要留有一定的存货，以保证生产均衡进行。

确定本期生产量的计算公式为：

某种产品的本期生产量 = 预计销售量 + 预计期末存货量 − 预计期初存货量

式中，预计销售量参见销售预算表；预计期初存货量就是上季期末存货量；预计期末存货量应该根据长期销售趋势来确定，在实践中，一般是按事先估计的期末存货量占下期销售量的比例进行估算。

【例 8-2】 以【例 8-1】内容为基础（下同）。假设期末存货量占下季度销售量的比例为 10%，则 W 公司 2016 年生产预算见表 8-3。

表 8-3　W 公司 2016 年生产预算表　　　　　　　　　　　　　　单位：件

季度	一	二	三	四	全年
预计销售量	1 000	1 500	1 800	2 000	6 300
预计期末存货量	150	180	200	220	220
合计	1 150	1 680	2 000	2 220	6 520
预计期初存货量	100	150	180	200	100
预计生产量	1 050	1 530	1 820	2 020	6 420

说明：第 4 季度期末存货量 220 件系估计数。

（三）直接材料预算

直接材料预算是指为规划预算期内因组织生产活动和材料采购活动预计发生的材料需要量、采购量和采购成本而编制的一种经营业务预算。直接材料预算是以生产预算、材料消耗定额和预计材料采购单价等信息为基础，并考虑期初、期末材料存货水平而编制的预算。确定直接材料采购量和采购成本的公式分别为：

本期材料采购量 = 本期生产耗用材料量 + 期末材料存货量 − 期初材料存货量

材料采购成本 = 材料采购量 × 该种材料单价

其中　　　期末材料存货量 = 下季度材料耗用量 × 必要留用比例

直接材料预算与生产预算一样，也要根据生产需要量与预算采购量之间的关系进行编制。其目的在于，避免直接材料存货不足而影响生产；或因存货过多而形成资金的积压和浪费。

为便于现金预算的编制，通常在编制直接材料预算的同时编制与材料采购有关的各季度材料采购现金支出预算。其计算公式为：

材料采购现金支出额 = 本期预计采购金额 × 该期付现率 + 本期期初应付账款 × 该期付现率

【例8-3】　假设 W 公司 2016 年各季度的材料采购成本的 60% 在当季支付，其余的 40% 于下季支付。预计期末材料存货量占下季材料总耗用量的 10%。则 W 公司 2016 年的直接材料预算和材料采购现金支出预算见表 8-4 和表 8-5。

表 8-4　W 公司 2016 年的直接材料预算表

季度	一	二	三	四	全年
生产量（表8-3）	1 050	1 530	1 820	2 020	6 420
单位产品直接材料耗用量（千克）	2	2	2	2	2
总耗用量（千克）	2 100	3 060	3 640	4 040	12 840
加：期末直接材料存货数量（千克）	306	364	404	410	410
总需要量（千克）	2 406	3 424	4 044	4 450	13 250
减：期初直接材料存货数量（千克）	210	306	364	404	210
直接材料采购数量（千克）	2 196	3 118	3 680	4 046	13 040
直接材料单位价格（元/千克）	5	5	5	5	5
直接材料采购金额（元）	10 980	15 590	18 400	20 230	65 200

说明：第 4 季度材料存货数量 410 千克系估计数。

表 8-5　W 公司 2016 年的材料采购现金支出预算表　　　　　　　　单位：元

季度	一	二	三	四	全年
年初应付账款	4 000				4 000
第一季度采购现金支出	6 588	4 329			10 980
第二季度采购现金支出		9 354	6 236		15 590
第三季度采购现金支出			11 040	7 360	18 400
第四季度采购现金支出				12 138	12 138
现金支出合计	10 588	13 746	17 276	19 498	61 108

说明：年初的应付账款 4 000 元系估计数。

（四）直接人工预算

直接人工预算是指为规划一定预算期内直接人工工时的消耗水平和直接人工成本水平而编制的一种经营业务预算。直接人工成本包括直接工资和按直接工资一定比例计算的应付福利费等。

编制直接人工预算的主要依据是标准工资率、单位产品标准直接人工工时、其他直接人工费用计提标准和生产预算中的预计生产量等资料。直接人工工时数和直接人工成本的计算公式如下：

$$预计直接人工工时数 = 预计生产量 \times 单位产品标准工时$$
$$预计的直接人工 = 预计直接人工工时 \times 标准小时工资率$$

【例 8-4】 假设 W 公司生产单位产品所需的直接人工为 4 小时，每小时直接人工成本（标准小时工资率）为 5 元，则 2016 年 W 公司的直接人工预算见表 8-6。

表 8-6　2016 年 W 公司的直接人工预算表

季度	一	二	三	四	全年
预计生产量（表 8-3）	1 050	1 530	1 820	2 020	6 420
单位产品直接人工工时	4	4	4	4	4
直接人工工时合计（小时）	4 200	6 120	7 280	8 080	25 680
标准小时工资率	5	5	5	5	5
直接人工成本总额（元）	21 000	30 600	36 400	40 400	128 400

（五）制造费用预算

制造费用预算是指为规划一定预算期内除直接人工和直接材料预算外的所有与产品成本有关的其他生产费用水平而编制的一种日常业务预算。为编制预算方便，制造费用常按其成本性态分为变动性制造费用和固定性制造费用两部分。固定性制造费用可在上期的基础上根据预期变动加以适当修正进行预计，并作为期间成本直接列入预计的利润表；变动性制造费用根据预计生产量乘以单位变动制造费用进行预计。

同样为了编制现金预算，在制造费用预算中，通常包括费用方面预期的现金支出。固定资产折旧属于非付现成本，在编制制造费用现金支出预算时，应将这一项目从中予以扣除。计算公式分别为：

$$变动性制造费用预算 = 预计直接人工工时 \times 标准小时费用率$$
$$预计制造费用现金支出 = 预计变动制造费用现金支出 + 预计固定制造费用现金支出$$
$$其中：固定性制造费用现金支出 = （预计年度固定性制造费用 - 预计年折旧费） \div 4$$

编制制造费用预算的主要依据是预算期的生产量、制造费用标准耗用量和标准价格。

【例 8-5】 假设 W 公司变动性制造费用按直接人工小时数进行规划，则 2016 年全年各项制造费用预算见表 8-7，各季变动性制造费用和固定性制造费用预算见表 8-8。

表8-7　2016年W公司各项制造费用预算

成本项目		金额（元）	费用分配率计算
变动性制造费用	间接人工费用	15 000	变动性制造费用分配率＝变动性制造费用预算合计÷直接人工总工时＝51 360÷25 680＝2（元/小时）
	间接材料费用	24 000	
	维护费	6 360	
	水电费	6 000	
	合计	51 360	
固定性制造费用	折旧费	36 000	固定性制造费用一般在各季度间平均分配
	维护费	20 000	
	管理费	14 040	
	保险费	7 000	
	合计	77 040	

表8-8　2016年W公司各季制造费用预算及制造费用现金支出预算

季度	一	二	三	四	全年
直接人工工时（小时，表8-6）	4 200	6 120	7 280	8 080	25 680
变动性制造费用分配率（元/小时）	2	2	2	2	2
预计变动性制造费用（元）	8 400	12 240	14 560	16 160	51 360
预计固定性制造费用（元）	19 260	19 260	19 260	19 260	77 040
预计制造费用（元）	27 660	31 500	33 820	35 420	128 400
减：折旧费（元）	9 000	9 000	9 000	9 000	36 000
制造费用现金支出数（元）	18 600	22 500	24 820	26 420	92 340

（六）产品成本预算

产品成本预算是指为规划预算期内和预算期末每种产品的单位成本、生产成本、销售成本及期末存货成本等项内容而编制的一种日常预算。编制产品成本预算的目的有两个：一是为编制预计利润表提供产品销售成本数据；二是为编制预计资产负债表提供期末产成品存货数据。该预算的编制依据是前述的生产预算、直接材料预算、直接人工预算和制造费用预算。

假设W公司采用变动成本法核算产品成本，有关的公式为：

销售成本＝期初产品存货成本＋本期生产成本－期末产成品成本

【例8-6】　2016年W公司产成品成本预算的编制见表8-9。

表8-9　2016年W公司产成品成本预算

项目	单位成本			生产成本（元）	期末存货成本（元）	销售成本（元）
	单价（元）	单位耗用量	成本（元）			
直接材料（表8-4）	5	2	10	64 200	2 200	63 000
直接人工（表8-6）	5	4	20	128 400	4 400	126 000
变动制造费用（表8-7）	2	4	8	51 360	1 760	50 400
合计			38	243 960	8 360	239 400

说明：本年预计生产量 6 420 件，本年预计销售量 6 300 件，预计年末结存数量 220 件，年初结存数量 100 件。

（七）销售与管理费用预算

销售与管理费用预算是指为规划一定预算期内企业在销售阶段组织产品销售以及因管理企业预计发生的各项费用水平而编制的一种日常业务预算。如果各费用项目的数额比较大，则销售费用预算与管理费用预算可以分别编制。销售费用预算的编制以销售预算为基础，结合历史资料进行细致分析，运用本-量-利分析等方法，合理安排销售费用，使之发挥最大效用；管理费用预算在编制时应以过去发生的实际支出为参考，分析企业的具体业务情况，使管理费用的支出更合理、更有效。在编制销售与管理费用预算时应分别根据成本性态进行编制，对于变动费用可以根据销售量在各季度之间分配，固定费用则可以按季度平均分配。

【例8-7】 假设 2016 年 W 公司的销售与管理费用全部在发生的当期用现金支付，预计变动销售与管理费用为每件 3 元，则销售与管理费用预算见表 8-10。

表 8-10　2016 年 W 公司销售与管理费用预算表　　　　　　　单位：元

季度	一	二	三	四	全年
预计销售量	1 000	1 500	1 800	2 000	6 300
单位产品变动销售与管理费用	3	3	3	3	3
预计变动销售与管理费用	3 000	4 500	5 400	6 000	18 900
预计固定销售与管理费用					
广告费	6 000	6 000	6 000	6 000	24 000
保险费	5 000	—	—	8 000	13 000
管理人员工资	7 000	7 000	7 000	7 000	28 000
财产税				1 500	1 500
租金	4 000				4 000
小计	22 000	13 000	13 000	22 500	70 500
预计销售与管理费用合计	25 000	17 500	18 400	28 500	89 400

三、财务预算编制

（一）现金预算

现金预算是指一定的预算期内有关现金流转状况的预算。这里所说的现金是广义的现金概念，包括库存现金、银行存款和其他货币资金。现金预算是企业预算的一项重要内容，通过现金预算可以事先对企业日常的现金需要量进行有计划的安排，以便合理的调度资金，提高资金的使用效率。

现金预算一般由现金收入、现金支出、现金多余或不足，以及资金的筹集与运用等四部分构成。

（1）现金收入。现金收入包括期初现金余额和预算期内可能的现金收入，如本期销售收到的现金以及收回以前的应收账款等。

（2）现金支出。现金支出包括预算期预计可能发生的各项支出，如采购材料支付的货款、支付的工资、制造费用及销售与管理费用中需要支付现金的部分、支付应付账款、缴纳税金、购买设备和支付股息等。

（3）现金多余或不足。现金收支相抵后的差额，如为正数，说明收入大于支出，现金有多余，除考虑偿还到期债务外，还可以购买短期有价证券进行短期投资；如为负数，说明支出大于收入，现金不足，需要想办法筹资。

（4）资金的筹集与运用。如果出现现金不足，企业需要采取合法、合适的途径筹措资金，如向银行借款、利用商业信用、出售有价证券、发行股票、发行债券等，以避免影响正常的生产经营。如果出现现金余额过多，应合理运用，如偿债、进行投资等，以避免造成资金的闲置浪费。期末现金余额的计算公式为：

期末现金余额 = 期初现金余额 + 现金收入 − 现金支出 ± 资金筹集（或运用）

【例8-8】 W公司2016年现金预算的编制除需要前述各项预算资料外，还需要以下各项资料：

（1）年初的现金余额为28 000元，规定各季末最低现金余额20 000元，若资金不足，根据企业与银行的协议，企业每季初都可以按6%的利率向银行借款（假设借款应为1 000元的整数倍）；若资金有多余，每季末偿还，借款利息于偿还本金时一起支付。

（2）预计每年初发放股息50 000元。

（3）预计全年的所得税为40 000元（该企业所得税有优惠政策），每季平均负担。

（4）预计第1季度购买设备需60 000元，第3季度购买设备需62 000元，款项均于购买当季支付。

根据上述资料可以编制2016年W公司的现金预算见表8-11。

表8-11 2016年W公司的现金预算表

季度	一	二	三	四	全年
期初现金余额	28 000				28 000
加：预计现金收入（表8-2）	106 000	135 000	171 000	194 000	606 000
现金收入合计	134 000	135 000	171 000	194 000	634 000
减：现金支出					
材料采购（表8-5）	10 588	13 746	17 276	19 498	61 108
直接人工（表8-6）	21 000	30 600	36 400	40 400	128 400
制造费用（表8-8）	18 660	22 500	24 820	26 420	924 00
销售与管理费用（表8-10）	25 000	17 500	18 400	28 500	89 400
所得税	10 000	10 000	10 000	10 000	40 000
购置设备	60 000		62 000		122 000
发放股利	50 000				50 000
现金支出合计	195 248	94 346	168 896	124 818	583 308
资金融通与运用前现金余额	−61 248	61 406	22 310	91 492	113 960
资金融通与运用					

续表

季度	一	二	三	四	全年
加：借款	82 000				82 000
减：还款		40 000		42 000	82 000
偿付利息		1 200		2 520	3 720
购买有价证券				25 000	25 000
资金融通与运用合计	82 000	-41 200		-69 520	-28 720
期末现金余额	20 752	20 206	22 310	21 972	85 240

说明：偿付利息，第 1 季度为 40 000×6%×6÷12＝1 200；第 4 季度为 42 000×6%＝2 520。

（二）预计利润表

预计利润表是以货币形式综合反映预算期内经营活动成果（包括利润总额、净利润）的一种预算。

根据前述的各项经营预算，结合会计的权责发生制原则，即可编制预计利润表。预计利润表是整个预算过程中的一个重要环节，它可以揭示企业预期的盈利情况，从而有助于管理人员及时调整经营策略。

【例 8-9】 表 8-12 为 2016 年 W 公司的预计利润表。

表 8-12　2016 年 W 公司的预计利润表

项目	金额	资料来源
销售收入（6 300 件，单价 100 元）	630 000	表 8-1
减：变动成本		
变动销售成本（单位成本 38 元）	239 400	表 8-9
变动销售与管理费用	18 900	表 8-10
边际贡献	371 700	
减：固定成本		
固定制造费用	77 040	表 8-8
固定销售与管理费用	70 500	表 8-10
减：利息费用	3 720	表 8-11
税前利润	220 440	
减：所得税	40 000	表 8-11
税后净利润	180 440	

（三）预计资产负债表

预计资产负债表是指用于总括反映企业预算期末资产、负债和所有者权益存在状况的一种预算报表。预计资产负债表可以为企业管理者提供会计期末企业预期财务状况的信息，据此，有助于企业管理当局预测未来期间的经营状况，并采取适当的改进措施。

其编制方法为，在企业期初资产负债表的基础上，经过对经营业务预算和现金预算中的有关数字做适当调整,就可以编制预计资产负债表。

【例 8-10】 2016 年 W 公司预计资产负债表见表 8-13。

表 8-13 2016 年 W 公司预计资产负债表

项目	年初余额	年末余额	项目	年初余额	年末余额
流动资产			流动负债		
现金	28 000	21 972	短期借款	0	0
短期有价证券	0	25 000	未交税金	0	0
应收账款	36 000	60 000	应付账款	4 000	8 092
直接材料	1 050	2 050	应付股利	50 000	50 000
产成品	3 800	8 360	流动负债合计	54 000	58 092
流动资产总额	68 850	117 382	长期借款	50 000	50 000
固定资产			负债合计	104 000	108 092
固定资产原值	200 000	322 000	所有者权益		
减:累计折旧	30 000	66 000	实收资本	200 000	200 000
固定资产净值	170 000	256 000	资本公积	0	0
固定资产合计	170 000	256 000	留存收益	-65 150	65 290
无形资产合计	0	0	所有者权益合计	134 850	265 290
资产总计	238 850	373 382	负债及权益总计	238 850	373 382

说明:

(1)预计资产负债表的年初余额,取自 W 公司 2015 年实际资产负债表的年末余额。

(2)现金的年末余额 21 972 元,取自表 8-11。

(3)短期有价证券期末余额 25 000 元,取自表 8-11。

(4)应收账款的年末余额 60 000 元,取自表 8-2,用第 4 季度的销售收入 200 000 元减去第 4 季度的收款额 140 000 元得出结果。

(5)直接材料的年末余额 2 050 元,是根据表 8-4 的期末结存量 410 件乘以单价 5 元计算得出。

(6)产成品的年末余额 8 360 元,取自表 8-9。

(7)固定资产原值年末余额 322 000 元,根据资产负债表的年初数 200 000 元加上表 8-11 中本年购置的固定资产 122 000 元计算得出。

(8)累计折旧的年末余额 66 000 元,根据资产负债表的年初数 30 000 元加上表 8-7 本期提取数 36 000 元计算得出。

(9)应付账款年末余额 8 092 元,取自表 8-5。

(10)应付股利年末余额 50 000 元,根据合同约定企业每年初需要发放股利 50 000 元。

(11)长期借款年末数 50 000 元,根据年初结余 50 000 元,本期没有归还和借入得出。

(12)留存收益年末余额 65 290 元,根据年初留存收益 -65 150 元(表 8-13)加上本年实现的税后净利 180 440 元(表 8-12),再减去当年分配的股利 50 000 元(表 8-11)计算得出。

第三节　全面预算编制方法

从预算编制的不同角度，可以将预算编制的方法分为若干种类型，本节利用对比的方法分别介绍了各类预算编制的具体方法。

一、固定预算与弹性预算

全面预算按照其与预算期内业务量变动关系及预算发挥效用中灵活程度不同，可分为固定预算和弹性预算。

（一）固定预算

1. 固定预算的含义

固定预算又称静态预算，是以预算期内正常的、可能实现的某一业务量（如生产量、销售量）水平为固定基础，不考虑可能发生的变动因素而编制预算的方法。它是最传统的，也是最基本的预算编制方法。

2. 固定预算的适用范围

一般来说，固定预算只适用于业务量水平较为稳定的企业或非营利组织编制预算。

（二）弹性预算

1. 弹性预算的含义

弹性预算又称变动预算或滑动预算，是指为克服固定预算方法的缺点而设计的，在成本习性分析的基础上，以业务量、成本和利润之间的依存关系为依据，按照预算期可预见的各种业务量水平为基础，编制能够适应多种业务量预算的方法。

2. 弹性预算的适用范围

由于未来业务量的变动会影响到成本、费用、利润等各个方面，因此，弹性预算方法从理论上讲适用于编制全面预算中所有与业务量有关的各种预算。但从实用角度来看，主要用于编制弹性成本费用预算和弹性利润预算等。

二、增量预算与零基预算

全面预算按照编制预算方法的出发点不同，可分为增量预算和零基预算两大类。

（一）增量预算

1. 增量预算的含义

增量预算，又称调整预算方法，是指以基期成本费用水平的基础，考虑预算期内各种影响成本因素的未来变动情况，通过调整有关原有费用项目而编制预算的方法。

2. 增量预算的优缺点

增量预算的优点：由于预算以过去的经验为基础，实际上是承认过去所发生的一切都是合理的，主张不需在预算内容上做较大改进，而是沿袭以前的预算项目。因而，该方法简便易行。

增量预算的缺点：

（1）受到原有费用项目与预算内容的限制。

（2）容易导致预算中的"平均主义"和"简单化"。

（3）不利于企业未来发展。

（二）零基预算

1. 零基预算的含义

零基预算，又称零底预算，主要用于对各项费用的预算。它是指在编制成本费用预算时，完全不受以往费用水平的影响，而是以零为起点，根据预算期企业实际经营情况的需要，逐项的审议预算期内各项费用的内容及开支标准是否合理，在综合平衡的基础上编制费用预算的一种方法。

2. 零基预算的优缺点

零基预算的优点：

（1）不受原有费用项目和费用额的限制。这种方法可以促使企业合理有效地进行资源分配，将有限的资金用在刀刃上。

（2）有利于调动有关各方有效降低费用，提高资金的使用效果和合理性。

（3）有利于企业未来发展。由于这种方法以零为出发点，对一切费用一视同仁，有利于企业面向未来发展考虑预算问题。

零基预算的缺点：工作量很大。由于这种方法一切从零出发，在编制费用预算时需要完成大量的基础工作，如历史资料分析、市场状况分析、现有资金使用分析和投入产出分析等，这势必带来很大的工作量，也需要比较长的编制时间。因此，企业可以每隔几年编制一次零基预算，在其他时间采用增量预算。

三、定期预算与滚动预算

全面预算按照预算期间起讫时间是否变动，分为定期预算和滚动预算。

（一）定期预算

1. 定期预算的定义

定期预算是指在编制预算时以不变的会计期间（如日历年度）作为预算期的一种编制预算的方法。

2. 定期预算的优缺点

定期预算的优点：能够使预算期间与会计期间相一致，便于考核和评价预算的执行结果。

定期预算的缺点：

（1）缺乏远期指导性。

（2）滞后性。

（3）间断性。

（二）滚动预算

1. 滚动预算的含义

滚动预算，又称连续预算或永续预算，是指在编制预算时，将预算期与会计年度脱离，随着预算的执行不断延伸补充预算,逐期向后滚动,使预算期能永远保持在一个固定期间(如 12 个月)的一种预算编制方法。其具体做法是每过一个预算期,立即根据其预算执行情况,对以后各期预算进行调整和修订,并增加一个预算期的预算。这样,如此逐期向后滚动,使预算始终保持一定的时间幅度,从而以连续不断的预算形式规划企业未来的经营活动。

2. 滚动预算的优缺点

与传统的定期预算方法相比,按滚动预算方法编制的预算具有以下优点:

(1) 透明度高。

(2) 及时性强。

(3) 预算年度完整。

采用滚动预算的方法编制预算的主要缺点是预算工作量较大,尤其是滚动预算的延续工作将耗费大量的人力、物力,代价较大。

四、预算方法与各种预算之间的关系

预算方法与全面预算体系中的各种预算常常被混为一谈,其实两者既有区别又有联系。

(一) 预算方法与各种预算的联系

任何一种预算方法只有运用到编制具体的预算才能发挥作用,如弹性预算方法不仅可以用于成本预算的编制,也可以用于利润预算的编制。同样地,各种预算的编制也离不开一定的预算方法。例如,在实践中的成本或费用预算可能按照固定预算方法或弹性预算方法进行编制。

此外,即使是不同类型之间的预算方法之间也并非完全相互排斥的关系。在编制某一特定内容的预算过程中,完全有可能既采取弹性预算方法,又采取了滚动预算方法。

(二) 预算方法与各种预算的区别

1. 归属的内容体系不同

本节所介绍的六种预算方法分别归属于三种类型,固定预算与弹性预算属于一类,增量预算与零基预算属于一类,定期预算与滚动预算属于一类。只有同类中的不同预算方法才可以相互比较。其中,固定预算方法、增量预算方法和定期预算方法都属于传统的预算方法;滚动预算方法、弹性预算方法和零基预算方法则属于为克服传统预算方法的缺点而设计的先进预算方法。

而全面预算体系中的各种具体预算则分别归属于经营预算、专门决策预算和财务预算三种类型。每一种预算都可以与其他类型中的任何预算进行比较,不受限制。

2. 命名的规则不同

预算方法在命名时,突出了该种方法的本质特征,如弹性预算方法强调了预算编制所依据的多个业务量基础,滚动预算方法则突出了预算期连续滚动的特征。而全面预算体系中的各种具体预算在命名时反映了预算的具体内容,这一点在经营预算中尤为突出,如销售预算的内容主要是销售收入,生产预算的内容则是产量。

第八章　全面预算

案例导入分析

张矿集团的"两级"全面预算管理实践从"软件"与"硬件"两个角度着手,"软件"方面关注"体系"的塑造,立足"分级"概念,制度设计覆盖预算制定到执行、执行到控制、控制到考核等各个流程,将预算责任落实到个人最小单位,将大目标分解为可行可控的小目标;"硬件"方面关注"平台"的建设,充分利用信息化的力量辅助预算管理体系的运作,使不可能变为可能,将低效化为高效。软硬实力相辅相成,共同打造全面预算管理长效机制。具体探究可以发现以下几个创新点:

1. 基于"资金管理"的全面预算管理

张矿集团在实施"两级"全面预算过程中,充分考虑了经营预算、投资预算与资金预算的协同关系,以资金为主线进行控制,全部经营行为必须在有资金保障的条件下进行。

2. 基于"标准模型管理"的全面预算管理

张矿集团矿厂级成本预算是依据单位成本标准模型编制而成,标准模型是在理想状态下企业运营所涉及的各方面成本的标准消耗,通过分析当前生产经营状态下成本消耗与理想状态下存在差异的影响因素,将成本因素的影响量化,进而确定成本控制目标,使得企业成本预算的编制更加准确、科学化。

3. 基于"现场管理"的全面预算管理

张矿集团在矿厂级预算中把占据原煤成本多于1/3的材料成本预算落实到工作面的单笔材料预算,并在生产矿井单位推行矿厂级井上零库存管理,利用全面预算管控平台与物资管控平台的对接,实时领用,实时结算。集团层从而实现了对各单位从采购到结算的全过程管控,能够及时反馈材料管理各环节的现场管理信息,实现现场管理与成本控制的有效结合。

4. 基于"全面、精细"的全面预算管理

张矿集团推行矿厂级预算管理,不仅注重全面,更注重精细。"全面"就是各矿厂将管理所涉及的所有经济行为都纳入管控范围;"精细"是预算编制从各单位最小单元——区队、车间、部室发起,通过层层分解预算,结合集团三层四级绩效考核体系,突出全员责任目标精细管理。

5. 基于"网络化管理"的全面预算管理

全面预算管理对各种经营数据的时效性和准确性要求很高,如果不实行网络化管理,体系涉及200余张表格几十万个数据的提供将无从谈起,因此,张矿集团开发了全面预算信息管控平台,实现了集团级与矿厂级预算的两级衔接,提高了管理效率。

本章小结

全面预算管理是现代企业管理中的重要组成部分,对企业的发展起着举足轻重的作用。在当今现代企业管理实践中,各种经济关系日趋复杂,企业管理者只有广泛采用现代管理观念,充分认识全面预算管理的重要意义,不仅要懂得如何科学地编制全面预算,而且善于运用全面预算管理,才能使企业不断提高经济效益,真正地成长为现代化企业。

技能训练

一、单项选择题

1. 在管理会计中，用于概括与企业日常业务直接相关、具有实质性的基本活动的一系列预算的概念是（　　）。
   A. 专门决策预算　　B. 业务预算　　C. 财务预算　　D. 销售预算

2. 现金预算属于下列项目中的（　　）。
   A. 业务预算　　B. 生产预算　　C. 专门决策预算　　D. 财务预算

3. 在编制制造费用预算时，计算现金支出应予剔除的项目是（　　）。
   A. 间接材料　　B. 间接人工　　C. 管理人员工资　　D. 折旧费

4. 在下列预算中，其编制程序与存货的计价方法密切相关的是（　　）。
   A. 产品成本预算　　B. 制造费用预算　　C. 销售预算　　D. 生产预算

5. 在下列项目中，可以总括反映企业在预算期间盈利能力的预算是（　　）。
   A. 专门决策预算　　　　　　B. 现金预算
   C. 预计利润表　　　　　　　D. 预计资产负债表

6. 在下列项目中，能够克服固定预算方法缺点的是（　　）。
   A. 固定预算　　B. 弹性预算　　C. 滚动预算　　D. 零基预算

7. 在下列各项中，属于零基预算编制程序第一步的是（　　）。
   A. 提出预算期内各种活动内容及费用开支方案
   B. 对方案进行成本—效益分析
   C. 择优安排项目，分配预算资金
   D. 搜集历史资料

8. 在下列各项中，能够揭示滚动预算基本特点的表述是（　　）。
   A. 预算期是相对固定的　　　　B. 预算期是连续不断的
   C. 预算期与会计年度一致　　　D. 预算期不可随意变动

9. 在下列各项中，属于编制全面预算的关键和起点的是（　　）。
   A. 直接材料预算　　B. 直接人工预算　　C. 生产预算　　D. 销售预算

10. 在下列各项中，只涉及实物计量单位而不涉及价值计量单位的预算是（　　）。
    A. 销售预算　　B. 生产预算　　C. 专门决策预算　　D. 财务预算

11. 在下列项目中，能够克服固定预算方法缺点的是（　　）。
    A. 固定预算　　B. 弹性预算　　C. 滚动预算　　D. 零基预算

12. 在下列各项中，不属于传统预算方法的是（　　）。
    A. 固定预算　　B. 弹性预算　　C. 增量预算　　D. 定期预算

13. 编制弹性成本预算的关键在于（　　）。
    A. 分解制造费用
    B. 确定材料标准耗用量
    C. 选择业务量计量单位
    D. 将所有成本划分为固定成本与变动成本两大类

14. 编制零基预算的出发点是( )。
    A. 基期的费用水平　　　　　　　　B. 历史上费用的最好水平
    C. 国内外同行业费用水平　　　　　D. 零
15. 编制经营预算与财务预算的期间通常是( )。
    A. 1个月　　　　B. 1个季度　　　　C. 半年　　　　D. 1年

二、多项选择题

1. 在下列各项中，属于全面预算体系构成内容的有( )。
   A. 业务预算　　B. 财务预算　　C. 专门决策预算
   D. 零基预算　　E. 滚动预算

2. 在下列各项中，属于专门决策预算内容的有( )。
   A. 经营决策预算　　B. 预计利润表　　C. 预计资产负债表
   D. 投资决策预算　　E. 销售预算

3. 在下列各项中，属于产品成本预算编制基础的有( )。
   A. 销售预算　　B. 生产预算　　C. 直接材料采购预算
   D. 直接人工预算　　E. 制造费用预算

4. 编制直接人工预算需要考虑的因素有( )。
   A. 基期生产量　　　　　　　　B. 生产预算中的预计生产量
   C. 预计销售量　　　　　　　　D. 标准单位直接人工工时
   E. 标准工资率

5. 期末存货预算的编制依据有( )。
   A. 预计销售量　　　　　　　　B. 期末产成品存货成本预算额
   C. 预计生产量　　　　　　　　D. 原材料期末存货成本预算额
   E. 在产品存货成本预算额

6. 在下列各项中，属于全面预算作用的是( )。
   A. 明确工作目标　　B. 协调部门关系　　C. 开展日常活动
   D. 考核业绩标准　　E. 巩固部门成绩

7. 专门决策预算是指企业不经常发生的、需要根据特定决策临时编制的一次性预算。其主要有( )。
   A. 生产预算　　B. 制造费用预算　　C. 经营决策预算
   D. 投资决策预算　　E. 现金预算

8. 编制生产预算时需要考虑的因素有( )。
   A. 基期生产量　　　　　　　　B. 基期销售量
   C. 预算期预计销售量　　　　　D. 预算期预计期初存货量
   E. 预算期预计期末存货量

9. 在下列各项中，属于定期预算缺点的有( )。
   A. 盲目性　　B. 滞后性　　C. 复杂性
   D. 间断性　　E. 随意性

10. 在下列各项中，属于为克服传统预算方法的缺点而设计的先进预算方法有（　　）。
    A. 固定预算　　　　B. 弹性预算　　　　C. 滚动预算
    D. 零基预算　　　　E. 定期预算

三、判断题

1. 财务预算是指反映企业预算期现金支出的预算。（　　）
2. 经营决策预算是指与项目投资决策密切相关的专门决策预算。（　　）
3. 从三大类预算的关系来看，财务预算是其他预算的基础。（　　）
4. 编制经营预算、财务预算与资本支出预算的期间，通常以1年为期。（　　）
5. 销售预算是以生产预算为依据编制的。（　　）
6. 在实务中，企业并不需要每年都按零基预算方法来编制预算，而是每隔几年才按此方法编制一次预算。（　　）
7. 编制预算的方法按其业务量基础的数量特征不同，可分固定预算方法和弹性预算方法两大类。（　　）
8. 预计资产负债表和预计利润表构成了整个财务预算。（　　）
9. 全面预算是指为企业供、产、销及管理活动所编制的，反映企业收入与费用构成情况的预算。（　　）
10. 在编制生产预算时，应考虑产成品期初期末存货水平。（　　）

四、业务题

根据下面资料为A公司编制2015年度预算：

A公司是一家中等规模的股份制造型企业，该公司在进行了周密调研基础上，经董事会认可，确定了2015年度（预算年度）的目标利润为110万元，根据这个目标，公司预算委员会和各部门着手进行2015年预算的编制工作。首先，他们找出报告年度（2014年）的经会计核算所编制的实际资产负债表。

要求：根据下述资料，结合调查、预测，分别编制2015年各个预算：

1. 销售预算

公司经过市场调查，取得以下有关资料：

（1）2015年内各季度的销售量分别为：一季度8 000件、二季度9 000件、三季度10 000件、四季度11 000件；

（2）每件销售价格为120元；

（3）估计各期的销售收入中有70%于当季收到现金，其余30%将于下一季度才能收到现金。

2. 生产预算

（1）2015年期初产成品存货为800件，年末产成品存货为1 200件；

（2）2014年实际单位生产成本为60元；

（3）预计各季度末产成品存货数量相当于下一季度销售数量的15%。为了简化，假设期初、期末没有在产品。

3. 直接材料预算

（1）假定该公司只需要一种材料，单位产品材料消耗量为4千克，每千克单位外购成本为5元；

(2) 假定每季度的购料款当季只付40%，余下的60%可以在随后的两个季度内分别依次支付50%和10%；

(3) 2014年年末（发生于12月份）的应付账款为24 000元，为计算简便，忽略发生于第三季度的应付账款；

(4) 各季度材料库存按下一季度生产需用量的10%计算；

(5) 2015年期初材料库存量2 500千克，年末库存量为4 500千克。

4. 直接人工预算

(1) 单位产品生产需消耗直接人工工时4小时；

(2) 各等级的单位直接人工成本为8元；

(3) 假定直接人工全部表现为现金支出。

5. 制造费用预算

该公司经过预测，将2015年所要开支的制造费用开支预计数编制成预算，并按各季度平均发生现金支出，确定出分季度的现金支出数。

6. 单位生产成本预算

假定采用全部成本法。

7. 销售与管理费用预算

公司根据销售预算所确定的销售量和有关行政管理活动，估计出预算期内的销售与管理费用差编成预算。对其中的现金支出假定平均分配。

8. 资本支出预算

公司计划在2015年到2017年进行一项新项目（甲）开发，总投资额预计为280万元，其中，安排在2015年内第二季度的投资额为150万元，用于购置设备，全部表现为现金支出。

9. 现金预算

(1) 公司规定预算期内每季度的最低库存现金余额为10万元，2014年年末库存现金余额为35万元；

(2) 公司在2015年第一季度购入有价证券25万元；

(3) 若向银行借款，则应于季初借入，偿还应安排在季末进行，借款利息按年利率10%计算，在借款偿还时一并归还；

(4) 预计2015年共付股利40万元，每季度平均安排支付；

(5) 每季度预计缴纳所得税分别是，一季度110 373元，二季度127 000元，三季度137 849元，四季度160 250元。

10. 预计损益表

(1) 公司产品成本计算采用全部成本法；

(2) 存货计算采用先进先出法。

11. 预计资产负债表

第九章

成本控制

★案例导入

徐工集团基于作业成本法的盈利分析模型

据《新理财》2015年11期"徐工集团盈利模型构建"介绍,在大数据时代,徐工集团探索建立了基于作业成本法的盈利分析模型,其主要经验如下:

一是应用作业成本法。其流程如下:首先,根据公司和每个部门的业务流程对作业进行分类;其次,基于对各个作业消耗的资源的分析,根据资源动因将资源归集至各个作业并形成不同的成本类型库,根据成本动因将成本分配至成本对象;最后,在信息系统中计算作业成本,包括确定作业中心作业量、进行成本费用分摊、计算实际作业单价和结算订单实际成本等。

二是基于ERP系统和作业成本法核算产品成本,从以下三个方面构建盈利分析模型:

首先是产品营利性分析。根据售价与成本计算产品毛利率,与达到盈利要求所需的基准毛利率进行比较,对低于基准毛利率的产品,做出售价调整或研发替代产品的决策。

其次是经销商营利性分析。通过ERP系统的销售管理模块、获利分析模块等提供的信息进行区域、经销商等不同维度的营利性分析,分别找出最有价值和持续盈利能力较差的经销商并相应采取不同的策略。

最后是组件营利性分析。运用作业成本法核算组件成本,并在ERP系统中进行成本估算、查询、分析,及时为公司半成品的自制或外包决策提供合理依据。

资料来源:http://www.mof.gov.cn

徐工集团引入基于作业成本法的盈利分析模型的意义?

★学习目标

- 了解成本控制的含义、分类、原则;成本控制的方法。
- 理解标准成本法的特点、成本差异的计算。

- 掌握标准成本的含义及制定；成本差异的计算和账务处理的方法；作业成本法的含义及计算程序；作业成本法在决策中的应用。

★ 重点与难点

- 重点：掌握成本差异的计算及账务处理的方法；作业成本法在决策中的应用。
- 难点：理解成本差异的计算方法及账务处理；作业成本法的成本计算程序。

★ 职业技能

通过学习，学生能够了解成本控制的作用、分类及成本控制的方法；掌握标准成本法、作业成本法的相关理论。能够运用标准成本法和作业成本法对企业成本进行控制。

第一节 成本控制概述

一、成本控制含义

成本控制是企业成本管理的中心环节，通常根据成本预测、成本决策和成本预算所确定的目标和任务，以及实际经营活动的数据，对生产经营过程中的各项资源耗费、相应降低成本措施的执行等，进行指导、监督、调节和干预，以保证企业成本目标和成本预算任务的完成。

二、成本控制内容

成本控制的内容非常广泛，但成本控制应该有计划有重点地进行区别对待。不同企业有不同的控制重点。控制内容一般可以从成本形成过程和成本费用分类两个角度加以考虑。

（一）按成本形成过程划分

1. 产品投产前的控制

产品投产前的控制内容主要包括产品设计成本、加工工艺成本、物资采购成本、生产组织方式、材料定额与劳动定额水平等。这些内容对成本的影响最大，可以说产品总成本的60%取决于这个阶段的成本控制工作的质量。这项控制工作属于事前控制方式，在控制活动实施时真实的成本还未发生，但它决定了成本将会怎样发生，基本上决定了产品的成本水平。

2. 制造过程中的控制

制造过程是成本实际形成的主要阶段。绝大部分的成本支出在这一阶段发生，包括原材料、人工、能源动力、各种辅料的消耗、工序间物料运输费用、车间以及其他管理部门的费用支出。投产前控制的种种方案设想、控制措施能否在制造过程中贯彻实施，大部分的控制目标能否实现和这个阶段的控制活动紧密相关，它属于始终控制方式。由于成本控制的核算信息很难达到及时，会给制造过程中的控制带来很多困难。

3. 流通过程中的控制

流通过程中的控制包括产品包装、厂外运输、广告促销、销售机构开支和售后服务等费用。在目前强调加强企业市场管理职能时，很容易不顾成本地采取种种促销手段，从而抵消了利润增量，所以企业也要做定量分析。

（二）按成本费用分类划分

1. 原材料成本控制

在制造业中原材料费用占了总成本的很大比重，一般在60%以上，高的可达90%，是成本控制的主要对象。影响原材料成本的因素有采购、库存费用、生产消耗、回收利用等，因此控制活动可从采购、库存管理和消耗三个环节着手。

2. 工资费用控制

工资在成本中占有一定的比重，增加工资又被认为是不可逆转的。控制工资与效益同步增长，减少单位产品中工资的比重，对于降低成本有重要意义。控制工资成本的关键在于提高劳动生产率，它与劳动定额、工时消耗、工时利用率、工作效率、工人出勤率等因素有关。

3. 制造费用控制

制造费用开支项目很多，主要包括折旧费、修理费、辅助生产费用、车间管理人员工资等，虽然它在成本中所占比重不大，但浪费现象十分普遍，是不可忽视的一项内容。

4. 企业管理费控制

企业管理费指为管理和组织生产所发生的各项费用，开支项目非常多，也是成本控制中不可忽视的内容。

上述这些都是绝对量的控制，即在产量固定的假设条件下使各种成本开支得到控制。在现实系统中还要达到控制单位成品成本的目标。

三、成本控制分类

（一）按控制的时间分类

广义的成本控制按其时间特征可分为事前成本控制、事中成本控制和事后成本控制三类。

1. 事前成本控制

事前成本控制是指在产品投产前的设计、试制阶段，对影响成本的各有关因素所进行的事前规划、审核与监督；同时建立、健全各项成本管理制度，达到防患于未然的目的。例如，用测定产品目标成本来控制产品设计成本；从成本上对各种工艺方案进行比较，从中选择最优方案；事先制定劳动工时定额、物资消耗定额、费用开支预算和各种产品、零件的成本目标，作为衡量生产费用实际支出超支或节约的依据，以及建立、健全成本责任制，实行成本归口分级管理等。

2. 事中成本控制

事中成本控制是指在实际发生生产费用过程中，按成本标准控制费用，及时揭示节约或浪费，并预测今后发展趋势，把可能导致损失和浪费的苗头，消灭在萌芽状态，并随时把各种成本偏差信息，反馈给责任者，以利于及时采取纠正措施，保证成本目标的实现。这就需要建立反映成本发生情况的数据记录，做好收集、传递、汇总和整理工作。

3. 事后成本控制

事后成本控制是指在产品成本形成之后的综合分析和考核。事后成本控制主要是对实际成本脱离目标（计划）成本的原因进行深入分析，查明成本差异形成的主客观原因，确定责任归属，据以评定和考核责任单位业绩，并为下一个成本循环提出积极有效的措施，消除不利差异，发展有利差异，修正原定的成本控制标准，以促使成本不断降低。

（二）按控制的手段分类

以控制手段为标志可将成本控制分为绝对成本控制和相对成本控制两类。绝对成本控制侧重于节流，主要着眼于节约各项支出，杜绝浪费；相对成本控制是开源与节流并重，除采取节约措施外，还要根据本-量-利分析的原理，充分利用生产能量，以达到相对降低成本的目的。

（三）按控制的对象分类

以控制对象为标志可将成本控制分为产品成本控制和质量成本控制两类。产品成本控制是指生产产品全过程的控制；质量成本控制是指质量管理与成本管理的有机结合，通过确定最优质量成本而达到控制成本的目的。

四、成本控制原则

（一）全面介入的原则

全面介入的原则是指成本控制的全部、全员、全过程的控制。全部控制是对产品生产的全部费用要加以控制，不仅对变动费用要控制，还要对固定费用进行控制。全员控制是要发动领导干部、管理人员、工程技术人员和广大职工树立成本意识，参与成本的控制，只有认识到成本控制的重要意义，才能付诸行动。全过程控制是对产品的设计、制造、销售过程进行控制，并将控制的成果在有关报表上加以反映，借以发现缺点和问题。

（二）例外管理的原则

成本控制要将注意力集中在异乎寻常的情况。因为实际发生的费用往往与预算有所不同，如发生的差异不大，也就没有必要一一查明其原因，而只要把注意力集中在非正常的例外事项上，并及时进行信息反馈。

（三）经济效益的原则

提高经济效益，不单单是依靠降低成本的绝对数，更重要的是实现相对的节约，取得最佳的经济效益，以较少的消耗，取得更多的成果。

五、成本控制方法

（一）标准成本法

标准成本法也称标准成本系统、标准成本会计，是指围绕标准成本的相关指标而设计的,将成本的前馈控制、反馈控制及核算功能有机结合而形成的一种成本控制系统。标准成本系统最初产生于20世纪20年代的美国,随着其内容的不断发展和完善,被西方国家广为采用,目前已成为企业日常成本管理中应用最为普遍和有效的一种控制手段。

标准成本法具有以下特点:以产品成本为对象,融成本计划、成本核算、成本控制为一体,突出成本控制在系统中的核心地位;成本差异揭示及时,按管理区域分类计算、分析和控制各种差异,责任分明;不强调计算产品的实际成本,反映成本差异旨在改进管理,降低消耗。

(二)作业成本法

作业成本法又称作业成本计算法或作业量基准成本计算方法,是以作业为核心,确认和计量耗用企业资源的所有作业,将耗用的资源成本准确地计入作业,然后选择成本动因,将所有作业成本分配给成本计算对象(产品或服务)的一种成本计算方法。作业成本法的指导思想是:"成本对象消耗作业,作业消耗资源"。

作业成本法把直接成本和间接成本(包括期间费用)作为产品(服务)消耗作业的成本同等地对待,拓宽了成本的计算范围,使计算出来的产品(服务)成本更准确真实。作业是成本计算的核心和基本对象,产品成本或服务成本是全部作业的成本总和,是实际耗用企业资源成本的终结。

作业成本法是以作业消耗资源和产品消耗作业为基本前提,以作业作为核算对象,依据资源驱动因素将资源成本分配到作业中心,再将作业中心以作业驱动因素为基础追踪到产品成本,从而计算出各种产品的总成本和单位成本。

第二节 标准成本控制

一、标准成本的含义及种类

(一)标准成本的含义

标准成本是指在一定的生产技术组织条件下,进行有效的经营管理活动应该实现的成本,它是作为控制成本开支、考核评价实际成本、衡量工作效率的依据和尺度的一种目标成本。

(二)标准成本的种类

在标准成本制度下,由于使用标准成本的条件不同,使用的成本标准也不同,常用的有以下三种。

1. 理想标准成本

理想标准成本是指企业在现有的生产技术、生产设备能力和经营管理条件下,用最理想的经营水平所确定的产品标准成本。

理想标准成本在理论上能讲得通,但在实际上则很难达到,它只能给企业指出努力的方向或奋斗的目标，而不能作为成本控制和正确评价实际工作的标准，因而这种标准很少被采用。

2. 基本标准成本

基本标准成本是指以上一年度或过去某一年度的实际成本为参照确定的标准成本。基本标准成本有一个很大的缺点，是不能反映企业工作效率和经营状况的不断变化，显得呆板过时，以致很难发挥成本控制的作用。因此，在实际工作中，基本标准成本也很少被采用。

3. 现实标准成本

现实标准成本也称现实可能达到的标准成本，是一种较为常见的标准成本。它是指以现在预计可能实现的生产水平，以及通过努力能够达到的生产效率为依据而制定的标准成本。

二、标准成本法

（一）标准成本法的含义

标准成本法也称为标准成本制度，是指通过事前制定标准成本，在实际执行过程中将实际成本与标准成本进行比较分析，找出差异及产生差异的原因，并据以加强成本控制和业绩评价的成本控制系统。

（二）标准成本法的内容

标准成本法的主要内容包括标准成本的制定、成本差异的计算和分析、成本差异的账务处理。其中，标准成本的制定是采用标准成本法的前提和关键，据此可以达到成本事前控制的目的；成本差异的计算和分析是标准成本法的重点，借此可以促进成本控制目标的实现，并据以进行经营业绩考评。

（三）标准成本法的特点

（1）根据企业的生产技术、经营管理和人员素质条件为每一个成本项目制定标准成本。在区分变动性制造费用和固定性制造费用后，必须制定弹性预算下的标准成本。

（2）标准成本加上成本差异构成产品的实际生产成本。

（3）与成本核算有关的材料、生产成本、产成品和销售成本账户可按标准成本直接入账，简化了账务处理工作。

（4）标准成本的制定和分析过程也是企业内部各部门管理水平的检查过程、员工积极性的激励过程和企业业绩的评价过程。成本计算、成本管理和成本控制实现了有机结合。

（5）标准成本法也要根据生产特点和管理要求来处理各生产流程的成本累计过程，所以也要结合使用几种主要的成本核算方法。因此，标准成本法下的成本计算对象、成本计算期和是否计算半成品成本也依所采用的这些方法而决定。

（四）标准成本法的适用范围

标准成本法一般适用于产品品种较少的大批量生产企业，尤其是存货品种变动不大的企业，并且对企业的管理有很高的要求。而单件、小批和试制性生产企业因为要反复制定、修改标准成本，则较少采用。

三、标准成本的制定

标准成本包括直接材料标准成本、直接人工标准成本和制造费用标准成本三大部分内容。制定标准成本的步骤是先确定直接材料标准成本和直接人工标准成本,然后确定制造费用标准成本,最后汇总上述三项标准成本就成为单位产品的标准制造成本。对于企业发生的期间费用,不采用标准成本形式,而采用编制费用预算的方式进行控制。

在制定标准成本时,要针对每一成本项目分别确定"价格"标准和"数量"标准,以"价格"标准乘以"数量"标准来确定各个成本项目的标准成本,其基本公式为:

$$每一成本项目标准成本 = 每一成本项目价格标准 \times 每一成本项目数量标准$$

$$产品标准成本 = 直接材料标准成本 + 直接人工标准成本 + 制造费用标准成本$$

数量标准对于不同的成本项目其内容也不同。直接材料数量标准为单位产品的标准材料消耗量,直接人工数量标准为标准直接人工工时定额,制造费用数量标准为直接人工或机器工时定额。数量标准的确定主要是由企业内部工程技术人员和财务人员结合实际而确定的。

价格标准对不同的成本项目来讲也是不同的。直接材料的价格标准是企业原材料的标准价格,直接人工的价格标准是标准小时工资费用分配率。制造费用的价格标准是标准小时制造费用分配率。价格标准确定的高低,直接影响企业各方面的经济利益,因此,一般由企业有关部门共同研究确定。

(一) 直接材料标准成本的制定方法

直接材料标准成本是由直接材料的价格标准乘以数量标准构成的,因此,在制定直接材料标准成本时,首先应确定构成产品的直接材料项目,然后按材料项目逐一确认它们在单位产品中的比例,运用数量标准和价格标准确定每项直接材料的标准成本,最后汇总计算出某一产品的直接材料标准成本。

直接材料的数量标准是在一定生产技术条件下确定的,在制造单位产品时必须耗用的各种直接材料的数量。它是根据已经达到的生产技术水平和正常的经营条件为前提而制定的单位产品材料消耗定额,包括在现有条件下的生产中无法避免的损耗以及不能利用的废料等。

直接材料的价格标准指采购部门按供应单位的价目表(或企业内部计划价格)所确定的各种直接材料的价格,包括直接材料的买价、运输费、装卸费等。直接材料的价格标准,也可以采用计划价格,这样便于核算。材料标准成本的计算公式为:

$$直接材料标准成本 = \sum (该种材料价格标准 \times 该种材料数量标准)$$

【例 9-1】 某公司生产甲产品,需用 A、B 两种直接材料,其标准成本计算见表 9-1。

表 9-1 直接材料标准成本计算表

项目	A 材料	B 材料
价格标准		
预计买价(元/千克)	8	12
预计采购费用(元/千克)	0.4	0.6
标准价格(元/千克)	8.4	12.6
数量标准		

续表

项目	A 材料	B 材料
单位产品需要用材料数量（千克）	6.4	9.2
单位产品定额材料损耗量（千克）	0.8	0.6
单位产品标准数量	7.2	9.8
直接材料标准成本		
A 材料（元）	$7.2 \times 8.4 = 60.48$	$9.8 \times 12.6 = 123.48$
B 材料（元）		
合计	183.96	

（二）直接人工标准成本的制定方法

直接人工标准成本是指在一定的生产技术组织条件下，进行合理的管理和操作，为制造某种产品而直接耗用的人工费用。它是由单位产品耗用的标准工时乘以小时工资分配率组成的。因此，要制定直接人工标准成本，必须先确定单位产品的标准工时和每小时的工资费用分配率。

直接人工的数量标准是指在现有生产技术条件下，由生产技术部门根据历史资料或通过技术测定所确定下来的生产单位产品必须耗用的人工时间，包括对产品的直接加工时间、必要的间歇时间和停工时间，以及不可避免的废品所耗用的时间。标准工时的制定，应以"时间与动作"研究为基础，按产品的加工步骤分别计算，然后汇总。

直接人工的价格标准是指单位小时工资费用标准分配率。在确定直接人工的价格标准时要注意区分不同工资制。在采用计件工资制时，标准工资费用分配率是预计的小时工资，或单位产品的工资额，其计算公式如下：

小时标准工资分配率＝预计直接人工工资总额/标准总工时

单位标准工资分配率＝预计直接人工工资总额/总件数

如果采用月工资制或周工资制则需仿照上述小时标准工资分配率的计算确定。直接人工标准成本的计算公式如下：

直接人工标准成本 ＝ $\sum$（小时标准工资分配率 × 单位产品标准工时）

【例 9-2】 某公司生产甲产品需经 C、D 两车间加工，直接人工标准成本计算见表 9-2。

表 9-2 甲产品直接人工标准成本计算表

项目	C 车间	D 车间
小时标准工资分配率		
直接生产工人人数（人）	100	120
每人每月标准工作工时（小时）	198	198
出勤率	100%	100%
每人每月可利用工时（小时）	198	198
直接工人可利用总工时（小时）	19 800	23 760
每月工资总额（元）	20 000	25 600

续表

项目	C 车间	D 车间
每小时工资额（元/小时）	1.01	1.08
数量标准		
单位产品加工时间（小时）	9	10
设备调整准备时间（小时）	1	0.4
工间休息时间（小时）	0.4	0.4
其 他（小时）	0.2	0.2
小 计	10.6	11
直接人工标准成本（元）	10.7	11.88
合计	22.58	

（三）制造费用标准成本的制定方法

制造费用标准成本是指在现有的生产技术组织条件下，通过有效的管理在生产某种产品过程中所耗用的除直接材料、直接人工以外的一切费用。由于制造费用包括变动制造费用和固定制造费用两部分，所以，制造费用标准成本也需分两部分分别进行制定。

变动制造费用标准成本是指因本期制造产品引起的制造费用部分，费用总额随产量的增减变动呈正比例变化，如工艺技术过程用的燃料、动力、辅料等。由于企业产品往往不止一种，不可能用实物数量综合表示直接人工标准成本，因此，变动制造费用标准成本通过直接人工的工时标准或机器小时的工时标准乘以小时变动制造费用标准分配率确定，这里的直接人工标准工时，应与分配直接人工标准成本的标准工时相一致。计算公式如下：

$$变动制造费用标准成本 = 小时标准分配率 \times 单位产品直接人工标准工时$$

$$小时标准分配率 = 预算总额 / 直接人工标准总工时$$

固定制造费用标准成本是指为维持生产能力的费用，其发生额一般与产量的增减变动没有直接联系，如办公费、折旧费、保险费等。这类费用通常是根据事先编制的固定预算来控制其费用总额的，如采用变动成本计算法计算产品成本，固定制造费用就不必在各产品之间进行分配，也不必包括在单位产品的标准成本中；如果采用全部成本计算法计算成本，固定制造费用同变动制造费用一样，也要通过分配计入单位产品的标准成本中。用固定制造费用的标准分配率乘以单位产品直接人工（或机器）标准工时即可确定固定制造费用标准成本。固定制造费用标准成本计算公式如下：

$$固定制造费用标准成本 = 标准分配率 \times 单位产品直接人工标准工时$$

$$固定制造费用标准分配率 = 预算总额 / 预计产量或直接人工标准工时$$

【例9-3】 某企业生产甲产品，经过C、D两车间，制造费用标准成本制定见表9-3。

表9-3 制造费用标准成本计算表

项目	C 车间	D 车间
标准直接人工工时（小时）	20 000	24 000
变动制造费用预算（元）		

续表

项目	C 车间	D 车间
电力	12 000	10 000
消耗性材料	600	3 000
运输	4 000	9 600
小计	16 600	22 600
变动制造费用标准分配率（元/小时）	0.83	0.94
单位产品直接人工数量标准（小时）	10.6	11
单位产品标准变动制造费用（元/小时）	8.8	10.34
固定制造费用预算（元）		
折旧费	4 800	7 200
办公费	400	800
管理人员工资	2 000	2 800
小计	7 200	10 800
固定制造费用标准分配率（元/小时）	0.36	0.45
单位产品直接人工数量标准（小时）	10.6	11
单位产品标准固定制造费用（元/小时）	3.82	4.96
制造费用标准成本（元）	12.62	15.3
合计	27.92	

上述三种标准成本制定后，将直接材料标准成本、直接人工标准成本和制造费用标准成本分别按照变动成本计算法和全部成本计算法汇总为整个产品单位标准成本。

【例 9-4】 以【例 9-1】、【例 9-2】、【例 9-3】列示的甲产品为例，汇总甲产品的单位产品标准成本见表 9-4 和表 9-5。

表 9-4 2016 年 ×× 月 ×× 日单位产品标准成本计算表

费用项目	价格标准	数量标准	单位成本（元）
直接材料			
A 材料	8.4（元/千克）	7.2（千克）	183.96
B 材料	12.6（元/千克）	9.8（千克）	
直接人工			
C 车间	1.01（元/小时）	10.6（小时）	22.58
D 车间	1.08（元/小时）	11（小时）	
变动制造费用			
C 车间	0.83（元/小时）	10.6（小时）	19.14
D 车间	0.94（元/小时）	11（小时）	
单位产品标准成本		225.68（元）	
注：本表为按变动成本法编制的，其固定制造费用全部列入期间成本。			

表 9-5　2016 年××月××日单位产品标准成本计算表

费用项目	价格标准	数量标准	单位成本（元）
直接材料			
A 材料	8.4（元/千克）	7.2（千克）	183.96
B 材料	12.6（元/千克）	9.8（千克）	
直接人工			
C 车间	1.01（元/小时）	10.6（小时）	22.58
D 车间	1.08（元/小时）	11（小时）	
变动制造费用			
C 车间	0.83（元/小时）	10.6（小时）	19.14
D 车间	0.94（元/小时）	11（小时）	
固定制造费用			
C 车间	0.36（元/小时）	10.6（小时）	8.78
D 车间	0.45（元/小时）	11（小时）	
单位产品标准成本		234.46（元）	

注：本表是按全部成本法编制的。

四、成本差异分析与处理

（一）成本差异概念及分类

1. 成本差异概念

在标准成本制度下，成本差异是指在一定时期生产一定数量的产品所发生的实际成本与相应的标准成本之间的差额。

2. 成本差异分类

成本差异按照不同标志分为以下几类：

（1）数量差异与价格差异。数量差异反映由于直接材料、直接人工和变动性制造费用等要素实际用量消耗与标准用量消耗不一致而产生的成本差异。其计算公式为：

数量差异 = 标准价格 ×（实际产量下的实际数量 − 实际产量下的标准数量）

= 标准价格 × 实际产量下的数量差异

价格差异是反映由于直接材料、直接人工和变动性制造费用等要素实际价格水平与标准价格不一致而产生的成本差异。其计算公式为：

价格差异 =（实际价格 − 标准价格）× 实际产量下的实际数量

= 实际价格与标准价格的差异 × 实际产量下的实际数量

（2）有利差异与不利差异。成本差异按数量特征可分为有利差异与不利差异。有利差异是指因实际成本低于标准成本而形成的节约差。不利差异指因实际成本高于标准成本而形成的超支差。但这里有利与不利是相对的，并不是有利差异越大就越好。有的企业有时为了盲目追求成本的有利差异，不惜以牺牲质量为代价。

（3）可控差异与不可控差异。可控差异是指与主观努力程度相联系而形成的差异，又称主观差异。它是控制的重点所在。不可控差异是指与主观努力程度关系不大，主要受客观原因影响而形成的差异，又称客观差异。

（二）成本差异计算与分析

成本差异分为直接材料成本差异、直接人工成本差异、变动制造费用成本差异和固定制造费用成本差异。

1. 直接材料成本差异

直接材料成本差异是指直接材料的标准成本与其实际成本之间的差额。其计算公式为：

直接材料成本差异 = 实际价格 × 实际用量 − 标准价格 × 标准用量
= 直接材料实际成本 − 直接材料标准成本

直接材料成本差异由"直接材料价格差异"和"直接材料数量差异"两部分构成。

（1）直接材料价格差异。直接材料价格差异是指企业采购部门购买一定数量的材料所支付的金额，与根据标准成本应支付金额之间的差异数。其公式如下：

直接材料价格差异 = 实际价格 × 实际数量 − 标准价格 × 实际数量
=（实际价格 − 标准价格）× 实际数量

上式中的实际数量，在标准成本制度下，往往是指采购材料的实际数量。一般来说，直接材料价格差异与生产部门无关，主要应由采购部门负责。因为材料单价受许多因素的影响，除供应单位实行新的定价表外，还包括采购能力、交货方式、运输方式、材料质量、购货折扣等，当其中任何一方面出现脱离标准成本的预定要求时，都会影响材料采购价格，进而导致价格差异的出现。如果发现直接材料出现价格差异，应及时向采购部门发出信号，提醒采购人员注意，并要查明差异出现的原因，采取必要的措施予以补偿，否则材料标准成本难以实现，甚至会失控。

【例9-5】已知：A公司在2015年只生产一种B产品，仅耗用一种直接材料C，其直接材料的价格标准为4元/千克，该公司某月采购直接材料C 5 000千克，单价为4.4元/千克。

要求：计算该月直接材料C的价格差异为多少？

解：根据上述价格差异公式，将题中已知数量代入：

材料C =（4.4 − 4）× 5 000 = 2 000（元）

A公司该月直接材料C价格差异为逆差2 000元。

（2）直接材料数量差异。直接材料的数量差异是指在生产过程中实际耗用的直接材料超过（或低于）标准耗用量所形成的差异，其计算公式如下：

直接材料数量差异 = 标准价格 × 实际数量 − 标准价格 × 标准数量
=（实际数量 − 标准数量）× 标准价格

【例9-6】已知：依前例A公司消耗直接材料C的数量标准2千克/件，预计全月生产B产品1 000件，实际完成1 200件，消耗材料2 000千克。

要求：计算材料C的数量差异为多少？

解：根据上述公式，将已知条件代入：

材料C数量差异 =（2 000 − 1 200 × 2）× 4 = −1 600（元）

材料C的实际耗用量低于标准耗用量1 600元。

直接材料数量差异，一般是反映生产中材料的节约或浪费，这主要由生产部门负责。如果出现直接材料实际耗用量高于标准耗用量，即发生不利差异，应及时追查生产部门的责任。这种情况的发生主要原因一般为工人用料不注意节约，或由于技术水平低，操作过程中损失浪费大。如果出现有利差异，即直接材料的实际耗用量低于标准用量，则应注意巩固生产部门的实绩。

2. 直接人工成本差异

直接人工成本差异是指直接人工的标准成本与直接人工的实际成本之间的差额。计算公式为：

$$直接人工成本差异 = 实际价格 \times 实际数量 - 标准价格 \times 标准数量$$
$$= 实际工资率 \times 标准工时 - 标准工资率 \times 标准工时$$

直接人工成本差异也由两部分组成，即直接人工价格差异和直接人工数量差异。

（1）直接人工价格差异。直接人工价格差异也称为直接人工工资率差异，是指按实际工资率计算的人工成本与按标准工资率计算的人工成本之间的差异。其算公式如下：

$$直接人工价格差异 = （实际工资率 - 标准工资率）\times 实际工时$$

【例9-7】 已知：依前例，A公司直接人工价格标准为10元/小时，实际价格为11元/小时，该月共用实际工时2 400小时。

要求：计算A公司该月份直接人工价格差异。

解：根据上述公式，将已知条件代入：

直接人工价格差异 = （11 - 10）× 2 400 = 2 400（元）

A公司该月份直接人工价格差异为超支2 400元。

这应由生产部门安排用工的人员负责。其发生超支的原因可能是安排用工不当或停工等料等。

（2）直接人工数量差异。直接人工数量差异也称直接人工效率差异，是指按实际工时与按标准工时计算应耗用工时之间的差异。其计算公式为：

$$直接人工数量差异 = 直接人工标准工资率 \times （实际工时 - 标准工时）$$

【例9-8】 已知：依前例，直接人工标准工时为1 200工时。

要求：计算A公司该月份直接人工数量差异。

解：直接人工数量差异 = 10 × （2 400 - 1 200）= 12 000（元）

A公司该月份直接人工数量差异为不利差异12 000元。

造成直接人工数量差异的原因是多方面的，如工人的技术熟练程度、材料质量和规格、动力供应、工具配备以及生产组织管理等，这些因素都会影响工时利用情况。

3. 变动制造费用成本差异

变动制造费用成本差异也称"变动费用成本差异"，是指在标准成本制度下，一定产量产品的实际费用与标准变动费用之间的差额。其计算公式为：

$$变动费用成本差异 = 实际分配率 \times 实际工时 - 标准分配率 \times 标准工时$$
$$= 实际变动费用总额 - 标准变动费用总额$$

变动制造费用成本差异通常也由两部分组成，即变动费用价格差异和变动费用数量差异。

(1) 变动费用价格差异。变动费用价格差异也称变动费用耗费差异，是指实际变动费用与按实际工时计算的标准变动费用之间的差额。其计算公式为：

变动费用价格差异 = 实际分配率 × 实际工时 - 标准分配率 × 实际工时
= （实际分配率 - 标准分配率）× 实际工时

【例9-9】 已知：依前例，A公司该月实际支付变动制造费用6 000元，标准变动制造费用价格6元/小时。

要求：计算A公司该月份变动费用价格差异。

解：根据上述公式，将已知条件代入：

变动费用价格差异 =（6 000/2 400 - 6）× 2 400 = -8 400（元）

A公司该月份变动费用价格差异为有利差异8 400元。

(2) 变动费用数量差异。变动费用数量差异也称变动费用效率差异，是指按生产实际耗用工时计算的变动费用与按标准工时计算的变动费用之间的差额。其计算公式为：

变动费用数量差异 = 标准分配率 × 实际工时 - 标准分配率 × 标准工时
= 标准分配率 ×（实际工时 - 标准工时）

【例9-10】 已知：依前例，A公司变动费用的数量标准为1小时/件。

要求：计算A公司该月份变动费用数量差异。

解：根据上述公式，将已知条件代入：

变动费用数量差异 = 6 × 1 ×（2 400 - 1 200）= 7 200（元）

A公司该月份变动费用数量差异为不利差异7 200元。这反映该企业在生产过程中工时利用效率不高。

4. 固定制造费用成本差异

固定制造费用成本差异也称固定费用成本差异，是指实施标准成本制度的企业在一定产品产量下，实际固定制造费用与标准固定制造费用之间的差额。其计算公式为：

固定制造费用差异 = 实际分配率 × 实际工时 - 标准分配率 × 标准工时
= 实际固定制造费用 - 标准固定制造费用

固定制造费用差异是由三部分组成，即固定费用耗费差异、固定费用效率差异和固定费用生产能力利用差异。

(1) 固定费用耗费差异。固定费用耗费差异也称固定费用开支差异，是指固定制造费用实际支付数与固定制造费用预算数之间的差异额。其计算公式如下：

固定费用耗费差异 = 实际支付数 - 预算数

【例9-11】 已知：依前例，A公司该月份固定制造费用的有关资料如下：预算4 800元，实际支付5 200元。

要求：计算固定费用耗费差异。

解：根据上述公式，将已知条件代入，得：固定费用耗费差异 = 5 200 - 4 800 = 400（元）

(2) 固定费用效率差异。固定费用效率差异是指由于生产效率高低所引起的固定制造费用的差异数。其计算公式如下：

固定费用效率差异 = 标准分配率 × 实际工时 - 标准分配率 × 标准工时
= 标准分配率 ×（实际工时 - 标准工时）

【例9-12】 已知：依前例，A公司实际产量应耗用标准工时2 400小时，预计产能标准总工时2 000小时。

要求：计算A公司该月份固定费用效率差异。

解：根据上述公式，将已知条件代入，得：

固定费用效率差异 = 4 800/2 000 × （2 400 - 1 200）= 2 880（元）

A公司该月份固定费用效率差异为不利差异2 880元。

（3）固定费用生产能力利用差异。固定费用生产能力利用差异是指由于生产能力利用程度不同而形成的固定制造费用的差异数。其计算公式如下：

固定费用生产能力利用差异 = 标准分配率 × 预算总工时 - 标准分配率 × 实际工时

= 标准分配率 × （预算总工时 - 实际工时）

【例9-13】 已知：依前例。

要求：计算A公司该月份固定制造费用生产能力利用差异。

解：根据上述公式，将已知条件代入，得：

固定费用生产能力利用差异 = 4 800/2 000 × （2 000 - 2 400）= -960（元）

A公司该月份固定费用生产能力利用差异为有利差异960元。

另外，也可以将固定费用效率差异和固定费用生产能力利用差异，用制造费用能量差异所替代，使固定制造费用由三种差异组成变为由耗费差异和能量差异两种差异组成。

五、成本差异账务处理的方法

在标准成本制度下，将标准成本与实际成本的差异，分别反映在有关成本差异账户上。每期期末，应对各项成本差异进行适当的调整，将所有差异账户结清。

（一）设置成本差异账户

在标准成本制度下，要按照成本差异的类别分别设置成本差异账户，对各种成本差异进行分类归集，以便用于成本控制和期末结转差异。需设置的成本差异账户主要有："直接材料价格差异"账户、"直接材料数量差异"账户、"直接人工价格差异"账户、"直接人工数量差异"账户、"变动制造费用价格差异"账户、"变动制造费用数量差异"账户、"固定制造费用耗费差异"账户、"固定制造费用效率差异"账户和"固定制造费用生产能力利用差异"账户，也可以将"固定制造费用效率差异"账户和"固定制造费用生产能力利用差异"账户合并为"固定制造费用能量差异"账户。

成本差异账户的设置要注意两点，一是成本差异的账户名称与各项成本差异名称相一致，二是各个成本差异账户登记的差异性质是一致的，即成本差异账户的借方登记实际成本超过标准成本的不利差异，贷方登记实际成本低于标准成本的有利差异。

在标准成本制度下，进行成本核算所应用的账户同实际成本记账的账户的不同之处在于同一名称的账户，所登记的成本不一致，即在标准成本制度下，按标准成本登记账户，否则，按实际成本登记；如"原材料"账户、"生产成本"账户、"产成品"账户，这些账户无论是借方还是贷方，均按标准成本登记。例如，企业购买材料入库，应用标准价格乘以实际采购量登记在"原材料"账户的借方，领用的材料则按标准价格乘以实际领用量，登记在"原材料"账户的贷方。

（二）对会计期末成本差异的处理

成本差异账户的本期发生额反映了这一会计期的标准成本的完成情况和成本控制的业绩。每一会计期期末各个成本差异账户均应结清，将其转到当期的"产品销售成本"账户中。在实际工作中有两种结转成本差异账户的方法，一是全部差异结转法，二是部分差异结转法。

1. 全部差异结转法

全部差异结转法是将本期发生的各项成本差异全部转入当期的"产品销售成本"账户，然后将"产品销售成本"账户余额全部转入当期损益中。这种方法的实质是将当期发生的全部成本差异都作为当期产品销售收入的抵减项目，列入损益表中。采用这种方法的理论依据：企业经过深入研究，科学制定的标准成本是符合企业现有的经济技术条件，能够代表企业当期应达到的成本水平。成本差异体现了企业当期的工作质量和绩效，应将其作为当期产品销售成本的调整项目，使其在经济成果报告中予以反映。这时，"生产成本"账户、"产成品"账户只反映标准成本，符合公认会计准则的要求。

这种结转方法计算过程简单，日常账务处理工作量较少。但是，如果标准成本制定得不准就会使成本差异变大，使成本差异不能真正体现企业当期的工作质量和绩效，使按标准成本反映的"原材料"账户、"生产成本"账户和"产成品"账户严重地脱离实际成本，进而会造成本期经营成果的不真实，因此，这种方法适用于标准成本制定得较合理、成本差异额不大的企业。

2. 部分差异结转法

部分差异结转法是指本期发生的各项成本差异按比例在产品销售成本和存货之间进行分配。换句话说，当期发生的全部成本差异，一部分结转到有关存货账户，由以后经营期间负担。采用这种方法的理论依据：根据公认会计原则和税法的有关规定，要求企业以实际成本反映产品销售成本和存货成本的价值，这样列入损益表中的产品销售成本和列入资产负债表上的存货均以实际成本表示，以便于企业依法纳税。

这种结转方法能够满足企业纳税的需要和公认会计准则的要求，特别是当标准成本制定得不准确造成成本差异额过大时，采用这种方法可以减少成本差异过大对本期损益造成的影响。但是，这种方法如果差异分配不当，也会直接影响企业财务成果的真实性。因此，实际工作更常用的方法为全部差异结转法。

第三节 作业成本控制

一、作业成本法概述

（一）作业成本法的含义

作业成本法又称作业成本计算法或作业量基准成本计算方法，是以作业为核心，确认和计量耗用企业资源的所有作业，将耗用的资源成本准确地计入作业，然后选择成本动因，将所有作业成本分配给成本计算对象（产品或服务）的一种成本计算方法。

作业成本法的指导思想："成本对象消耗作业，作业消耗资源"。作业成本法把直接成本和间接成本（包括期间费用）作为产品（服务）消耗作业的成本同等地对待，拓宽了成本的计算范围，使计算出来的产品（服务）成本更加准确真实。

（二）作业成本法的成本计算程序

按照作业成本法费用分配的基本原理，作业成本法的一般程序说明如下：

1. 进行作业分析，划分作业中心，建立成本库

这是作业成本法计算产品成本的第一步。在实际工作过程中，有专门的调查人员，确认作业、主要作业，以主要作业为主体，将性质相同的作业合并建立作业中心。

2. 分摊费用到各个作业成本库

划出作业设立作业成本库后，将企业消耗的成本按照成本动因进行归集并分配到各成本库。按作业成本法计算的规则：作业量的多少决定着资源的耗用量，资源耗用量的高低与最终产品的产出量没有直接关系。因此，这一步骤分配资源的价值耗费的基础是反映资源消耗费分配计入各作业成本库的关键。

3. 确认成本动因

分摊费用后，要确认导致该成本库成本费用产生的主要原因，以作为成本库费用分摊的基础。这是作业成本法的核心步骤。成本动因应简单易懂，与各作业活动的产出相关联。有些成本动因可以直接取得，如直接材料等；而有些成本动因就需要积累原始数据，还需专业人员进行经验总结来确定。

4. 分配各作业成本库的费用计入最终产品

根据成本动因，计算出成本动因分配率，分配作业成本到产品上，计算出产品成本和单位成本。

二、作业成本法举例

浙江某塑胶有限公司为中等规模的私人家族性加工企业，主要生产广告膜、木纹膜、装饰膜。三种产品的生产工序都一样，差异在于材料与加工时间及生产机器。广告膜销售量最大，装饰膜价格最高，销售量最少。公司设有一大一小两个生产车间，占地十多亩[①]。生产主要工序包括配料准备、捏合、密炼、开炼、过滤机过滤、卷取、包装。原材料、外购动力及低值易耗品（主要用于部分工序间）均外购。该塑胶有限公司一直采用传统成本计算方法计算产品成本。

（一）采取传统方法制造费用的核算情况

浙江某塑胶公司2016年1月生产的广告膜、木纹膜、装饰膜三种产品的直接材料、直接人工和制造费用的有关成本资料见表9-6。

---

① 1亩=666.67平方米。

表 9-6　广告膜、木纹膜、装饰膜的相关成本资料

项目	广告膜	木纹膜	装饰膜	合计
产量（吨）	2 000	1 000	500	
直接材料（元/吨）	7 200	8 000	9 200	27 000 000
直接人工（元/吨）	500	500	600	1 800 000
制造费用（元）				4 203 000
月直接人工工时（小时）	28 000	14 000	6 500	48 500

1. 制造费用分配

塑胶公司 1 月发生的制造费用总额为 4 203 000 元，需要在广告膜、木纹膜、装饰膜三种产品之间进行分配，按传统成本计算方法以直接人工工时作为制造费用的分摊基础，广告膜、木纹膜、装饰膜三种产品应分摊的制造费用金额见表 9-7。

表 9-7　广告膜、木纹膜、装饰膜三种产品应分摊的制造费用

项目	广告膜	木纹膜	装饰膜	合计
月直接人工工时（小时）	28 000	14 000	6 500	48 500
分配率	4 203 000/48 500 = 86.7			
制造费用（元）	2 426 474	1 213 237	563 289	4 203 000

制造费用分配率 = 4 203 000/48 500 = 86.7（元/小时）
广告膜应分配到的制造费用 = 86.7 × 28 000 = 2 427 600（元）
木纹膜应分配到的制造费用 = 86.7 × 14 000 = 1 213 800（元）
装饰膜应分配到的制造费用 = 86.7 × 65 000 = 5 635 500（元）

2. 产品单位成本计算

结合表 9-6 和表 9-7 的有关资料，综合可以确定每种产品单位成本，见表 9-8。

表 9-8　广告膜、木纹膜、装饰膜三种产品单位成本

项目	广告膜	木纹膜	装饰膜
直接材料（元）	14 400 000	8 000 000	4 600 000
直接人工（元）	1 000 000	500 000	300 000
制造费用（元）	2 426 474	1 213 237	563 289
合计（元）	17 826 474	9 713 237	5 463 289
产量（吨）	2 000	1 000	500
单位产品成本（元）	8 913	9 713	10 927

3. 公司成本管理的困惑

公司本来计划三种产品每吨均获利润 300 元左右，价格分别为：广告膜：9 400 元/吨；木纹膜：11 000 元/吨；装饰膜：12 000 元/吨。按照上面的出售价格，广告膜的订单数量较大，超过其生产能力，因此公司将其价格提高到 9 500 元/吨。在这个价格下，公司依然收到很多订单，最初公司以为是这段时间市场上广告膜处于需求旺盛时期，但是一段时间后，

仍然未变，公司管理人员发现不是需求问题，而是成本计价及定价的问题。再看装饰膜，刚好相反，市场上同类产品价格为 11 000 元/吨，如果照这个价格，利润很低，如果计入各项消费及管理费用，可能无利润可言。但是订单需求量却不多，公司部分管理人员觉得，近几年房地产一直比较火热，装饰膜需求量应该比较大，但是公司接到的订单反而不多，所以同样认为，也是产品成本计算和定价上出现的问题。这样看来，公司迫切地需要一个更精确的产品成本计算方法，以便更好地决定广告膜及装饰膜的生产与销售。经过反复讨论，大家觉得制造费用的分配可能存在问题，因此企业的财务经理决定采用作业成本法改进成本计算。

（二）用作业成本法进行重新计算

继续使用上面表格中的数据，笔者与公司会计人员在车间实际观察和对一些生产管理人员询问的基础上，对制造费用做详细的分析，将生产过程中的各项作业分为 8 个作业中心（即将制造费用划分为 8 个成本库），各作业中心一个月的作业成本见表 9-9。

表 9-9 制造费用在 8 个作业中心的分摊

作业成本库	制造费用（元）	作业成本库	制造费用（元）
启动准备	140 000	材料采购	82 500
物料处理	300 600	生产协调	842 040
设备维修	44 000	质量控制	1 363 160
电费	1 180 500	合计	4 203 000
外购动力	250 200		

会计人员及管理人员认定各作业成本库的成本动因见表 9-10。

表 9-10 各作业成本库的成本动因

作业成本库	成本动因	作业量			
		广告膜	木纹膜	装饰膜	合计
启动准备	准备次数（次数）	18	11	9	38
物料处理	材料移动（次数）	108	65	54	227
设备维修	维修工时（小时）	40	18	8	66
电费	电流（度）	420 000	220 000	100 000	740 000
材料采购	采购次数（次数）	11	6	4	21
生产协调	协调次数（次数）	110	50	30	190
质量控制	检验工时（小时）	8 000	3 500	1 800	13 300
外购动力	使用数量（吨）	230	110	60	400

下面按作业成本法分别计算广告膜、木纹膜、装饰膜三种产品应分摊到的制造费用金额及其单位成本。

1. 计算成本动因分配率

根据企业的作业成本中心的成本数据以及成本动因数，计算成本动因分配率见表 9-11。

第九章 成本控制

表 9-11 成本动因分配率

作业成本库	成本动因	月制造费用（元）	月作业量（吨）	成本动因分配率
启动准备	准备次数（次数）	140 000	38	3 684.2
物料处理	材料移动（次数）	300 600	227	1 324.2
设备维修	维修工时（小时）	44 000	66	666.7
电费	电流（度）	1 180 500	740 000	1.6
材料采购	采购次数（次数）	82 500	21	3 928.6
生产协调	协调次数（次数）	842 040	190	4 431.8
质量控制	检验小时（小时）	1 363 160	13 300	102.5
外购动力	使用数量（吨）	250 200	400	625.5

2. 制造费用分配

将作业成本库的制造费用按成本动因分配率分摊到各产品，见表 9-12。

表 9-12 作业成本库的制造费用按成本动因分配率在三种产品的分配

项目	成本动因分配率	广告膜		木纹膜		装饰膜	
		作业量	作业成本	作业量	作业成本	作业量	作业成本
启动准备	3 684.2	18	66 315.6	11	40 526.2	9	33 157.8
物料处理	1 324.2	108	143 013.6	65	86 073	54	71 506.8
设备维修	666.7	40	26 668	18	12 000.6	8	5 333.6
电费	1.6	420 000	672 000	220 000	352 000	100 000	160 000
材料采购	3 928.6	11	43 214.6	6	23 571.6	4	15 714.4
生产协调	4 431.8	110	487 498	50	221 590	30	132 954
质量控制	102.5	8 000	820 000	3 500	358 750	1 800	184 500
外购动力	625.5	230	143 865	110	68 805	60	37 530
合计			2 402 574.8		1 163 316.4		640 696.6

3. 单位产品成本计算

按照作业成本法计算确定的企业广告膜、木纹膜、装饰膜三种产品单位成本见表 9-13。

表 9-13 广告膜、木纹膜、装饰膜三种产品单位成本（作业成本法）

项目	广告膜	木纹膜	装饰膜
直接材料（元）	14 400 000	8 000 000	4 600 000
直接人工（元）	1 000 000	500 000	300 000
制造费用（元）	2 402 574.8	1 163 316.4	640 696.6
合计（元）	17 802 574.8	9 663 316.4	5 540 696.6
产量（吨）	2 000	1 000	500
单位产品成本（元）	8 901	9 663	11 081

4. 两种方法的单位成本计算对比

将作业成本法下的单位成本与传统成本计算法下的单位成本对比，见表9-14。

表9-14 作业成本法下与传统成本计算法下的单位成本对比

	广告膜	木纹膜	装饰膜
作业成本法计算下的单位成本（元）	8 901	9 663	11 080
传统成本计算法下的单位成本（元）	8 913	9 713	10 927
成本差异（元）	12	50	-153

通过表9-14的比较，可以发现作业成本法计算下广告膜的单位成本反而比传统成本计算法下的单位成本要低，而装饰膜却恰恰相反，作业成本法计算下的单位成本远远高于传统成本计算法下的单位成本。这是一个比较意外的结果，要是在进行制造费用分配时采用作业成本法，就可以清晰地发现潜在的问题。

（三）通过作业成本法发现的问题及解决途径

从三种产品横向比较各个作业中心，通过表中的数据，可以看出，三种产品制造费用的差异主要在启动准备、物料处理及材料采购这三个作业中心上，并且数据差异性相同，装饰膜的费用比例明显高于广告膜和木纹膜。其主要原因：材料采购是根据生产数量，而生产数量主要取决于订单的数量，广告膜一次订单的数量都是在100吨以上，很少有低于100吨的情况，木纹膜也是在100左右，但是装饰膜都是小批量订单，都在100吨以下，装饰膜的订单数量远远小于广告膜和木纹膜的订单数量，所以采购装饰膜原材料的次数明显比广告膜和木纹膜频繁，分配到的单位成本费用也高于其他两种产品。启动准备和物料处理也是同样的原理，因为装饰膜订单数量小，生产的批次多，启动准备的次数也就多，分配到的单位产品费用也就高。订单数量小的原因有两个方面：一方面是因为三种产品的客户源不同，订购装饰膜的企业规模比较小；另一方面是客户企业只向公司订购一小部分的装饰膜，初步分析是企业大部分产品是广告膜与木纹膜，客户企业对公司装饰膜质量不信任。另外，也可以看出企业在装饰膜这种产品上的生产策略很不科学。

从企业与同类企业相比较，三种产品订购的数量均不大。并且在设备更新方面也跟不上同类企业，特别是小生产车间，因为企业刚成立时就只有一个小生产车间，十多年来机器生产设备几乎没多大变化，从而在电费、设备维修费及质量控制上相当不占优势。这是需要引起管理层注意的。还有一点就是，公司在生产协调上也比不上同类企业，某塑胶公司为家族私营企业，管理人员主要为家族人员，管理分配不明确，责任不到位，没有一个绝对具体的主要生产管理人员（或者说缺少有能力的生产管理人员）。

这些问题都从主要作业中心中明显反映出来，主要作业中心的费用明显增加。面对这些问题，可以依据本书前面所提到的"根据作业成本法降低成本的途径"，采用"选择作业"和"减低作业"的方法，制定科学的生产策略，更新生产设备，并且企业应该大胆起用家族以外的人员，更好地管理协调生产工作，从而降低成本，使企业及时得到更新发展。

同时，企业可以考虑改变生产结构，如是否扩大广告膜的生产规模，取消装饰膜的生产，专一提高广告膜和木纹膜的生产技术，并积极拓展客户资源，取得客户信任。

注：上述例子所采用的数据时间段是一个月，如果公司要全面实施作业成本法，就应当采用一年或者更长的时间段数据，这样才能使信息更加精确可靠。

第四节 其他成本控制方法

除了前面介绍的标准成本控制法和作业成本控制法，企业还可以视本单位的实际情况、根据不同的管理要求选择多种多样的成本控制方法。例如，仅就事前控制来说，就有用于产量或销售量问题的本-量-利分析法；有用于产品设计和产品改进的价值分析法；有解决产品结构问题的线性规划法；有用于材料采购控制的经济订货批量法。本节以用于材料采购控制的经济订货批量法为例，对其他成本控制方法进行简单介绍。

一、经济订货批量法的含义

经济订货批量法是指根据单位产品支付费用最小原则确定批量的方法，又称"最小费用法"。生产批量的大小对成本影响较大。批量大，可以减少设备调整费用，而在制品费用却相应增大；批量小，虽可减小在制品费用，但却要增大设备调整费用。

经济订货批量法是确定批量和生产间隔期时常用的一种以量定期的方法。生产费用与批量之间存在着函数关系，批量主要通过两方面因素影响生产费用：一是生产准备费用，这部分费用随生产批次增减而变化；二是保管费用，即在制品在存储保管期间所发生的费用，如仓库管理费用、资金呆滞损失、存货的损耗费用等。这些费用与批量大小和存储时间长短有关。

二、经济订货批量法的公式

经济订货批量模型最早由 F. W. Harris 于 1915 年提出，该模型有如下假设：

（1）需求率已知，为常量。年需求量以 D 表示，单位时间需求率以 d 表示。
（2）一次订货量无最大最小限制。
（3）采购、运输均无价格折扣。
（4）订货提前期已知，为常量。
（5）订货费与订货批量无关。
（6）维持库存费是库存量的线性函数。
（7）补充率为无限大，全部订货一次交付。
（8）不允许缺货。
（9）采用固定量系统。

$$TC(Q) = PR + \frac{CR}{Q} + \frac{PFQ}{2}$$

$$\frac{dTC(Q)}{dQ} = \frac{d}{dQ}\left(PR + \frac{CR}{Q} + \frac{PFQ}{2}\right) = 0$$

$$\frac{PF}{2} - \frac{CR}{Q^2} = 0$$

$$\frac{PF}{2} = \frac{CR}{Q^2}$$

$$Q^2 = \frac{2CR}{PF}$$

$$Q^* = \sqrt{\frac{2CR}{PF}} = \sqrt{\frac{2CR}{H}}$$

其中，Q^* 为经济订货批量；C 为单次订货成本；R 为年总需求量；H 为单位产品的库存成本。

【例9-14】 某贸易公司每年以每单位30元的价格采购6 000个单位的某产品，处理订单和组织送货要125元的费用，每个单位存储成本为6元，请问这种产品的最佳订货政策是多少？

解：已知：年总需求量 $R = 6\,000$（个）

单次订货成本：$C = 125$（元）

单位产品的库存成本：$H = 6$（元）

代入公式可得：

$$Q^* = \sqrt{\frac{2CR}{H}} = \sqrt{\frac{2 \times 6\,000 \times 125}{6}} = 5\,00 \text{（个）}$$

所以该产品的最佳订货量为500个单位产品。

案例导入分析

处在大数据时代，采用传统成本归集分配的会计处理方法下所得到的数据，已经难以准确反映真实的产品耗用情况，难以为企业的经营决策提供有利于分析的财务数据。徐工集团基于作业成本法的盈利分析模型，正是为应对信息化大环境而构建的。2009年，徐工集团启动信息化整体提升工程，实施开发ERP系统，铲运机械事业部作为首批上线的单位之一。从此，公司依托先进的信息系统，企业引入作业成本法，从成本动因分析入手，对各类产品进行成本分析与成本控制，为企业的生产经营计划与决策提供较为准确详细的信息。

本章小结

在市场经济条件下，企业始终面对的将是全方位的竞争，全世界的竞争。企业要想在日益激烈的市场竞争中谋求经济利益，就要努力提升自己的竞争优势，加强成本控制，努力寻求各种降低成本的有效途径和方法。本章在介绍成本控制的类型、原则的基础上重点阐述了标准成本法和作业成本法的相关理论及在成本控制过程中两种方法的应用。通过本章的学习，学生应掌握标准成本法、作业成本法的相关理论并能够运用标准成本法、作业成本法和存货控制法对企业成本进行控制。

技能训练

一、单项选择题

1. 一般来说，应对直接材料价格差异负责的部门是（　　）。

　　A. 生产部门　　　　B. 采购部门　　　　C. 劳动人事部门　　　　D. 计划部门

2. 在成本差异分析中，变动制造费用耗费差异类似于( )。
   A. 直接人工效率差异   B. 直接材料用量差异
   C. 直接材料价格差异   D. 直接材料成本差异

3. 固定制造费用效率差异体现的是( )。
   A. 实际工时与标准工时之间的差异   B. 实际工时与预算工时之间的差异
   C. 预算工时与标准工时之间的差异   D. 实际分配率与标准分配率之间的差异

4. 在成本差异分析中，变动制造费用效率差异类似于( )。
   A. 直接人工效率差异   B. 直接材料价格差异
   C. 直接材料成本差异   D. 直接人工工资率差异

5. 如果直接人工实际工资率超过了标准工资率，但实际耗用工时低于标准工时，则直接人工的效率差异和工资率差异的性质是( )。
   A. 效率差异为有利；工资率差异为不利   B. 效率差异为有利；工资率差异为有利
   C. 效率差异为不利；工资率差异为不利   D. 效率差异为不利；工资率差异为有利

6. 作业成本计算法计算间接费用分配率应考虑( )。
   A. 生产工时   B. 作业目的   C. 总量标准   D. 成本动因

7. 作业的主体是( )。
   A. 产品   B. 人   C. 劳务   D. 物

8. 作业管理的核心是( )。
   A. 作业成本计算   B. 作业分析   C. 作业重构   D. 作业考评

9. 作业成本计算法最重要的优点在于( )。
   A. 促进企业组织方式变革   B. 作业的计量和分配较为客观
   C. 促使管理人员加强成本控制   D. 简化了成本计算程序

10. 狭义作业成本计算法的计算步骤首先是( )。
    A. 确认计划目标、时间和范围   B. 确定主要作业，明确作业中心
    C. 搜集与作业有关的资料   D. 对有关人员进行培训

11. 作业成本计算法下间接成本与产量之间的关系为( )。
    A. 订购量越大，采用作业成本法计算的单位成本越低
    B. 订购量越大，采用作业成本法计算的单位成本越高
    C. 订购量越小，采用作业成本法计算的单位成本越低
    D. 无论订购量多少，计算出的单位成本都是相同的

12. 下列对作业成本计算法不正确的表述是( )。
    A. 作业成本计算法的应用受到适用条件的限制
    B. 作业的计量和分配带有一定的主观性
    C. 成本动因有着严谨的判断方法
    D. 作业成本计算法并没有解决与作业活动无关的间接费用分配问题

13. 选择作业中心间接成本的分配标准时，对自动化设备作业的作业衡量标准应选择( )。
    A. 订单数量   B. 产品批量   C. 直接人工工时数   D. 机器工时数

二、多项选择题

1. 产品标准成本的构成包括(　　)。
   A. 直接材料标准成本　　　　B. 直接人工标准成本
   C. 变动制造费用标准成本　　D. 固定制造费用标准成本
   E. 标准工时

2. 材料价格差异产生的原因主要为(　　)。
   A. 市场供求关系变化而引起的价格变动　　B. 采购费用的变动
   C. 材料质量的变化　　　　　　　　　　　D. 材料加工中的损耗的变动
   E. 采购材料的次数

3. 成本动因可以是(　　)。
   A. 财务指标　　　　　　　B. 非财务指标
   C. 数量型的或非数量型的　D. 内部的或外部的
   E. 积极的或消极的

4. 作业管理的主要内容包括(　　)。
   A. 作业分析　　　B. 作业重构　　　C. 盈亏分析
   D. 标杆比较　　　E. 业绩评价

5. 作业成本计算法与传统成本计算法的主要区别体现在(　　)。
   A. 成本计算基础不同　　　B. 成本计算对象不同
   C. 成本计算程序不同　　　D. 费用分配标准不同
   E. 提供的成本信息不同

6. 采用作业成本计算法应具备的条件有(　　)。
   A. 制造费用比重相当大
   B. 产品种类很多
   C. 作业环节较多
   D. 生产运行数量相差很大且生产准备成本昂贵
   E. 会计电算化程度较高

7. 狭义作业成本计算法一般步骤包括(　　)。
   A. 明确作业中心　　　　　B. 归集成本资源
   C. 选择成本动因　　　　　D. 分配间接费用
   E. 计算每种产品的作业成本

8. 选择适当的成本动因通常应考虑的因素有(　　)。
   A. 产品的种类　　　　　　　　　B. 成本动因资料是否易得
   C. 与作业实际消耗的相关度　　　D. 成本动因引发的人的行为
   E. 执行者的判断经验

9. 下列作业的成本驱动因素即成本动因为采购单数量的有(　　)。
   A. 购入材料　　　　B. 移送材料
   C. 领用材料　　　　D. 设备管理
   E. 存货管理

三、判断题

1. 直接材料标准成本根据直接材料用量标准和直接材料标准价格计算。（　）
2. 作为计算直接人工标准成本的用量标准，必须是直接人工生产工时。（　）
3. 一般情况下材料的价格差异，应由采购部门负责；材料的数量差异，应由负责控制用料的生产部门负责。（　）
4. 作业成本计算法是通过分析成本发生的动因，对构成产品成本的各种主要间接费用采用不同的间接费用率进行成本分配的成本计算法。（　）
5. 作业按主次关系分类可分为产品作业和支持作业。（　）
6. 作业是作业成本计算法的核心。（　）
7. 成本动因与作业之间是一对一的对应关系。（　）
8. 作业的目的不同于某一项具体工作目的，作业的划分是循着成本动因展开的，这为按照成本动因分配费用提供了基础。（　）
9. 作业成本计算仅仅是一种成本核算方法，并非是一种现代成本管理的方法。（　）
10. 作业成本计算法与传统成本计算法两者虽然在整体框架上基本相同，制造费用也分为归集和分配两个过程，但其成本的归集点及分配的方法存在着显著的差别。（　）

四、业务题

某企业生产甲产品 10 件，产品标准成本每件为 2 600 元；本期销售 9 件，本月发生有关业务如下：

（1）材料采购（款项已付）与耗用情况表见表 9-15。

表 9-15　材料采购与耗用情况表

数量单位：千克　　金额单位：元

材料种类	单价		标准单耗	实际购入	实际消耗
	标准	实际			
A	10	11	100	1 500	900
B	5	6	20	300	190

（2）工资情况见表 9-16。

表 9-16　直接工资与工时情况表

数量单位：千克　　金额单位：元

项目	预算数	标准数	实际数
直接工资	4 000		5 850
工时	1 000	1 250	1 300

（3）制造费用情况见表 9-17。

表 9-17 制造费用情况表

项目	预算数	标准数	实际数
变动费用	5 000		7 800
固定费用	3 000		3 250
制造费用	8 000		11 050

要求：根据上述资料计算材料采购、材料消耗、直接工资、制造费用的差异额并分析差异产生的原因。

第十章

责任会计与业绩考评

★ 案例导入

海尔集团的 SBU 管理革命

海尔集团是世界白色家电第一品牌,在全球建立了 29 个制造基地,8 个综合研发中心,19 个海外贸易公司,全球员工总数超过 6 万人,已发展成为大规模的跨国企业集团。

1997 年,海尔集团销售收入首次突破 100 亿元;1999 年突破 200 亿元;2004 年,海尔集团年销售收入首度超过 1 000 亿元。

2009 年,海尔品牌价值高达 812 亿元,累计申请专利 9 738 项,其中发明专利 2 799 项。仅 2009 年,海尔就申请专利 943 项,其中发明专利 538 项,平均每个工作日申请两项发明专利。

海尔以"人单合一"的自主经营体为支点,通过"虚实网结合的零库存下的即需即供"商业模式,努力打造满足用户动态需求的体系。

海尔的 SBU 管理革命始于 1998 年的企业内部的流程再造。SBU 是英语 Strategical Business Unit 的缩写,意思是战略事业单元。即在企业内部模拟市场交易。

海尔全员推行 SBU 的目的是克服大企业病,让海尔这个千亿元规模的"大象"企业能像小企业一样充满活力。

SBU 具体的体现就是速度和创新,即把目标量化到每个人身上,每个人都去创新,都以速度去争取用户。SBU 的原则:"挣够市场费用、留足企业利润、盈亏都归自己"。

SBU 的四个要素:市场目标、市场订单、市场效果、市场报酬,这是企业的四个目标,要转化到每个人身上去。市场目标:以速度体现的市场竞争力,创造用户资源;市场订单:以创新创造有价值的订单,实现市场目标;市场效果:以订单执行到位创造出用户满意度的量化数据,并由企业信息化系统显示;市场报酬:自己创造的市场增值部分在收入中的体现,并能对市场目标的再提高产生作用。SBU 对员工意味着要成为创新的主体,应该通过在为用户创造价值的过程中体现自己的价值,也就是经营自我。

SBU 经营的三个特征，一是，没有上级，没有下级，只有市场目标和市场关系。二是，没有起点，没有终点，只有把握市场变化而不断地创新。三是，建设充满活力，有速度，有竞争力的市场终端。

海尔通过 SBU 大力倡导"人单合一"。就是每个人都有自己的订单（订单就是市场），每个人都要对订单负责，而每一张订单都有人对它负责，即"人人都管单，单单有人管"。

海尔集团的组织架构图，如图 10-1 所示。

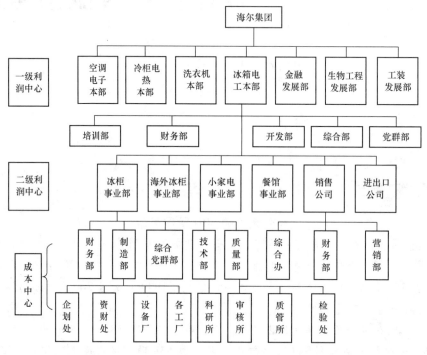

图 10-1 本部制阶段与二级利润中心

什么是 SBU？海尔的 SBU 管理革命是否成功？

★学习目标

- 了解责任会计的含义；业绩考核的概念。
- 理解责任会计的内容和建立责任会计制度应遵循的原则；内部转移价格的种类及制定方法。
- 掌握责任中心的种类及考核指标；业绩考核的指标。

★重点与难点

- 重点：掌握责任中心的种类及考核指标；内部结算方式、责任成本结转与内部仲裁的定义与特点。
- 难点：了解责任中心考核指标。

第十章 责任会计与业绩考评

★ 职业技能

通过本章学习,学生能够了解责任会计和业绩考核的概念及责任预算、业绩考核和业绩报告之间的关系;掌握责任中心的种类、特征和考核及内部结算方式、责任成本转移与内部仲裁的概念;能够运用相关理论对企业进行责任中心的划分并进行业绩考核。

第一节 责任会计概述

一、责任会计的含义

责任会计也称控制业绩会计,是以各个责任中心为主体,以责、权、效、利相统一的机制为基础形成的为评价和控制企业经营活动的进度和效果服务的信息系统。

责任会计是由以往的各种会计管理制度发展而来的。其共同点是贯穿一个经济责任的基本原则,不同的是以前的经济责任制没有明确与会计的关系,没有和会计相结合,而责任会计则是把厂内经济责任制与会计结合起来,从实践和理论上得出了明确的概念——经济责任会计,成为会计工作的一个领域。

二、责任会计的内容及责任会计制度的建立原则

(一)责任会计的内容

1. 设置责任中心,明确权责范围

依据各部门经营活动的特点,将其划分为若干责任中心,明确职责范围,使其能在权限范围内独立自主地履行职责。

2. 编制责任预算,确定考核标准

将企业的总体目标层层分解,具体落实到每一个责任中心,作为其开展经营活动、评价工作成果的基本标准和主要依据。

3. 建立跟踪系统,进行反馈控制

对每一个责任中心建立起预算执行情况的跟踪系统,定期将实际数与预算数对比,找出差异,分析原因,控制和调节经营活动。

4. 分析评价业绩,建立奖罚制度

通过定期编制业绩报告,对各责任中心的工作成果进行分析和评价,以实际成果的好坏进行奖惩,从而最大限度地调动各责任中心的积极性,促使其相互协调,提高生产经营效率。

(二)建立责任会计制度应遵循的原则

在建立责任会计制度时,应遵循以下几个基本原则:

1. 责任主体原则

使各级管理部门在充分享有经营决策权的同时,也对其经营管理的有效性承担相应的经

济责任。各级管理部门设置相应的责任中心建立责任会计的核算。

2. 可控性原则

对各责任中心的业绩考核与评价，必须以责任中心自身能够控制为原则。如果一个责任中心自身不能有效地控制其可实现的收入或发生的费用，也就很难合理地反映其实际工作业绩，从而也就无法做出相应的评价与奖惩。

3. 目标一致原则

当经营决策权授予各级管理部门时，实际上就是将企业的整体目标分解成各责任中心的具体目标。各责任中心必须始终注意与企业的整体目标保持一致，避免因片面追求局部利益而损害整体利益。

4. 激励原则

要求各责任中心的责任目标、责任预算的确定相对合理。它包括两个方面：一是目标合理、切实可行；二是经过努力完成目标后所得到的奖励与所付出的努力成正比。

5. 反馈原则

必须保证以下两个信息反馈渠道的畅通：一是信息向各责任中心的反馈，使各责任中心能够及时了解预算的执行情况，以便采取有效措施调整偏离的目标或预算的差异；二是责任中心向上级反馈，以便上级管理部门做出适当反应。

6. 重要性原则

注意在全面中突出重点，注意成本效益性。

第二节　责任中心

一、责任中心的含义与特征

（一）责任中心的含义

责任中心是指承担一定经济责任，并享有一定权利的企业内部（责任）单位。责任中心就是将企业经营体分割成拥有独自产品或市场的几个绩效责任单位，在将总合的管理责任授权给予这些单位之后，将这些单位置于市场竞争环境之下，透过客观性的利润计算，实施必要的业绩衡量与奖惩，以期达成企业设定的经营成果的一种管理制度。

（二）责任中心的特征

1. 责任中心内部有定期性的评估

责任中心需要有绩效管理的具体评估，而不是用抽象的主观观念去区分好与不好。评价标准只有客观、公平、符合该责任中心的业务特点，才可以调动员工的积极性，使员工能够把注意力集中在责任中心的经营指标上，而不是以公司总体利益为借口，不努力执行具体目标。

2. 权责与绩效分明

没有实施"责任中心制度"的单位常会面临重叠或归属不清问题。"责任中心制度"的特点就是各部门人员间的权责与绩效是分明的且可循的,每个责任中心都能独立完成工作,这样一旦出现问题,是哪个责任中心的责任一目了然。

3. 能够配合企业整体利益

责任中心的目标正是公司总体目标的一个分解,完成责任中心的目标就是完成了组织目标的一部分。但在实际执行中总会有所偏差,除了第二点提到的漠视责任中心目标的情况外,另一种可能出现的情况就是责任中心的目标偏离了公司整体目标。

4. 经营成果能够用具体会计数据衡量

这取决于公司管理会计制度的实施情况,为了使责任中心能够不断提高,需要用会计数据来反映责任中心的全面运营情况,以利于公司改进。

5. 各责任中心之间既有合作又有竞争

公司要让各个中心在相互竞争下给予适当奖惩从而提高效率。除了授权各责任中心自主管理外,还需要让中心成员对其多付出的贡献得到应有的回馈,故需采用奖惩等措施,让各中心彼此横向竞争刺激成长。

当企业设立的责任中心具有以上特征时,才能被认为是成功实施了责任中心制度。

二、责任中心的种类及考核指标

责任中心可划分为成本中心、利润中心、投资中心、费用中心和收入中心。

(一) 成本中心

1. 成本中心的含义

成本中心是指只对成本或费用负责的责任中心。成本中心的范围最广,只要有成本费用发生的地方,都可以建立成本中心,从而在企业形成逐级控制、层层负责的成本中心体系。

2. 成本中心的考核指标

成本中心的考核指标包括成本变动额和成本变动率两项指标。

$$成本变动额 = 实际责任成本 - 预算责任成本$$

$$成本变动率 = \frac{成本变动额}{预算责任成本} \times 100\%$$

【例 10-1】 已知:某企业第一车间是一个成本中心,只生产 A 产品。其预算产量为 5 000 件,单位标准材料成本为 100 元/件;实际产量为 6 000 件,实际单位材料成本 96 元/件。假定其他成本暂时忽略不计。

要求:计算该成本中心消耗的直接材料责任成本的变动额和变动率,分析并评价该成本中心的成本控制情况。

假定单位标准材料成本 = 10 元/千克 × 10 千克/件

假定实际单位材料成本 = 12 元/千克 × 8 千克/件

解:

成本变动额 = 96 × 6 000 - 100 × 6 000 = -24 000(元)(F)

$$成本变动率 = \frac{-24\ 000}{100 \times 6\ 000} \times 100\% = -4\% \ (F)$$

其原因分析如下:

由于材料价格上升对成本的影响：(12-10)×8×6 000=96 000（元）（U）

由于材料用量降低对成本的影响：10×(8×6 000-10×6 000) = -120 000（元）（F）

该成本中心的直接材料成本节约了24 000元。

计算结果表明，该成本中心的成本降低额为24 000元，降低率为4%。

(1) 由于材料采购价格上升致使成本超支了96 000元，这属于企业第一车间的不可控成本，应将此超支责任由该车间转出，由采购部门承担。

(2) 由于材料用量降低使得成本节约了120 000元，属于该中心的取得成绩。

（二）利润中心

1. 利润中心的含义

利润中心是指既对成本负责又对收入和利润负责的责任中心，它有独立或相对独立的收入和生产经营决策权。

2. 利润中心的考核指标

(1) 当利润中心不计算共同成本或不可控成本时，其考核指标是利润中心边际贡献总额，该指标等于利润中心销售收入总额与可控成本总额（或变动成本总额）的差额。

(2) 当利润中心计算共同成本或不可控成本，并采取变动成本法计算成本时，其考核指标包括利润中心边际贡献总额、利润中心负责人可控利润总额、利润中心可控利润总额。

【例10-2】 已知：某企业的第二分厂是一个人为利润中心。本期实现内部销售收入500 000元，变动成本为300 000元，该中心负责人可控固定成本为40 000元，中心负责人不可控，但应由该中心负担的固定成本为60 000元。

要求：计算该利润中心的实际考核指标，并评价该利润中心的利润完成情况。

解：

利润中心边际贡献总额=500 000-300 000=200 000（元）

利润中心负责人可控利润总额=200 000-40 000=160 000（元）

利润中心可控利润总额=160 000-60 000=100 000（元）

计算结果表明该利润中心各项考核指标的实际完成情况。为对其完成情况进行评价，需要将各指标与责任预算进行对比和分析，并找出产生差异的原因。

（三）投资中心

1. 投资中心的含义

投资中心是指既对成本、收入和利润负责，又对投资效果负责的责任中心。投资中心是最高层次的责任中心，它拥有最大的决策权，也承担最大的责任。投资中心必然是利润中心，但利润中心并不都是投资中心。利润中心没有投资决策权，而且在考核利润时也不考虑所占用的资产。

2. 投资中心的考核指标

除考核利润指标外，投资中心主要考核能集中反映利润与投资额之间关系的指标，包括投资利润率和剩余收益。

(1) 投资利润率。投资利润率又称投资收益率，是指投资中心所获得的利润与投资额之间的比率，可用于评价和考核由投资中心掌握、使用的全部净资产的盈利能力。其计算公式为：

$$投资利润率 = \frac{利润}{投资额} \times 100\%$$

或   投资利润率 = 资本周转率 × 销售成本率 × 成本费用利润率

其中，投资额是指投资中心的总资产扣除对外负债后的余额，即投资中心的净资产。

为了评价和考核由投资中心掌握、使用的全部资产的总体盈利能力，还可以使用总资产息税前利润率指标。其计算公式为：

$$总资产息税前利润率 = \frac{息税前利润}{总资产} \times 100\%$$

投资利润率指标的优点：能反映投资中心的综合盈利能力；具有横向可比性；可以作为选择投资机会的依据；可以正确引导投资中心的经营管理行为，使其长期化。该指标的最大局限性在于会造成投资中心与整个企业利益的不一致。

（2）剩余收益。剩余收益是指投资中心获得的利润，扣除其投资额（或净资产占用额）按规定（或预期）的最低收益率计算的投资收益后的余额。其计算公式为：

剩余收益 = 利润 − 投资额 × 规定或预期的最低投资收益率

或 = 息税前利润 − 总资产占用额 × 规定或预期的总资产息税前利润率

剩余收益指标能够反映投入产出的关系，能避免本位主义，使个别投资中心的利益与整个企业的利益统一起来。

【例10-3】已知：某公司下设 A 和 B 两个投资中心，该公司加权平均最低投资收益率为10%。公司拟追加30万元的投资。有关资料见表10-1。

要求：根据表10-1中资料评价 A 和 B 两个投资中心的经营业绩。

表10-1 投资中心考核指标的计算   单位：万元

项目		投资额	利润	投资利润率	剩余收益
追加投资前	A	40	2	5%	2 − 40 × 10% = −2
	B	60	9	15%	9 − 60 × 10% = +3
	合计	100	11	11%	11 − 100 × 10% = +1
A 投资中心追加投资30	A	40 + 30 = 70	2 + 2.2 = 4.2	6%	4.2 − 70 × 10% = −2.8
	B	60	9	15%	9 − 60 × 10% = +3
	合计	100 + 30 = 130	11 + 2.2 = 13.2	10.1%	13.2 − 130 × 10% = +0.2
B 投资中心追加投资30	A	40	2	5%	2 − 40 × 10% = −2
	B	60 + 30 = 90	9 + 4.2 = 13.2	14.7%	13.2 − 90 × 10% = +4.2
	合计	100 + 30 = 130	11 + 4.2 = 15.2	11.8%	15.2 − 130 × 10% = +2.2

解：由表10-1可知，如以投资利润率作为考核指标追加投资后，A 的利润率由5%提高到了6%，B 的利润率由15%下降到了14.7%，则向 A 投资比向 B 投资好；但以剩余收益作为考核指标，A 的剩余收益由原来的 −2 万元变成了 −2.8 万元，B 的剩余收益由原来的3万元增加到4.2万元，应当向 B 投资。

如果从整个公司进行评价，就会发现 A 追加投资时全公司总体投资利润率由 11% 下降到 10.1%，剩余收益由 1 万元下降到 0.2 万元；B 追加投资时全公司总体投资利润率由 11% 上升到 11.8%，剩余收益由 1 万元上升到 2.2 万元，这和以剩余收益指标评价各投资中心的业绩的结果一致。

所以，以剩余收益作为评价指标可以保持各投资中心获利目标与公司总的获利目标达成一致。

最低层次的成本中心应就经营的可控成本向其上层成本中心负责；上层成本中心应就其本身的可控成本和下层转来的责任成本一并向利润中心负责；利润中心应就其本身的收入、成本（含下层转来的成本）和利润（或边际贡献）向投资中心负责；投资中心就其经营的投资利润率和剩余收益向总经理和董事会负责。

第三节 内部转移价格

一、内部转移价格的含义、作用及制定原则

（一）内部转移价格的含义

内部转移价格指企业内部各责任中心之间由于相互结算或相互转账所使用的价格标准。

（二）内部转移价格的作用

1. 合理界定各责任中心的经济责任

内部转移价格作为一种计量手段，可以确定转移产品或劳务的价值量。这些价值量既标志着提供产品或劳务的责任中心经济责任的完成，同时也标志着接受产品或劳务的责任中心应负经济责任的开始。

2. 有效测定各责任中心的资金流量

各责任中心在生产经营过程中需要占用一定数量的资金。企业集团可以根据内部转移价格确定一定时期内各责任中心的资金流入量和资金流出量，并可在此基础上根据企业集团资金周转的需求，合理制定各责任中心的资金占用量。

3. 科学考核各责任中心的经营业绩

提供产品或劳务的责任中心可以根据提供产品或劳务的数量及内部转移价格计算本身的"收入"，并可根据各生产耗费的数量及内部转移价格计算本身的"支出"。

（三）内部转移价格的制定原则

1. 全局性原则

采用内部转移价格的各单位从属于一个企业，企业总利益是一致的。制定内部转移价格，只是为了分清各单位的责任，有效地考核评价各单位的业绩。在这种情况下，企业制定内部转移价格，要从全局出发，使局部利益和整体利益协调统一，力争使企业整体利益最大化。

2. 公平性原则

内部转移价格的制定应公平合理,防止某些单位因价格上的缺陷而获得一些额外的利益或损失。在商品经济条件下,商品交换是按等价原则进行的,高质高价、低质低价。如果制定的内部转移价格不合理,就会影响到单位的生产经营积极性。

3. 自主性原则

高层管理者不应干预各个单位经理(厂长)自主决策。在企业整体利益最大化的前提下,各单位有一定的自主权,如生产权、技术权、人事权和理财权等,制定的内部转移价格必须被各方所接受。

4. 重要性原则

钢铁企业需要制定的内部转移价格的对象成百上千,甚至更多。如果都要制定一个详细、准确的价格,不但没有必要,而且很难实施。因此,制定内部转移价格,可对那些价高量大、耗用频繁的对象,尽可能地科学计算,从严定价;对一些价低量小,不常耗用的对象,可以从简定价。

二、内部转移价格的种类及制定方法

1. 市场价格

在中间产品存在完全竞争市场的情况下,市场价格减去对外的销售费用,是理想的转移价格。

2. 以市场为基础的协商价格

如果中间产品存在非完全竞争的外部市场,可以采用协商的办法确定转移价格,即双方部门经理就转移中间产品的数量、质量、时间和价格进行协商并设法取得一致意见。

3. 变动成本加固定费转移价格

该方法要求中间产品的转移用单位变动成本来定价,与此同时,还应向购买部门收取固定费,作为长期以低价获得中间产品的一种补偿。

4. 全部成本转移价格

以全部成本或者以全部成本加上一定利润作为内部转移价格,可能是最差的选择。主要原因在于:第一,它以各部门的成本为基础,再加上一定百分比作为利润,在理论上缺乏说服力;第二,在连续式生产企业中成本随产品在部门间流转而不断积累,使用相同的成本加成率会使后序部门利润明显大于前序部门。它的唯一优点是简单。

【例10-4】 已知:某企业有甲、乙两个生产部门,均为利润中心。甲部门生产的A部件既可以直接在市场上出售,也可以作为乙部门生产B产品的一种配件;乙部门生产的B产品作为最终产品向外部市场销售。A部件与B产品的投入产出比为1:1。

甲、乙两个生产部门的有关单价和部分成本资料见表10-2。

表10-2 相关收入、成本及利润资料

甲部门		乙部门	
A部件市场价格	200元/件	B产品市场价格	400元/件
单位变动成本	160元/件	单位加工费用(不含A部件成本)	164元/件
		单位销售费用	52元/件
		预计市场销售量	1 000件

要求：就以下不相关的情况进行如何确定内部转移价格的分析。

情况一：甲部门生产的 A 部件最大产量为 1 000 件，全部可以在外部市场上找到销路，且该部门没有剩余的生产能力。

乙部门要求按甲部门的单位变动成本作为内部转移价格，即甲部门按 160 元的单价将所生产的全部 1 000 件产品销售给乙部门，否则，乙部门将不予购买。

解：在第一种情况下，可从甲部门的角度编制比较边际贡献表，见表 10-3。

表 10-3　比较边际贡献表　　　　　　　价值单位：元

项目	甲部门销售全部 1 000 件 A 部件		乙部门销售 B 产品（以 160 元单价采购 A 部件）	以 160 元结算时的相关边际贡献总额
	以 160 元单价对内销售	以 200 元单价对外销售		
销售收入	160×1 000＝160 000	200×1 000＝200 000	400×1 000＝400 000	
变动成本	160×1 000＝160 000	160×1 000＝160 000	376×1 000＝376 000	
边际贡献	0	40 000	24 000	24 000

注：376＝160＋164＋52。

从表 10-3 可以看出，如果甲乙双方按 A 部件的单位变动成本作为内部转移价格成交，甲部门将会因此而减少边际贡献 40 000（0－40 000）元；若甲部门从自身的利益出发，就不会将全部 A 部件卖给乙部门，而会优先考虑将其以 200 元的单价对外销售。

从整个企业的角度来看，如果按 A 部件的单位变动成本作为内部转移价格，一共可获得 24 000（0＋24 000）元边际贡献，比乙部门不生产 B 产品而直接由甲部门对外销售 A 部件减少边际贡献 16 000（24 000－40 000）元。

总之，在第一种情况下，无论从甲部门的角度还是从整个企业的角度，都不应当按照 A 部件的单位变动成本作为内部转移价格，而应考虑按其外销单价作为内部转移价格。

情况二：甲部门生产的 A 部件最大产量为 1 000 件，全部可以在外部市场上找到销路，且该部门没有剩余的生产能力。

甲部门要求按 A 部件的外销单价作为内部转移价格，即乙部门必须按 200 元的单价从甲部门购买 1 000 件 A 部件；否则，甲部门将不予对内销售。

解：从乙部门的角度编制比较贡献边际表，见表 10-4。

从表 10-4 可以看出，如果甲乙双方按 A 部件的外销单价作为内部转移价格成交，乙部门将会因此而减少边际贡献 16 000（－16 000－0）元；若乙部门从自身的利益出发，则不愿意从甲部门购买 A 部件，而是转向市场寻求较低价格的产品，或是转产其他产品。但这并不会妨碍甲部门按市场价格出售全部 1 000 件 A 部件。

在第二种情况下，如果甲乙双方按 A 部件的外销单价成交，企业虽然可获得 24 000（40 000－16 000）元的边际贡献，但还是不如甲部门直接按市场价格出售全部 1 000 件 A 部件获得的 40 000（40 000＋0）元边际贡献多。

表 10-4 比较贡献边际表　　　　　　　　　　　　　价值单位：元

项目	甲部门销售全部 A 部件（以 200 元单价销售）	乙部门销售 B 产品		以 200 元结算时的相关贡献边际总额
		以 200 元单价采购 A 部件	以 160 元单价采购 A 部件	
销售收入	200×1 000 = 200 000	400×1 000 = 400 000	400×0 = 0	
变动成本	160×1 000 = 160 000	416×1 000 = 416 000	376×0 = 0	
边际贡献	40 000	-16 000	0	24 000

注：416 = 200 + 164 + 52。

综合前两种情况的分析，可以得出以下结论：

在供应部门生产能力可以充分利用、市场销路不受限制的情况下，如果以市场价格为基础进行内部产品的转移，并不会对该部门的边际贡献产生影响，但会对需求部门的成本和贡献边际产生影响。

因为无论需求部门是否愿意购买，供应部门生产的半成品都可以实现对外销售，所以不应当以半成品的单位变动成本作为内部转移价格，而应以其外销的市场价格作为转移价格。

情况三：甲部门生产的 A 部件的最大产量超过 2 000 件。尚有剩余的生产能力可以为乙部门额外生产 1 000 件 A 部件，但外部市场已经无法容纳这些产品。

甲部门要求按 A 部件的外销单价作为内部转移价格，即乙部门必须按 200 元的单价从甲部门购买追加生产的 1 000 件 A 部件；否则，甲部门将不予对内销售。

解：从甲部门的角度编制比较边际贡献表，见表 10-5。

表 10-5 比较边际贡献表　　　　　　　　　　　　　价值单位：元

项目	甲部门对内追加销售 1 000 件 A 部件		乙部门销售 B 产品（以 160 元单价采购 A 部件）	以 200 元结算时的相关贡献边际总额
	以 200 元单价对内销售	以 160 元单价对内销售		
销售收入	200×1 000 = 200 000	160×0 = 0	400×1 000 = 400 000	
变动成本	160×1 000 = 160 000	160×0 = 0	416×1 000 = 416 000	
边际贡献	40 000	0	-16 000	24 000

从表 10-5 可以看出，如果甲乙双方按 A 部件的外销单价作为内部转移价格成交，乙部门只会得到负值（-16 000 元）的边际贡献，得不偿失。若乙部门从自身的利益出发，就会拒绝从甲部门购买追加生产的 1 000 件 A 部件，而是转向市场寻求较低价格的产品，或是转产其他产品。

从整个企业的角度来看，如果双方按 200 元的价格成交，就可以得到总共 24 000 (40 000 - 16 000) 元的边际贡献，还是有利可图的。

如果甲部门坚持按 200 元的价格结算，导致乙部门拒绝从甲部门采购，无法成交，就会造成甲部门的剩余生产能力的闲置或已生产的 A 部件积压,无法实现 40 000 元的边际贡献。

情况四:甲部门生产的 A 部件最大产量超过 2 000 件,尚有剩余的生产能力可以为乙部门额外生产 1 000 件 A 部件,但外部市场已经无法容纳这些产品。

乙部门要求按甲部门的单位变动成本作为内部转移价格,即甲部门按 160 元的单价将追加生产的 1 000 件产品销售给乙部门;否则,乙部门将不予购买。

解:从乙部门的角度编制比较边际贡献表,见表 10-6。

表 10-6　比较边际贡献表　　　　　价值单位:元

项目	甲部门以 160 元单价对内追加销售 1 000 件 A 部件	乙部门销售 B 产品		以 160 元结算时的相关贡献边际总额
		以 160 元单价采购 A 部件	以 200 元单价采购 A 部件	
销售收入	160 × 1 000 = 160 000	400 × 1 000 = 400 000	400 × 0 = 0	
变动成本	160 × 1 000 = 160 000	376 × 1 000 = 376 000	416 × 0 = 0	
边际贡献	0	24 000	0	24 000

从表 10-6 可以看出,如果甲乙双方按 A 部件的单位变动成本作为内部转移价格成交,甲部门只会得到零值的边际贡献。若甲部门从自身的利益出发,就会拒绝向乙部门出售追加生产的 1 000 件 A 部件,导致甲部门的生产能力闲置。

从整个企业的角度来看,如果按 A 部件的单位变动成本成交,还是有利可图的。因为这样虽然甲部门只会得到零值的边际贡献,但乙部门却会因此而得到 24 000 元的边际贡献,使整个企业多得到 24 000 元的边际贡献。

综合第三、第四种情况的分析,可以得出以下结论:

在供应部门的生产能力有剩余、追加生产的半成品的市场销路有一定限制的情况下,设法实现"销售"就成为当务之急。

为刺激需求部门"购买"的欲望,就不应当以半成品的市场价格作为内部转移价格,而应以其单位变动成本作为转移价格。

情况五:甲部门按外销单价 200 元与单位销售费用(假定为 20 元)之差 180 元作为内部转移价格,乙部门按单位变动成本 160 元作为内部转移价格。

解:企业采用了双重结算价格,据此编制的边际贡献表见表 10-7。

表 10-7　边际贡献表　　　　　价值单位:元

项目	甲部门以 180 元单价对内销售 1 000 件 A 部件	乙部门销售 B 产品(以 160 元单价采购 A 部件)	企业管理部门负担的价格差异	企业边际贡献合计
销售收入	180 × 1 000 = 180 000	400 × 1 000 = 400 000	—	
变动成本	160 × 1 000 = 160 000	376 × 1 000 = 376 000	—	
价格差异	—	—	20 000	
边际贡献	20 000	24 000	−20 000	24 000
注:20 000 = (200 − 180) × 1 000。				

情况六:为了鼓励甲部门充分利用闲置的生产能力和乙部门积极从企业内部"采购",经甲乙双方协商,决定采取双方都能够接受的170元作为内部转移价格。

解:企业采用了协商价格,据此编制的边际贡献表见表10-8。

表10-8 边际贡献表　　　　　　　　　价值单位:元

项目	甲部门以170元单价对内销售1 000件A部件	乙部门销售B产品（以170元单价采购A部件）	企业边际贡献合计
销售收入	170×1 000=170 000	400×1 000=400 000	
变动成本	160×1 000=160 000	386×1 000=386 000	
价格差异	—	—	
边际贡献	1 000	14 000	24 000

通过上例的计算分析可以看出,内部转移价格的制定过程实际上是企业内部各责任中心的利益分配的过程。为充分调动各责任中心的积极性,保证企业整体利益的最大化,各企业应具体问题具体分析,根据不同情况选择适当的内部转移价格。

第四节　责任预算与业绩考核

一、责任预算及其编制

(一) 责任预算的含义

责任预算是以责任中心为主体,以其可控成本、收入、利润和投资等为对象编制的预算。通过编制责任预算可以明确各责任中心的责任,并通过与企业总预算的一致性,以确保其实现。

(二) 责任预算的编制程序

责任预算的编制程序有两种:一是以责任中心为主体,将企业总预算在各责任中心之间层层分解而形成各责任中心的责任预算的程序;二是各责任中心自行列示各自的预算指标,再层层汇总和调整形成企业总预算的程序。即自上而下层层分解程序和自下而上层层汇总程序。

(三) 责任预算的指标

责任预算是由各个责任指标构成的,这些指标分为主要责任指标和辅助责任指标。

1. 主要责任指标

主要责任指标是必须保证实现的指标,它是指不同责任中心的不同考核指标,如责任成本、利润、投资报酬率等,这些指标反映了不同类型的责任中心之间的责任和相应的权利区别。

2. 辅助责任指标

辅助责任指标也称为其他责任指标,是根据企业总的奋斗目标分解而得到的或为保证主要责任指标的完成而必须完成的责任指标,如责任中心的劳动生产率、设备完好率、出勤率、各种材料消耗的节约等指标。

二、责任报告及其编制

(一) 责任报告的含义及编制程序

责任报告也称业绩报告、绩效报告。它是根据责任会计记录编制的反映责任预算实际执行情况,揭示责任预算与实际执行差异的内部会计报告。

责任报告必须逐级编制,通常采用自下而上的程序进行编制。最低层次的责任中心的责任报告应该最详细,随着层次的提高,责任报告的形式应以更为概括的形式来表现。

(二) 责任报告的形式

责任报告主要有报表、数据分析和文字说明等几种形式。将责任预算、实际执行结果及其差异用报表予以列示是责任报告的基本形式。

三、业绩考核

(一) 业绩考核的含义

业绩考核是指以责任报告为依据,分析、评价各责任中心责任预算的实际执行情况,找出差距,查明原因,借以考核各责任中心工作成果,实施奖罚,促使各责任中心积极纠正行为偏差,完成责任预算的过程。其中狭义的业绩考核仅对各类责任中心价值指标完成情况进行考核;广义的业绩考核除考核价值指标外,还对非价值指标进行考评。

(二) 业绩考核的指标

业绩考核的主要指标包括三个方面:①成本中心只考核其权责范围的责任成本;②利润中心重点在于考核销售收入、边际贡献和息税前利润;③投资中心除了要考核其权责范围内的成本、收入和利润外,还应重点考核投资利润率和剩余收益。

案例导入分析

(1) 根据企业目标划分责任中心、授予相应的权利。责任会计内部管理思想划分责任中心并授予相应的权利,而在海尔实行SBU战略中是将其划分为一个独立的SBU并组建成一个项目组,人单合一。因此,要突破螺丝钉的传统理念,达到从管理人到经营人的转变。

(2) 编制责任预算、确定责任目标。海尔与责任会计两者要根据每个责任中心实际,编制具体的责任预算,同时作为评价的标准。

(3) 正确评价和考核实际业绩。通过各责任中心业务报告中的实际数与预算数的对比和差异分析,评价和考核各责任单位的工作业绩和经营效果,然后根据制定的一套严密周详的奖惩制度,按各责任中心完成业绩的优劣,进行奖优罚劣、奖勤罚懒,力求做到公正合理、奖罚有据,以保证经济责任制的贯彻执行。

(4) 合理制定内部转移价格。为了正确评价各个责任中心的工作业绩,对于各责任中心之间相互提供产品或劳务的活动,必须在企业管理中审慎地、合理地制定出适合本企业特点的"内部转移价格",以便进行计价和结算。内部转移价格的制定,既要有利于调动各有关责任中心生产经营的主动性和积极性,又要有利于保证各责任单位和整个企业之间的经营目标一致性的实现。

本章小结

随着社会经济不断发展,企业规模不断扩大,在市场经济激烈竞争中,很多企业中的业务关系越来越复杂,同时企业会计部门工作量越来越大,企业的会计体系面临着重大挑战。责任会计作为经济社会中一种新型的会计形式,在现代企业发展中发挥着重要的作用,不仅能够强化企业内部的管理,还能够推动社会发展。本章在介绍责任会计、责任中心和内部转移价格基本概念的基础上,重点阐述了责任中心的种类、考核指标和划分原则。通过学习使学生了解责任会计和业绩考核的概念及责任预算、业绩考核和业绩报告之间的关系;掌握责任中心的种类、特征和考核及内部结算方式、责任成本转移与内部仲裁的概念;能够运用相关理论对企业进行责任中心的划分并进行业绩考核。

技能训练

一、单项选择题

1. 投资报酬率与( )成正比例关系。
   A. 销售利润率　　B. 经营收益　　C. 经营资产　　D. 销售收入
2. ( )是责任会计的主体。
   A. 管理部门　　B. 生产部门　　C. 成本中心　　D. 责任中心
3. 标准成本内部转移价格主要适用于产品的转移涉及( )或投资中心。
   A. 成本中心　　B. 责任中心　　C. 利润中心　　D. 管理中心
4. 下列属于成本中心控制和考核内容的是( )。
   A. 目标成本　　B. 产品成本　　C. 责任成本　　D. 直接成本
5. 责任会计产生的主要原因是( )的产生。
   A. 多角化节约　　B. 跨国经营　　C. 分权管理　　D. 集权管理
6. 下列不属于利润中心负责范围的是( )。
   A. 投资效果　　B. 收入　　C. 成本　　D. 利润
7. 在下列内部转移价格的制定方法中不尽合理的是( )。
   A. 预算成本定价　　　　　　B. 实际成本定价
   C. 标准成本定价　　　　　　D. 标准成本加成定价
8. ( )是指由购销双方共同协商确定内部转移价格的方法。
   A. 双重市场价格法　B. 协商价格法　C. 市场价格法　D. 实际价格法
9. 下列内容不属于责任会计的是( )。
   A. 制定全面预算　　　　　　B. 设立责任中心
   C. 从事经营决策　　　　　　D. 编制责任预算
10. 在责任会计中,将企业办理内部交易结算和内部责任结转所使用的价格称为( )。
    A. 单项责任成本　B. 内部转移价格　C. 变动成本　D. 内部责任价格

11. 对于任何一个成本中心来说,其责任成本应等于该中心的(   )。
    A. 可控成本之和   B. 不可控成本之和   C. 固定成本之和   D. 产品成本
12. 九华成本中心生产甲产品,计划产量100件,单位成本400元;实际产量90件,单位成本500元。据此可计算该成本中心的成本增加额为(   )。
    A. 5 000元   B. 6 000元   C. 8 000元   D. 9 000元
13. 投资中心的利润与其投资额的比率称为(   )。
    A. 内部报酬率   B. 投资报酬率   C. 税前净利   D. 剩余收益
14. (   )是以获得最大净利为目标的组织单位。
    A. 成本中心   B. 利润中心   C. 投资中心   D. 责任中心
15. 对于成本中心来说,(   )是它的主要考核内容。
    A. 直接成本   B. 可控成本   C. 可变成本   D. 标准成本
16. 在评价利润中心的指标中,(   )在理论上是最优的选择。
    A. 边际贡献   B. 部门边际贡献   C. 税前部门利润   D. 边际贡献率
17. 下列不属于责任中心的是(   )。
    A. 成本中心   B. 生产中心   C. 利润中心   D. 投资中心
18. 下列不属于责任中心考核指标的是(   )。
    A. 可控成本   B. 剩余收益   C. 利润   D. 产品成本

二、多项选择题

1. 在以成本作为内部转移价格制定基础的条件下,如果产品的转移涉及利润中心或投资中心时,内部转移价格不应采用(   )。
    A. 变动成本   B. 实际成本   C. 标准成本   D. 标准成本加成
    E. 平均成本
2. 下列内容不是责任会计产生的主要原因的是(   )。
    A. 跨国经营   B. 多角化经营   C. 集权管理   D. 分权管理
    E. 全球分工
3. 以(   )作为内部转移价格的制定基础是合理的。
    A. 预算成本   B. 标准成本   C. 标准成本加成   D. 实际成本
    E. 社会平均价格
4. 下列不属于成本中心的责任成本的是(   )。
    A. 期间成本   B. 可控成本   C. 生产成本   D. 产品成本
    E. 可延缓成本
5. 在下列业绩评价指标中,只用于投资中心的是(   )。
    A. 剩余收益   B. 投资报酬率   C. 责任成本   D. 利润
    E. 可控成本
6. (   )是提高投资报酬率的有效措施。
    A. 提高销售利润率   B. 提高营业资产周转率
    C. 增收节支   D. 减少不必要的固定资产占用
    E. 增加投资额

三、判断题

1. 责任会计的成本核算对象是各种产品。（   ）
2. 成本中心的主要业绩评价指标是利润。（   ）
3. 利用投资报酬率评价投资中心业绩时，可能导致投资中心做出损害公司整体利益的决策。（   ）
4. 企业内部能够控制成本的任何一级责任中心都是成本中心。（   ）
5. 成本中心的考核范围是其发生的全部成本。（   ）
6. 利润中心大多是企业管理中具有独立收入来源的较高层次。（   ）
7. 投资中心和利润中心是同一级的责任中心。（   ）
8. 投资报酬率是指经营收益与销售收入之比，表明企业对全部资金的运用效率。（   ）
9. 标准成本内部转移价格主要适用于各相互之间转移产品或劳务的成本中心。（   ）
10. 凡是有成本发生，能对成本负责并能进行核算的责任中心都是控制中心。（   ）

四、业务题

1. 九华公司的一个投资中心报来有关业绩报告的数据，见表10-9。

要求：请根据所给表格内容制作一张完整的业绩报告表。

表10-9　九华公司（投资中心）业绩报告　　　　　　单位：元

项目		预算	实际	差异：不利差异用（　　）表示
销售收入		300 000	360 000	
销售成本		270 000	326 000	
经营收益				
经营资产		150 000	165 000	
投资报酬率	销售利润率			
	投资周转率			
	投资报酬率			
剩余收益	经营净收益			
	经营资产×最低报酬率17%			
	剩余收益			

2. 黄山公司有A、B两个投资中心。A投资中心的投资额为1 000万元，营业利润为70万元；B投资中心的投资额为2 000万元，营业利润为320万元。该公司最低投资报酬率为10%。现在A投资中心有一投资项目，需要投资500万元，项目投产后年营业利润为40万元。该公司将投资报酬率作为投资中心业绩评价唯一指标。

要求：从A投资中心和总公司两个角度考察，来决定是否接受该投资项目。

第十一章

新兴管理会计理论与方法

★ 案例导入

海尔集团的"名牌战略"

1984年10月，青岛电冰箱总厂和德国利勃海尔公司签约引进了当时亚洲第一条四星级电冰箱生产线。时隔两个月，海尔创始人张瑞敏带领新的领导班子来到小白干路上的青岛电冰箱总厂，当时的冰箱厂亏空147万元，产品滞销，人心涣散，张瑞敏通过借钱才使全厂工人过了一个年。1985年，张瑞敏分析了当时电冰箱市场品种繁多、竞争激烈的形势，提出了"起步晚、起点高"的原则，制定了海尔发展的"名牌战略"。

1. 战略定位分析

从1984年开始，海尔不断进行战略定位，经过了名牌战略、多元化战略、国际化战略、全球化品牌战略、网络化战略等五个阶段，通过不断对市场进行分析，提出大品牌、大科研、大市场、资本活的"三大一活"战略定位，并不断采取行动以达到目标。为做到"大品牌"，海尔不断进行并购，进行资本扩张，进行产品出口，提升服务质量；为做到"大科技"，海尔鼓励科技创新，每年开发并投放市场的品种占同行业前列；为做到"大市场"，海尔注重家电下乡工程，开辟农村市场；为实现"资本活"，海尔制定与资本有关的经济指标考核体制，注重运营资本的管理，实现高效率、高效益、低风险的完美组合。

2. 控制成本策略

海尔实行JIT（Just In Time）策略，将JIT采购、JIT生产、JIT配送相结合，节约了成本，有效地减少了库存，从而减少了产品库存资金的占用，更提高了资金的利用率。另外，海尔成本管理的重点从孤立的降低成本转向成本与效益的最优组合，尽可能消除低投入回报率的作业，同时，对可增加价值的作业，尽可能提高其运作效率，从而提高了企业的竞争力。

3. 人力资源政策

员工作为企业的一项资源，是企业获取竞争优势的一个重要因素，而这一因素所产生的成本比重也越来越大，如何达到人力资源的收益和成本相配比是企业解决的首要问题。一方面，海尔选择员工的条件是看其是否有发展潜力，并不断地进行专业知识、沟通技巧等方面的培训，同时给员工充分实现自我价值的发展空间；另一方面，提出"斜坡体理论"，要求员工克服惰性，日事日清，提出员工的收入由市场决定策略，以用户为中心、以市场为中心，每个人的利益都与市场挂钩，以此来激励员工。

4. 注重增值服务

海尔公司非常重视产品销售中和销售后的服务，先后提出"先卖信誉后卖产品，质量是产品的生命，信誉是企业的根本，产品合格不是标准，用户满意才是目的""真诚到永远"等服务观念。通过各种培训不断提高服务人员的素质，保证服务质量。通过优质的产品和贴心的服务创造顾客价值，使海尔产品在市场上更具竞争力。

5. 价值链分析

海尔公司不但注重本身产品质量和服务的提高，同时通过对客户价值链分析，海尔集团和客户建立起了良好的战略合作伙伴关系，形成稳定的销售渠道，拓展海尔品牌产品在市场上的份额，同时增强了海尔产品的市场竞争力。通过对行业价值链进行分析，海尔提出吃"休克鱼"的理念，与青岛红星电器、日本三洋公司等十余公司进行并购，走上以企业的低成本运作为基础进行资本扩张的道路。

海尔集团"名牌战略"为企业带来的优势？

★ 学习目标

- 了解新兴管理会计理论与方法产生的历史背景。
- 理解战略管理会计的主要特征；质量成本管理的原则和程序；战略管理会计的内容；环境会计的确认和计量；社会责任会计的基本假设及核算原则。
- 掌握战略管理会计、质量成本、环境会计及社会责任会计的含义；战略管理会计方法；质量成本项目构成；环境会计的实施手段；社会责任会计的核算对象、会计要素和计量模式。

★ 重点与难点

- 重点：掌握战略管理会计、质量成本、环境会计及社会责任会计的含义；战略管理会计方法；质量成本项目构成；环境会计的实施手段；社会责任会计的核算对象、会计要素和计量模式。
- 难点：理解战略管理会计的内容和方法；环境会计的确认和计量；社会责任会计的会计要素和计量模式。

★ 职业技能

通过本章学习，学生能够了解新兴管理会计理论与方法产生的历史背景及原因；掌握战略管理会计、质量成本、环境会计及社会责任会计的含义；战略管理会计方法；质量成本项目构成；环境会计的实施手段；社会责任会计的核算对象、会计要素和计量模式；能够运用相关理论解决企业管理会计领域实际问题。

第一节 战略管理会计理论

一、战略管理会计产生的历史背景

战略管理会计诞生于20世纪80年代，在其后的十几年中，许多学者对战略管理会计进行了定义及描述。从1996年开始，战略管理会计在我国受到越来越多的关注，我国学者也对战略管理会计进行了大量的研究，并提出了自己的观点。我国早期对战略管理会计的研究主要集中于对战略管理会计的内涵、目标、地位、特征等进行介绍性研究。近几年，一些学者进行了有关战略管理会计方法的研究，力求实现战略管理会计在我国企业的实用价值。战略管理会计的产生，给企业注入了新的活力，也对传统管理会计提出了挑战。因为传统管理会计的理论和方法主要是针对企业内部环境进行决策、控制和业绩考评的，忽视了市场环境、顾客需要及竞争对手等外部环境的影响，而且传统管理会计中所采用的方法往往也是短期的，特别是在用于企业最高管理当局决策时，常会暴露出封闭性、短期性、狭隘性、单一性和缺乏应变性等方面的缺点，而战略管理会计以其长期性、全局性、外向性和综合性的特点适应了战略管理的需要，适应了当今经济发展的需要，它必将成为21世纪管理会计的发展模式。虽然少数企业已经开始实施战略管理会计并取得了不错的成效，但是由于人们对战略管理会计的认识不足，对其研究也不系统，在理论方面仍存有争议，以及我国企业内外环境中存在的一些影响因素，这些都阻碍了战略管理会计在我国企业的应用，也影响了我国管理会计体系的建设和发展。

战略管理会计的最终目的就是为企业寻求持久的竞争优势。因此，研究战略管理会计具有很重要的意义：有助于指导我国会计实践；有助于企业管理者做出正确的生产经营决策；有助于企业的风险管理和管理会计学科的建设和发展。

二、战略管理会计的含义

战略管理会计是为企业战略管理服务的管理会计信息系统，以实现企业价值最大化为目标，综合运用灵活多样的手段和方法，搜集、加工、整理企业内外部与企业战略管理相关的各种财务与非财务性信息，并据此来帮助企业管理当局进行战略制定、战略实施和战略评价，以维持和发展企业持久的竞争优势。

三、战略管理会计的主要特征

鉴于传统管理会计具有封闭性、狭隘性、单一性和缺乏应变性等方面的缺点，战略管理会计对传统管理会计的观念和方法进行了革新，表现出了不同于传统管理会计的基本特征。

（一）外向性

战略管理成功的企业就是要创造和保持持久的相对竞争优势。战略管理会计跳出了单一企业这一狭小的空间范围,将视野更多地投向影响企业的外部环境,它更加重视企业与市场的关系,提供了超越企业本身的更广泛、更有用的信息。其中,有关竞争对手的信息对企业保持竞争优势至关重要。因此,战略管理会计特别强调各类相对指标或比较指标的计算和分析,如相对价格、相对成本、相对现金流量以及相对市场份额等,使企业管理者做到知己知彼。

(二) 整体性

战略管理是制定、实施和评估各部门决策的循环过程,要从整体上把握其过程,即要合理制定战略目标,又要求企业管理的各个环节密切合作,以保证目标的实现。这种整体观念有利于增强企业内部的协调运作,促进内部组织间的目标一致,减少内部职能失调,这种发展趋势使管理会计系统更多地融入企业的生产经营活动全过程,具有更多的非财务性质。

(三) 长期性

对于战略管理会计而言,企业环境的某些因素的变化以及企业某些政策的实施,虽然目前看不出它的良好收益,但只要它对企业的战略目标的实现有益,对企业的长期发展有益就可以选择它;反之,一项政策或者措施仅对提高企业的短期利润有帮助,而对企业的长期发展无益甚至不利于战略目标的实现,就不可以选择它。当企业的某些政策或者措施出现冲突时,要按照短期利益服从长期利益、短期发展服从长期发展的原则处理。

(四) 灵活应变性

企业所处的内外部环境复杂多变,这就要求企业根据内外环境的变化及时调整企业的战略以适应环境的变化。相应地战略管理会计也要采取灵活多样的方法体系,不仅有财务指标的预决策方法,还吸收了如环境分析法、竞争对手分析法等科学的方法,从而为战略管理提供更为广泛和有效的信息。

四、战略管理会计的内容

对于战略管理会计的内容体系,众说纷纭,至今尚未有定论。但一般均围绕企业内部、客户与竞争对手形成的"战略三角"展开,笔者认为,目前战略管理会计的主要内容应包括以下五个方面:

(一) 战略目标的制定

正确的企业战略目标来自环境分析的结论和组织使命的引导,因此制定战略目标时首先必须研究环境分析的结论,以了解企业所处的环境特征和发展趋势;其次是确定企业的使命;最后才是制定战略目标。战略管理会计为企业战略目标的制定提供决策信息。战略管理会计要从企业内部与外部收集各种信息,提出各种可行的战略目标,供高层管理者选择,企业在制定战略目标的过程中,应遵循关键性原则、平衡性原则、权变原则、可行性原则、定量化原则。

(二) 战略管理会计信息系统的建立

战略管理会计信息系统是收集、加工和提供战略管理信息资料技术和方法的体系,是战略管理的决策支持系统。它面对的是复杂多变的外部环境和大量半结构化、非结构化的战略决策问题,因此它所需要的信息来源、数量、特征的加工处理等都与传统的管理会计有着明显的不同,需要对原有信息系统进行重新设计或改进。战略管理会计信息系统特别重视对竞争对手的分析,也着重反映质量、供应量、需求量和市场份额等战略管理方面尤为重视的信息,是以外向型为主体的多样化信息,从多样化的信息来源处收集相关信息,可由本企业的信息机构和人员去做,也可委托企业外部专职化管理机构去做。除此之外,还可直接运用当代先进的科学技术,为采集多样化的信息服务。企业之间的竞争,不仅涉及技术层面,还涉及心理层面,请心理学家分析竞争对手的性格特征和行为偏好,也可以在深层次上把握竞争者的动态,对本企业采取相应的战略措施具有重要的指导意义。

(三)战略成本管理

为了满足企业战略管理的需要而建立的成本分析管理系统就是战略成本管理。它是企业为了获得和保持长期的竞争优势而进行的成本分析与管理。战略成本管理的核心是三大基本竞争优势之一的成本优势,而传统成本管理更多的是要实现降低成本、增加利润,而不考虑企业的战略目标,只重视成本发生的结果而忽视成本发生的原因。不难看出成本优势与降低成本是两个完全不同的概念,有本质区别。战略成本管理诸多方面不同于传统成本管理,战略成本管理关注的核心问题是面向市场,灵活地进行"顾客化生产",提供产品或服务,满足顾客要求,从而为企业实现利润创造价值。

(四)战略性投资决策

战略管理会计在提供与投资决策有关的信息的过程中,应克服传统管理会计所存在的短期性和简单化的缺陷,以战略的眼光提供全局性、应变性、长远的与决策相关的有用信息。为此,在投资决策方面战略管理会计摒弃建立在划分变动成本和固定成本基础上的短期本-量-利分析模式,采用长期本-量-利分析模式。长期本-量-利分析是以企业的产品成本、收入与销售量呈非线性关系,在固定成本变动及产销量不平衡等客观条件下,来研究成本、业务量与利润之间的关系。其关键是应用高等数学、逻辑学建立成本、业务量与利润之间的数学模型与关系图,从而确定保本点、安全边际等相关指标,进行利润敏感性分析。在长期投资决策方面,战略管理会计应突破传统的长期投资决策模型的两个假定:一是资本性投资集中在建设期内,项目经营期间不再追加投资;二是流动资金在期初一次垫付,期末一次收回,资本性投资与流动资金在项目经营期间随着产品销量的变化而变动的部分也要考虑。

(五)战略业绩评价

战略管理会计中的业绩评价属于整体业绩评价指标,强调对战略管理的每个步骤及整个过程中所创造的企业所需的业绩。较之传统的管理会计,战略管理会计改进了业绩评价的尺度,更具合理性。战略业绩评价系统所应具备的基本特征如下:①注重企业长远利益;②对无责任中心无形资产、智力资产等非财务性指标进行反映;③重视买方市场;④重视企业内部跨部门合作的特点;⑤业绩具有可控性;⑥在计划和评价过程中贯穿执行业绩评价指标;⑦信息反馈具有及时性和有效性。

战略性的业绩评价制度是将业绩评价制度与企业战略联系起来。各个战略之间最大最重要的区别可以简单归纳为:①企业的目标市场是宽还是窄?②企业追求的竞争优势是与低成本相关还是与产品差异相关?

五、战略管理会计的方法

经过理论研究和实践探索,战略管理会计形成了许多有别于传统管理会计的全新的方法,并且这些方法已在我国少数企业中得到了运用。

(一)价值链分析法

企业每项生产经营活动都是其创造价值的经济活动,企业所有的互不相同但又相互关联的生产经营活动,构成了创造价值的一个动态过程,即价值链。这个价值链反映出企业生产经营活动的历史、重点、战略、实施战略的方法。因此,分析价值链可以更好地理解企业的竞争优势,识别何处可以增加顾客价值或降低成本,同时更好地理解企业与供应商、顾客及行业中其他企业的关系。

(二)SWOT 分析法

SWOT 分析法是竞争战略选择的重要工具,通过对竞争对手的分析,确定优势与劣势,集中资源投入企业占有优势的领域或更有机遇的地方,从而获取竞争优势,具体可以通过搜集分析信息提出具有针对性的竞争策略,也可以通过对不同时期的 SWOT 矩阵进行动态对比分析,研究自己和竞争对手优劣势的消长。SWOT 分析法既可以作为竞争对手分析的参考工具,快速对竞争对手的总体情况有一个清晰的了解,也可以在进一步调查的基础上,对竞争态势进行全面、复杂和深入的比较分析。

(三)作业成本法

作业成本法是以作业为基础的信息加工系统,特点是制造费用的分配采用了成本动因分析。成本动因分析较之传统的成本分析方法,能够帮助企业准确界定企业成本发生的所在,以最精确的方式找到解决成本问题的方法。对原来的一些不可控的费用进行控制,同时扩大了成本核算的范围,加强了成本信息提供的及时性,使企业能够对成本进行更加细致到位的管理。

第二节 质量成本理论

质量成本是全面质量管理活动的经济性表现,是衡量质量体系有效性的一个重要因素。对质量成本进行统计、核算、分析、报告和控制,不仅可以找到降低生产成本的途径,促进经济效益的提高,同时还可以监督和指导质量管理活动的正常进行。因此,质量成本是全面质量管理深入发展和财务成本管理必须研究的问题。

一、质量成本的含义和作用

(一)质量成本的含义

生产方和使用方为确保满意的质量所发生的费用以及当质量令人不满意时所遭受的损失,称为质量成本。这就是说,质量成本是指企业为保证或提高产品质量进行的管理活动所支付的费用和由于质量损失所造成损失的总和。

(二) 质量成本的作用

开展质量成本管理对改进产品质量,深入开展质量管理,降低成本,提高经济效益和企业素质具有重要的现实意义。

1. 有利于控制和降低成本

由于产品结构日益复杂,对精密度与可靠性要求也高,因此为使产品具有适用性所需要的质量成本增多,约占总销售额的5%~10%。分析质量成本中四类成本的比例关系,寻求质量成本的最佳值,从而进行控制就能最大限度地降低质量成本,达到降低产品成本的目的。

2. 从质量成本寻求提高产品质量的途径

质量成本的计算与分析,有助于指导和推进质量改进计划的实施,通过质量改进可以提高产品的可靠性和维修性,减少使用成本,扩大销售额,给企业和社会带来经济效益。

3. 促使企业领导重视产品质量,有利于推行质量管理工作

通过质量成本计算,企业领导掌握各项费用所占的比例,能够清晰地看到产品质量和质量管理中存在的问题,以及对企业经济效益的影响,从经济效益上促使领导重视产品质量,支持质量管理推进计划的贯彻实施,提高企业管理的水平。

4. 拓宽成本管理道路,使成本管理发展到一个新的阶段

多年来,我国成本管理实际上只是成本的事后计算,没有作为实现目标成本的有效手段应用到生产经营全过程。引入质量成本后,对成本管理提出了新的要求。要实行全过程的、预防性的成本管理,还要针对不同职能,分别核算、控制,从而扩大了成本管理的职能和工作范围,使我国成本管理进入一个新的阶段。

二、质量成本管理的原则和程序

(一) 质量成本管理的原则

质量成本管理应遵循下列三项原则:

(1) 应以寻求适宜的质量成本为目的。任何企业都有与其产品结构、生产批量、设备条件及人员素质等生产能力相适宜的质量成本。开展质量成本管理的目的是尽快寻求到适宜的质量成本,并有效地控制它。

(2) 应以真实可靠的质量记录、数据为依据。在实施质量成本管理过程中,所用的各种记录、数据务必真实、可靠。只有这样,才可能做到核算准确、分析透彻、考核真实、控制有效。否则,势必流于形式,无法获取效益。

(3) 只有必须充分发挥财务、生产、检验、供销、车间等企业各部门的积极性,把质量成本工作纳入其质量职能中,才能坚持不懈地开展质量成本管理。否则,仅靠质量部门是开展不了质量成本管理工作的。

(二) 开展质量成本管理的程序

1. 认真开展质量成本管理的宣传教育

质量成本管理是一个新课题、新工作,推行时涉及很多部门和人员。因此,必须开展质

量成本管理的宣传、教育和普及工作,让大家理解和支持质量成本管理工作。

对从事质量成本管理的人员要进行专门培训。培训的内容应包括质量成本项目的构成,质量成本数据的收集,质量成本的统计、核算、分析、报告、计划和控制方法等。

2. 建立质量成本核算、统计、管理组织体系

实施质量成本管理必须要有组织保证。因此,依据质量成本管理需要,应确定各有关部门的专职、兼职质量成本核算、统计和管理人员,并明确其职责和任务。

3. 制定质量成本管理的标准或制度

制定开展质量成本管理的程序,规定质量成本原始记录表格内容与格式,建立质量成本管理的评审制度或标准。

4. 编制质量成本计划

质量成本计划是指为达到适宜的质量成本而筹划的各种措施。每个推行质量成本管理的部门和单位必须编制质量成本计划付诸实施,并逐渐使质量成本进入控制阶段。质量成本计划应规定质量成本目标,采取的具体措施以及检查与考核的指标等。质量成本计划要求目标定量,措施有力,具有可行性。

5. 质量成本的统计、计算和分析

规定质量成本核算期后,就收集有关质量成本的数据资料,同时按规定时间进行质量成本各二级科目与三级科目的统计、计算,汇总填报。

根据质量成本统计汇总报表,企业财务和质量管理部门应做出质量成本的趋势分析,编写质量成本报告。

6. 定期对质量成本进行考核

一般应每月对质量成本考核一次,必要时还可每一季度重新考核一次。考核后,其质量成本的控制状况应与经济责任制挂钩。

7. 提出质量改进计划和措施

企业领导及有关部门应根据质量成本报告,结合企业具体情况,确定以质量改进目标为核心的质量改进计划及相应的质量改进措施,并组织落实负责部门和进度,完善质量体系文件。

8. 执行质量改进计划和措施,降低质量成本,提高经济效益

认真执行质量改进计划和措施,以达到降低质量成本和提高经济效益的目的,再制订新的一年质量成本计划。

三、质量成本项目的构成

质量成本管理付诸实施,就要明确规定哪些费用是属于质量成本范畴。现结合我国实际情况将常用的、适宜的项目列出并加以解释。但各企业在使用中应结合企业生产组织、工艺方法、质量管理体系的实际,拟定更适宜的项目。

(一) 预防成本

预防成本是为了保证产品质量的稳定和提高,控制工序质量,减少故障损失而采取的措施所发生的各项费用。GB/T 19000—2016 的标准定义为:"预防成本是预防发生故障而支付的费用。"它一般包括以下各项:

（1）质量计划工作费。质量计划工作费是指为制订质量政策、目标及质量计划而进行的一系列活动所发生的费用，也包括编写质量手册、体系文件所发生的费用。

（2）设计评审费。设计评审费是指开发设计新产品在设计过程的各阶段所进行的设计评审及实验、试验所支付的一切费用，也包括产品更新的设计评审活动的费用。

（3）工序能力研究费。工序能力研究费指为使产品达到符合性质量，对工序能力进行调查研究及保持工序能力而采取的措施所发生的一切费用。

（4）质量审核费。质量审核费指对质量管理体系、工序质量和对供应单位的质量保证能力进行质量审核所支付的一切费用。

（5）质量情报信息费。质量情报信息费指对市场质量情报和厂内外质量信息的收集分析、归纳、处理、早期报警和促进研究所发生的费用。

（6）质量培训费。质量培训费指以达到质量要求或改进产品质量为目的而对企业人员进行的正式培训或临时培训，包括制订培训计划直到实施所发生的一切费用。

（7）质量改进措施费。质量改进措施费指制订和贯彻各项质量改进措施计划，以达到提高产品质量或质量管理水平而进行活动所发生的一切费用。

（8）质量奖。质量奖包括职工的质量奖及质量管理小组奖等用于质量（包括安全、节能）的奖金。

（9）供货单位质量保证。供货单位质量保证指因对供货单位提出质量保证要求而支付的外部质量保证费用。

（二）鉴定成本

鉴定成本是用于试验和检验，以评定产品是否符合所规定的质量水平而支付的费用。一般包括以下各项：

（1）进货检验费。进货检验费指对购进的原材料、协作件、外购配套件的进厂验收检验费用和驻协作厂的监督检查、协作配套产品的质量审核费用。

（2）工序检验费。工序检验费指产品制造过程中对在制品或中间品质量所进行的检验而支付的费用。

（3）成品检验费。成品检验费指对完工产品鉴别是否符合质量要求而进行的检验或试验所发生的费用，包括产品质量审核费用。

（4）试验设备维修费。试验设备维修费指试验设备、检测工具、计量仪表的日常维护、校准所支付的费用。

（5）试验材料及劳务费。试验材料及劳务费指破坏性试验所消耗产品成本以及耗用的材料和劳务费用。

（三）内部损失成本

内部损失成本是交货前因产品不能满足质量要求所造成的损失，如返工、复检、报废等，也就是指产品在出厂前由于发生质量缺陷而造成的损失，以及为处理质量故障所发生的费用之和。一般包括以下各项：

（1）废品损失。废品损失指因产品（包括外购、外协产品物资）无法修复的缺陷或在经济上不值得修复而报废所造成的损失。

(2) 返工损失。返工损失指为修复不良品而发生的成本费用及为解决普遍性质量缺陷在定额工时以外增加的操作成本。

(3) 复检费。复检费指对返工或校正后的产品进行重复检查和试验所发生的费用。

(4) 停工损失。停工损失指由于各种质量缺陷而引起的设备停工所造成的损失。

(5) 产量损失。产量损失指由于改进质量控制方法使产量降低的损失。

(6) 质量故障处理费。质量故障处理费指由于处理内部故障而发生的费用，包括抽样检查不合格而进行筛选的费用。

(7) 质量降级损失。质量降级损失指产品质量达不到原有精度要求因而降低等级所造成的损失。

（四）外部损失成本

外部损失成本是交货后因产品不能满足质量要求所造成的损失，如保修、保换、保退、撤销合同及有关质量的赔偿、诉讼费用等，也就是指产品在用户使用中发现质量缺陷而产生的一切费用和损失总和。它同内部损失成本的区别在于产品质量问题是发生在发货之后。外部损失成本包括以下各项：

(1) 索赔费用。索赔费用指由于产品质量缺陷经用户提出申诉，而进行索赔处理所支付的一切费用。

(2) 退货损失。退货损失指由于产品缺陷，而造成用户退货、换货而支付的一切费用。

(3) 保修费用。保修费用指在保修期间或根据合同规定对用户提供修理服务的一切费用。

(4) 降价损失。降价损失指由于产品质量低于标准，经与用户协商同意折价出售的损失和由此所减少的收益。

(5) 诉讼费用。诉讼费用即因产品质量问题而造成的诉讼费用。

(6) 返修或挑选费。返修或挑选费即产品不合格而退换后返工修理或挑选的人工、材料、复检及有关设备折旧费用。

第三节　环境会计理论

一、环境会计产生的历史背景

环境会计又称绿色会计，是以货币为主要计量单位，以有关法律、法规为依据，计量、记录环境污染、环境防治、环境开发的成本费用，同时对环境的维护和开发形成的效益进行合理计量与报告，从而综合评估环境绩效及环境活动对企业财务成果的影响的一门新兴学科。它试图将会计学与环境经济学相结合，通过有效的价值管理，达到协调经济发展和环境保护的目的。

从18世纪60年代的英国工业革命开始，日益先进的现代工业在为人类社会提供丰富物质产品的同时，也造成日趋严重的环境污染。人类社会发展所依赖的物质资源和生态环境，已呈现出日渐衰竭的征兆，从而使全球经济发展的自然物质基础被动摇。为解决这一矛盾，部分西方经济学家、环境学家、社会学家和生态学家自20世纪70年代开始，着手研究经济和环境的协调发展问题。1971年，比蒙斯在《会计学月刊》上发表了《控制污染的社会成本转换研究》；1973年，马林在《会计学月刊》第2期上发表了《污染的会计问题》，从此绿色会计的研究和发展逐渐进入人们的视野。1992年，世界环境与发展国家首脑会议通过了保护世界环境的四个纲领性文件，环境问题受到关注；1999年，联合国讨论通过了《环境会计和报告的立场公告》，形成了系统完整的国际环境会计与报告指南。各国政府纷纷研究建立本国的环境会计体系，中国于2001年3月成立了"绿色会计委员会"。2001年6月，经财政部批准，中国会计学会成立了第七个专业委员会——环境会计专业委员会，标志着中国绿色会计研究进入新的阶段。

二、环境会计的特征及目标定位

（一）环境会计的特征

环境会计作为会计的一个分支，是环境问题与会计理论方法相结合的产物，在会计基本假设、会计原则、会计确认、会计计量、会计记录、会计报告等诸多方面必然与现代会计有着相同或相似之处。但是由于环境问题多样性与资源利用的复杂性，必然带来绿色会计自身的特殊性，具体表现在以下方面：

1. 核算内容的特征

环境会计核算内容主要有如下特性：经济业务的不确定性；环境经济业务具有的综合性和长期性。

2. 成本计量的特性

环境成本在核算成本时考虑环境污染和资源损耗，将其计入成本，体现企业实际应承担的成本。

3. 研究方法的多样性

传统会计研究主要运用政治经济学和数学的基本理论方法，环境会计则需要涉及更为广泛的学科领域。

4. 报告形式的特性

环境会计报告既应揭示财务信息，也应揭示非财务信息（企业的环境目标及执行情况，企业对于治理环境所采取的措施等）。

（二）环境会计的目标定位

1. 基本目标

用会计来计量、反映和控制社会环境资源，改善社会的环境与资源问题，实现经济效益、生态效益和社会效益的同步最优化。基于对环境宏观管理的要求，企业在进行生产经营和取得经济效益的同时，必须高度重视生态环境和物质循环规律，合理开发和利用自然资源，坚持可持续发展战略，尽量提高环境效益和社会效益。

2. 具体目标

进行相应的会计核算，对自然资源的价值、自然资源的耗费、环境保护的支出、改善资源环境所带来的收益等进行确认和计量，为政府环保部门、行业主管部门、投资者以及社会公众提供企业环境目标、环境政策和规划等有关资料。当然为相关客体提供环境会计信息的最终目标是控制与协调经济效益和环境资源的关系，实现环境效益、社会效益和经济效益的同步最优化，实现经济发展、社会进步和环境保护的和谐统一。

根据"谁开发谁保护，谁污染谁治理"的原则，作为环境保护投资的主体应当是企业和各地政府部门。企业投资的目的是将其污染资源的利用控制在环保规定指标之内，各地政府部门投资的目的是使已经污染的环境治理到可接受水平。

三、环境会计的确认和计量

由于环境因素的影响，和传统会计相比，绿色会计的确认和计量发生了很大的变化。这些变化主要体现在以下几个方面：

（一）要素变化

绿色会计是在传统会计的基础上，考虑了环境因素的影响而发展起来的一种会计，因此在会计要素的划分上和传统会计保持一致，即应划分成资产、负债、所有者权益、收入、费用和利润，但在具体内容上应有所不同。例如，在资产要素中，绿色会计应设置"环境资产""环境资产损耗准备"和"环境资产净值"；在负债要素中应设置"环境负债"，包括应付环境资源损耗费、应付环境资源保护费和应付环境污染治理费；在所有者权益要素中设置"环境资本"；在收入要素中设置"环境收入"，核算企业因采取环境保护和环境治理而由国家给予的补贴、奖金和税收减免，企业回收处理的"三废收入"，其他单位和个人交来的环境损害赔偿或罚款收入；在费用要素中设置"环境费用"，在利润要素中增加"环境利润"；等等，用以核算企业在经营过程中发生的与环境相关的经济业务，这也是承认环境具有价值的必然结果。

（二）会计原则

1. 会计假设的变化

传统会计的会计假设包括会计主体、持续经营、会计分期和货币计量。环境会计的核算内容同传统会计相比存在较大差异，适当调整其会计假设分属必然，但不必另起炉灶，因此环境会计的基本前提可以确定为会计主体、持续经营、会计分期和多元计量。多元计量假设是指在环境会计核算中，以货币计量为主，但考虑到环境因素的复杂性，很多时候不能以货币计量，因此应以实物、百分数或指数计量等作为辅助方式，在某些时候，还可以用图表和文字附注加以说明。

2. 会计原则的变化

鉴于环境会计核算内容及其假定的变化，其会计核算原则也应在继承和发展传统会计原则的同时，建立具有自身特色的原则，可以概括为三个方面，即政策性原则、社会性原则、强制性和自愿性相结合的原则。

（1）政策性原则是指在绿色会计的核算中要充分体现国家的方针、政策，严格遵守国家相关的法律和法规，正确处理企业利润和环境资源保护、企业效益和社会效益的关系。

（2）社会性原则是指绿色会计要求企业必须站在社会的角度、站在对环境资源负责的角度，考虑企业的利益。社会对企业的评价必须舍弃当前单纯以企业的经营利润为标准的观念，代之以企业所创造的绿色利润。同时，企业提供的会计信息，必须有利于国家的管理和宏观调控。

（3）强制性和自愿性相结合的原则是指在绿色会计核算体系中，政府相关部门或组织应对企业最低限度的环境资源信息披露做出明确的、强制性的规定，同时鼓励企业尽可能多的向社会公众和政府相关部门或组织提供环境资源信息。

（三）披露

环境会计的计量是指将涉及环境资源的经济事项作为会计要素加以正式记录并列入会计报表而确定其金额的过程。但环境资源的价值在计量中存在一定难度。一般情况下，环境资源的价值计量可以采用直接市场法、替代性市场法和模糊数学法等，直接市场法又具体包括恢复费用法或重置成本法、防护费用法、市场价值或生产率法、人力资本法或收入损失法等。

环境会计披露的会计信息是为了向有关各方提供准确有效的绿色信息，以满足决策者分析、决策的需要。它从总体上可分成两部分：一是在企业的会计报表及其附注中具体披露企业本期发生应记入本期损益的环境支出和与环境相关的资本性支出；二是在企业的会计报表附注中披露企业执行的环境政策、实施情况以及企业治理环境和保护环境的长期目标等。

四、环境会计的实施手段

建立与健全环境会计制度的重要性是不言而喻的，但是，如何建立企业环境会计制度，要根据企业的实际情况，从实际出发。

（一）会计条例

（1）明确规章应遵循的原则、目的与要求。

（2）策划环境会计管理体系。其主要内容包括单位领导人、总会计师的领导职责；会计部门及其会计机构负责人、会计主管人员的职责、权限；核算组织形式等。

（3）确立会计人员岗位责任制度。其主要内容包括会计人员的工作岗位设置；各会计工作岗位的职责和标准；各会计工作岗位的人员和具体分工等。

（4）编制环境会计账务处理程序制度。其主要内容包括会计科目及其明细科目的设置和使用；会计凭证的格式、审核要求和传递程序；会计核算方法；会计账簿的设置；会计报表的设计；主要会计指标体系等。

（5）规范稽核制度。其主要内容包括稽核工作的组织形式和具体分工；稽核工作的职责、权限；审核会计凭证和复核会计账簿、会计报表的方法。

（6）制定环境会计成本核算制度。其主要内容包括成本核算计算；成本核算方法和程序；成本分析等。

（7）实行环境会计分析制度。其主要内容包括分析的主要内容；分析的基本要求；分析的具体方法；分析报告的编写要求等。

（二）核算体系

（1）确定环境会计主体。

(2) 确定环境会计核算的对象。环境会计以环境业务的类别为核算对象，如环境治理、环境污染、水资源、土地资源等。

(3) 进行环境会计的确认与计量。环境会计的确认是按照规定的标准，将涉及环境的经济业务作为会计要素加以正式记录，并列入会计报表的辨认和确定过程。环境会计的计量是为了将涉及环境的经济业务作为会计要素列入会计报表而确定其金额的过程，这种计量可以是历史成本、现行成本、重置成本、机会成本等，如果列入报表附注或作为辅助报表资料列示，也可以采用非货币计量方式。

(4) 进行环境会计的账户设置。
①资产类：应纳入递延资产、土地资源、社会环境福利工程支出等。
②负债类：应纳入应付环保税金、应付环保费用等。
③所有者权益类：应纳入资源资本（区别国家、企业、个人等）、资源资本增值等。
④费用类：应纳入环境预防费用、环境治理费用、环境补偿费用、环境机会成本等。

(5) 进行绿色会计报表的设置。绿色会计资料可以列入传统会计报表中，也可以增设辅助报表，如环境损益表、环境成本明细表等。

第四节 社会责任会计理论

社会责任会计产生于20世纪70年代初，是在传统会计模式上发展起来的一门新兴会计分支学科，其目的在于指导经济资源的最优配置，创造良好的社会环境，反映和计量企业对社会所做的贡献或不利影响，终极目标是提高社会效益。社会责任会计在世界上的出现虽有30年的历史，但我国至今尚未完全建立。

一、社会责任会计的含义及产生原因

（一）社会责任会计的含义

社会责任会计是以企业所承担的社会责任，即以企业在处理社会关系时应为和不应为的责任为中心开展的会计活动。

（二）社会责任会计的产生原因

1. 建立社会责任会计是国家宏观管理的需要

(1) 实现可持续发展战略。在我国经济发展过程中，一些企业片面追求产值和利润，不计社会成本、不顾环保要求乱上项目，严重污染环境，损害生态；保护环境，实施可持续发展战略已迫在眉睫，政府需要掌握企业在环境治理方面的信息，以便控制企业只顾自身利益，不计社会成本的行为。建立社会责任会计可以用会计方法计量企业经营活动带来的社会成本和社会效益，并将此信息提供给法院、环保局、工商局等部门，检查促使企业减轻并消除环境污染，提高资源综合利用率，降低能耗，做到提高经济效益与提高生态效益并重。

(2) 保障职工利益。一些企业为了获取超额利润，通过延长职工劳动时间，剥夺职工

法定节假日，不缴纳职工劳动保险和养老保险，克扣职工工资等手段降低人力成本，更有甚者根本不顾职工生命安全，连基本的劳保措施都是能省则省，连年出现的小煤矿事故许多都是由于劳保措施不到位而造成，这不仅损害了广大职工的利益，而且以不合理的低成本参与竞争，严重破坏了公平竞争的市场秩序，因此，国家需要利用社会责任会计提供的信息加强管理，考核企业在劳保等方面的管理情况，杜绝损害群众利益的情况出现。

2. 建立社会责任会计是企业自身发展的需要

（1）企业建立自身形象、信誉的需要。企业形象、信誉是企业重要的资产，在很大程度上与企业的经营情况是成正比的。社会责任会计赋予了企业宣传自身形象的机会，是不需广告费的广告，社会责任财务报告将成为企业向公众、管理当局宣传自己的手段，如财务报告中对公益活动的反映是企业争取政府及公众注意力的捷径。

（2）提高企业经济效益的需要。随着消费者绿色意识的加强，消费者在进行消费选择时，不但关注产品价格、产品技术标准，还更注重生产过程和绿色标准。我国已正式加入WTO，加入WTO意味着关税的降低，意味着市场开放，但也意味着绿色壁垒的加强。不符合环境标准的物品不准买卖，这已成为国际贸易的一条准则。而且绿色工业品的价格远远高于同类产品，绿色的品质会带来高附加值。对于企业来说，树立绿色形象、发挥绿色比较优势能增强企业竞争能力。社会责任会计可以通过对企业绿色支出的核算，为管理者提供绿色管理依据，从而提高企业效益。

二、社会责任会计的目标和内容

（一）社会责任会计的目标

社会责任会计的目标可简单概括为：确认和计量会计主体在一定时期内对社会的净贡献，衡量企业准则和社会准则的一致性，以及尽可能多地为社会各部门提供企业的有关责任信息。此目标可分为两个层次，即基本目标和具体目标。

1. 基本目标

提高包括企业的微观经济效益和宏观社会效益在内的整体效益是企业社会责任会计的基本目标。长期以来，企业的目标都是片面追求利润的最大化，只重视会计和经济利益的联系，而忽略了会计与社会效益的联系。以提高企业的整体效益为目标的企业社会责任会计的建立和发展，促使企业从整个社会的利益出发进行分析决策，进而带动社会各界不断参与、研究、重视已发生的社会问题，防范将发生的社会问题，为提高资源利用率、保护环境、提高劳动者素质和产品质量、发展社会公益事业、完善社会福利保障体系提供具体可行的办法，企业社会责任会计的不断完善与实施将极大地提高整个社会的生活质量。

2. 具体目标

提供社会责任信息就是企业社会责任会计的具体目标。具体目标是在基本目标的制约下体现会计管理特点的目标。它主要是提供企业社会责任履行情况的信息，以便外部和内部使用者做出正确的决策。企业社会责任的履行情况最终体现在企业履行社会责任时产生的社会净收益，即社会效益减社会成本。

（二）社会责任会计的内容

社会责任会计反映和控制的内容，即企业社会责任会计的对象就是社会责任，其内容主

要如下:
(1) 企业对员工履行的责任。
(2) 企业对生态环境维护的责任。
(3) 企业对社会及本地区的责任。
(4) 企业对消费者应履行的社会责任。
(5) 企业应履行的其他社会责任。

随着社会政治、经济、文化的发展,要求企业履行的社会责任也会产生某些变化,其内容有不断扩大的趋势。由于企业的规模、行业和特点不同,企业履行社会责任的内容可在上述项目中做适当增减。

三、社会责任会计的基本假设和核算原则

(一) 基本假设

作为会计的一个分支,社会责任会计的基本假设必须遵循传统会计的假设,在继承的基础上修订、创新。社会责任会计中的主体假设是指能相对独立的企业,能够对它所做的行为向社会负责的企业,不仅要考核和报告主体自身的经济性,还要反映其对外部产生的非经济性。由于社会责任会计对象的特殊性,传统会计的货币计量无法对社会责任所涉及的复杂问题进行有效的核算和监督,因此其计量模式可采用货币计量和非货币计量相结合,计量的精确性和灵活性相兼顾,数量计算和综合判断并重的方法,既采用货币单位反映各项经济业务的成本和效益,又采用实物指标或指数,甚至用文字来全面说明对社会所做出的贡献和造成的损失。

(二) 核算原则

1. 社会性原则

社会责任会计要求企业站在社会的角度,考虑企业的业绩,以社会效益与社会成本相配比的净社会效益为标准,来对企业进行评价,将企业的经济效益和社会效益并重,以企业经济利益和社会效益的协调和融洽为最佳标准。

2. 强制披露与自愿披露相结合原则

我国现在还没有对社会责任会计发布具体的法律、法规,国家应加快制定相应的方针政策和法律要求,强制企业披露社会责任履行情况的会计信息,便于信息使用者了解企业所有的生产经营状况,从而做出正确的决策。同时,企业也应全面、适当、公正地提供社会责任会计信息,树立自身良好的信誉。

3. 可控性原则

各责任单位只对其可控范围内的经济责任负责。责任会计的重要特点就是实行分权管理责任,只有在分权的条件下,才能准确责任单位的可控责任。贯彻此原则,需注意以下三点:一是明确企业内部经济责任基本都是可控的,不存在不能落实的经济责任;二是把经济责任同管理权、决策权统一起来,做到谁负责谁管理;三是对涉及两个以上责任单位的经济事项,必须科学划分,明确责任。

4. 灵活性原则

社会责任会计所核算的内容很广泛,要对不同企业、不同时期制定不同的核算内容和方

法，不仅可使用历史成本计价，还可使用环境机会成本、重置成本、可变现净值等计价方法。西方社会责任会计的理论与方法为人们提供了有益的借鉴。即本国根据实际状况，分阶段、有步骤地试点，逐步完善，为全面推广奠定基础。

5. 预警性原则

传统会计把会计主体局限在不考虑社会目标的环境之中，结果牺牲了社会效益。社会责任会计在讲究企业经济效益的同时努力提高社会效益，保证经济、环境和社会能够真正实现可持续发展。

四、社会责任会计的核算对象

社会责任会计的核算对象就是社会责任会计所要反映和控制的客体，即净社会效益，要求鉴别和计量社会成本与社会效益，测定企业生产经营活动所带来的效益，便于企业确定经营方针和履行社会责任。其核算对象的具体表现如下。

（一）企业经济效益和分配情况

创造更多的经济效益既是企业追求的首要经济目标，同时也是一种社会目标，社会责任会计用于反映企业经济效益的形成与分配情况，促进企业提高效率，兼顾和协调相关集团的利益。

（二）人力资源的投资和使用情况

人力资源的投资和使用情况具体包括招聘录用、技术培训、职务与晋升、工薪水平提高、改进员工福利、改善劳动保护条件等，以促进员工与企业目标达成一致。

（三）产品或服务的性能与安全

企业应保证其产品或服务的质量及安全性，提供售前咨询及售后服务等，履行对消费者的责任。

（四）生态环境保护

生态环境保护主要指企业处理三废、控制各种环境污染、保护生态平衡、减少稀有资源的消耗等。

（五）社区建设

社区建设主要表现在提供人力和物力资助、发展社会公共事业、协助政府改善社区贫困人口生活等。

五、社会责任会计的会计要素及计量模式

（一）会计要素

为适应社会责任会计的要求，其所应用的会计概念不同于传统会计的会计概念，会计确认的内涵得以扩大，现有会计报表要素需重新界定、拓展，这是提供正确的社会责任信息并对其进行有效分析的前提和基础。

（1）社会资产是指企业为了实现社会目的而投入的资源和已获得的成果，因此资产类要素中应包括自然资源，将其归入企业价值运动的核算之中，有利于全社会资源的合理

配置。

（2）负债类要素中应包括对社会造成损害所应赔付的费用，如应付产品质量担保负债、应付环保费、应付环保统筹基金、应付环保税等。

（3）社会产权与传统会计的股东产权性质不同，通过建立社会集团产权账户就可以确认各社会集团在企业中所拥有的权益，为社会目标的制定和社会责任履行情况的评价提供一个必要依据。

（4）费用类要素中社会成本是指因企业行为给社会造成的损失或企业履行社会责任发生的耗费，包括社会人工成本、土地使用成本、自然资源损耗和降级费用、环境保护支出、环境机会成本、环境发展费用、质量成本等。

（5）损益类要素中净社会效益是指社会效益减去社会成本以后的余额；社会效益是指企业实现社会经济业务给社会带来的收入，通过两者的对比，反映企业社会责任的履行情况。

（二）计量模式

由于社会责任属于社会道德、社会价值评判的范畴，其计量比较困难，美国会计协会下的社会方案绩效衡量委员会对此列出了四个计量方式：确认与社会有关的一系列活动；决定每一相关活动的影响程度；计量每一社会活动或过程的产出；评价产出价值。其计量方法，按是否以货币计量，可以分为货币计量法和非货币计量法。

1. 货币计量法

（1）支付成本法。这种方法要求企业以一定货币度量单位计算企业履行社会责任所发生的费用，它是从企业的微观角度，披露企业在一定时期对社会所做出的贡献，这种方法是以货币金额综合反映企业从事每项社会责任活动的费用。即以企业为履行社会责任而支付的实际费用数额作为入账依据，在报表中单独列出或在附注中说明。这种方法只能反映企业为履行社会责任付出的代价，而不能反映社会责任履行的整体情况及由此产生的社会效益。

（2）成本收益法。即根据企业履行社会责任所支付的费用及机会成本，并结合成本收益率来计算企业在一定时期所提供的社会贡献净额。企业对社会的贡献给企业带来收益时，可用收益法来测算。例如，企业利用"三废"生产产品的销售收入，国家对这些产品的减免税的收益、国家对保护环境卓有成效的企业发放的奖金，以及实行优惠政策带来的好处等。从会计理论角度来看，这种方法可以概括为企业履行的平均责任的综合社会成本和社会效益，其缺点则是成本收益率难以准确确定。

（3）替代品评价法。当某项社会成本或社会效益无法评价时，可以通过估计有相等效用的替代品的价值来确定。

（4）恢复成本法或避免成本法。某些社会成本根据恢复原状或预防所需的成本来估计，由于资源消耗失控、重大事故等造成的环境污染及生态恶化，其损失大小可按此方法核算。这种方法要求人们对受损对象进行数量、质量等方面的系统分析，以合理确定赔偿数额和相应的治理费用。

（5）社会公正成本法又称法院裁决法。企业对社会造成的损害，有时可以通过法律手段裁决，在社会成本的估计方面，受害者一般估计过高，施害者又往往估计过低，法院的裁决往往根据多方面因素综合考虑来确定，法院裁决的数额可作为施害企业的社会责任成本。

2. 非货币计量法

（1）文字表述法。至今，仍有很多企业利用此方法表述社会责任履行情况。这种方法的显著特点是不能以货币金额综合反映企业社会责任的执行情况，只给予文字说明，不计算这些活动的费用。

（2）评价法。使用评价法不仅要报告企业的社会责任活动，而且还要对社会责任活动的信用及社会影响等因素加以综合衡量和评价，以确定企业履行社会责任的最终贡献。

案例导入分析

通过对战略管理会计的灵活运用，海尔集团发展迅速，集团规模不断扩大，职工素质越来越高，服务质量越来越好，产品成本越来越低，逐渐成为全球大型家电第一品牌，在全球拥有五大研发中心，在美国、欧洲、中东等地设立了21个工业园，在全球建立了61个贸易公司、143 330个销售网点，全球员工超过8万人。2012年名列"亚洲上市公司50强"，连续11年蝉联中国最有价值品牌排行榜。

综上所述，在信息全球化和管理现代化的今天，现代企业不仅需要科学精细的日常管理，更需要有高瞻远瞩的战略眼光和战略思想，为适应管理理念从"职能管理"向"战略管理"的转变，战略管理会计以其显著的战略性特点更加适应经济的发展要求，并作为一种新型的管理模式给企业注入了新的活力。因而，我国企业应结合实际情况，大力加强战略管理会计的研究，认真总结战略管理会计应用成功案例的经验，加快战略管理会计应用步伐，并使其随着经济管理环境的变化不断发展和完善，以适应经济全球化趋势。

本章小结

随着知识经济的到来和经济全球化的发展，企业经营的内外部环境也在瞬息万变，企业管理面临着各种挑战，因此各种新兴的管理思想不断涌现，同样也促使着管理会计不断向新领域拓展。20世纪后期，管理会计出现了诸多的新理念，为管理会计在新领域的拓展提供了契机。本章介绍了新兴管理会计理论产生的历史背景及原因，并在此基础上，重点阐述了战略管理会计、质量成本、环境会计及社会责任会计的含义；战略管理会计方法；质量成本项目构成；环境会计的实施手段；社会责任会计的核算对象、会计要素和计量模式等理论。

技能训练

一、单项选择题

1. 质量成本的内容一般包括四项内容，下列不属于质量成本内容的项目是（　　）。
   A. 预防成本　　　　B. 坏账损失　　　　C. 内部故障成本　　D. 外部故障成本

2. 下列属于鉴定成本的项目是（　　）。
   A. 检测实验费　　　B. 质量培训费　　　C. 质量改进措施费　D. 产品评审费

3. 对质量问题进行分析处理所发生的直接损失称为事故分析处理费，它属于（　　）。
   A. 预防成本　　　　B. 鉴定成本　　　　C. 内部故障成本　　D. 外部故障成本

4. 质量管理部门人员的工资及福利费属于（　　）。

A. 预防成本　　　　B. 鉴定成本　　　　C. 内部故障成本　　D. 外部故障成本
5. 下列项目中，不属于战略管理核心问题的是(　　)。
　　A. 确定企业目前的宗旨和目标　　　　B. 分析环境
　　C. 制定战略　　　　　　　　　　　　D. 组织实施
6. 围绕企业的优势与劣势、机会与威胁所开展的分析，在战略管理会计中属于(　　)。
　　A. 经营环境分析　　　　　　　　　　B. 战略定位分析研究
　　C. 价值链分析　　　　　　　　　　　D. 竞争能力分析
7. 在 1981 年首次提出"战略管理会计"一词的是著名管理学家(　　)。
　　A. 波特　　　　　　B. 西蒙　　　　　　C. 安瑟夫　　　　　D. 卡普兰
8. 环境会计理论研究在我国的开始时间大约是(　　)。
　　A. 20 世纪 70 年代末期　　　　　　　B. 20 世纪 80 年代中期
　　C. 20 世纪 90 年代中期　　　　　　　D. 21 世纪初
9. 如果环境"市场失灵"，为政府如下行为提供了依据和可能(　　)。
　　A. 制定环境会计信息披露准则　　　　B. 激励企业主动进行环境会计信息披露
　　C. 加强环境执法　　　　　　　　　　D. 进行环境政府干预
10. 环境会计的理论的依据是(　　)。
　　A. 市场经济理论　　　　　　　　　　B. 建设中国特色社会主义理论
　　C. 可持续发展理论　　　　　　　　　D. 帕累托效用理论

二、多项选择题

1. 下列属于预防成本的项目是(　　)。
　　A. 质量工作费　　B. 质量培训费　　C. 质量奖励费　　D. 产品评审费
　　E. 质量改进措施费
2. 内部故障成本是指产品出厂前因不符合规定的质量要求所发生的费用，它一般包括(　　)。
　　A. 废品损失　　　B. 返修损失　　　C. 停工损失　　　D. 产品降价损失
　　E. 事故分析处理费
3. 在下列各项中，属于导致战略管理会计产生和发展原因的有(　　)。
　　A. 电子计算机技术的进步　　　　　　B. 社会生产关系的进步
　　C. 战略管理理论的推动　　　　　　　D. 社会生产力的进步
　　E. 战略术语的引入
4. 在下列各项中，属于战略管理会计研究内容的有(　　)。
　　A. 企业的经营环境分析　　　　　　　B. 价值链分析
　　C. 竞争能力分析　　　　　　　　　　D. 竞争战略的选择
　　E. 竞争优势的保持

三、判断题

1. 产品出厂后由于质量问题造成的退货、换货所发生的损失属于内部故障成本。
　　　　　　　　　　　　　　　　　　　　　　　　　　　　　　　　　(　　)
2. 为改进和保证产品质量而支付的各种奖励称为质量奖励费，它属于预防成本。
　　　　　　　　　　　　　　　　　　　　　　　　　　　　　　　　　(　　)

3. 质量成本核算采用双轨制时，应与正常的会计核算相结合，不必单独设置质量成本的账外记录。（ ）

4. 在进行质量成本效益分析时需要计算产值质量成本率，该指标是用质量成本总额除以企业总产值计算的。（ ）

5. 战略管理会计与传统管理会计相比更加重视非货币性的会计信息。（ ）

6. 制定企业战略只包括企业的总体战略而不包括企业的分层战略。（ ）

7. 战略管理的重点不在于战略实施，而在于战略的决策。（ ）

四、业务题

你是否真正掌握社会责任会计的内容？请自行查找一份上市公司发布的社会责任会计报告，并做简单的分析。

第十二章

管理会计职业生涯规划与发展路径

★ 案例导入

会计机器人亮相，会计人的危机来了

2017年8月11日下午，在长沙智能制造研究总院，没有任何会计基础的湖南默默云物联技术有限公司经理王晓辉，经过20分钟操作流程培训后，将公司上月的发票、工资发放等流水录入会计机器人系统，15分钟后录入完毕，王晓辉惊讶地发现，会计机器人已把记账凭证、会计账簿、利润表、国地税申报表等全部自动生成。经过逐一核对，会计机器人所生成的记账凭证、会计账簿、会计报表、报税报表准确率达到100%。

据权威媒体统计，国内企业超过85%的财务人士担任财务会计（核算会计）职位，他们80%以上的时间用于记录与核算，充当着"账房先生"的角色，这些简单重复性的工作完全可以被"会计机器人"代替，而且机器人任劳任怨，不会发牢骚，不用给它发工资，不会出错，跟人工相比，它们具备了以下几大功能：

(1) 可替代财务流程中的手工操作（特别是高重复的）。
(2) 管理和监控各自动化财务流程。
(3) 录入信息，合并数据，汇总统计。
(4) 根据既定业务逻辑进行判断。
(5) 识别财务流程中优化点。
(6) 部分合规和审计工作将有可能实现"全查"而非"抽查"。
(7) 机器人精准度高于人工，可以7×24小时不间断工作。
(8) 机器人完成任务的每个步骤可以被监控和记录，从而可作为审计证据以满足合规要求。
(9) 机器人流程自动化技术的投资回收期短，可在现有系统基础上进行低成本集成。

是不是看了吓了一跳？这很多就是会计人员平日所做的工作，而且机器人的操作既节省了成本，又提高了工作效率，一个没有任何会计基础的人都可以驾轻就熟，如此巨大的优势怎能不让靠财务吃饭的人感到不安呢？

★ 学习目标

- 了解中国目前管理会计的人才需求状况。
- 掌握中国管理会计人才的职业发展方向。
- 了解管理会计师职业道德。

★ 重点与难点

- 重点：掌握管理会计人才未来职业发展方向。
- 难点：了解财务会计向管理会计转型。

★ 职业技能

通过本章学习，学生能够准确把握国家对管理会计人才的需求，能够对未来职业发展进行合理定位和规划，并通过管理会计知识和技能学习，实现从财务会计向管理会计的转变。

第一节 中国特色管理会计人才需求现状

一、管理会计总体发展滞后

随着我国加入WTO，在经济全球化以及互联网技术快速发展的背景下，向管理要效益、着力挖掘财务信息中价值创造的潜力成为我国企业的迫切任务，逐步形成了以价值管理为核心的管理会计理念。通过管理会计工作，财政财务管理水平和行政事业单位资金使用效益不断提高。

尽管我国对管理会计做了不少成功探索和有益尝试，但总体上发展滞后。目前，我国单位运用管理会计大致有四种状态：第一种是"不知未做"。即既不知道管理会计这件事，也没有在实践中运用有关技术方法。随着管理的重要性日益凸显，这种状况相对较少。第二种是"不知在做"。即不知道管理会计是什么，但在实践中运用了管理会计的技术方法，这种状态在我国企业中比较普遍。第三种是"已知未做"。即知道什么是管理会计，但在实践中推行较为缓慢或没有加以运用。这部分企业主观上对管理会计重要性认识不足，特别是主要领导不够重视，再加上管理会计不像财务会计有对外公开等需要，也缺乏运用管理会计提高企业管理水平的外在动力。第四种是"已知在做"。即既知道什么是管理会计，也在实践中不断探索运用。这部分企业最有活力和创新意识，走在了我国管理会计实践的最前沿，但它们目前也只是运用了管理会计的部分职能，系统性、针对性和有效性还有待进一步提升。

二、管理会计人才匮乏

与美国和英国等发达国家相比，我国管理会计发展相对滞后。美国具备一定规模的企业，其经营部门（如生产和销售）都设有管理会计师岗位；90%的会计人员从事管理会计工作，75%的工作时间用于决策支持。在西方公共管理领域，管理会计也得到了广泛应用。我国管理会计在服务经济社会发展，对单位经营情况和支出效益进行深入分析，制定战略规划、经营决策、过程控制和业绩评价等方面，尚未发挥其应有的作用。

我国虽然是一个会计人才大国，培养了大量的注册会计师（CPA），但还不是会计人才强国，既懂往后看、会记账，又懂往前看、能为决策服务的管理会计人才严重不足。高端会计人才相对缺乏，通晓中外会计规则和财经法规的人才更是凤毛麟角。长期以来，单位管理者对管理会计重视不足，财务人员的工作重点始终在财务会计方面，局限于记账、报账，不能较好地为单位管理高层提供有效经营和最优化决策的各种财务与管理信息，财务人员对决策者的信息要求不了解，对非财务信息的掌握不充分，不利于管理会计人才的成长。大部分科研院校的会计专业主要侧重于财务会计领域，管理会计课程体系和师资队伍建设尚未完善，管理会计人才培养力量比较薄弱。按照当前全面深化改革的部署，结合建立现代企业制度和现代财政制度的要求，必须根据经济社会发展需要和市场需求，加快发展中国特色管理会计，培养自己认证的管理会计师，促进经济社会持续健康发展。

三、管理会计职业环境转变

管理会计是实现企业的战略、业务与财务三位一体最有效的工具，是加强预算绩效管理、决算分析和评价的重要手段，管理会计将传统会计工作从财务层面提升到组织管理层面。在管理会计体系下，各部门必须转变观念，转换角色，承担新的历史使命。一方面，要求业务部门从业务视角向价值视角转变，关注投入产出关系与价值的业务驱动因素，部门通过业务与价值创造的关系，认同财务部门的价值衡量标准，并根据财务部门的价值衡量标准进行决策判断。另一方面，要求财务部门从价值视角向业务视角转变，根据业务部门提供的投入产出关系与价值的业务驱动因素，遵循业务的相关性，确定价值创造的标准化过程；通过收集、处理与整合业务信息，对管理活动进行价值衡量，并基于这种衡量为业务部门提供价值引领。总而言之，管理会计对于财务人员是"会计"，而对于业务人员则是"管理"；管理会计的"会计"属性强调"业务的视角"与"衡量的能力"，管理会计的"管理"属性强调"价值的视角"与"溯源的能力"；实现了会计参与企业经营管理，从财务的角度看业务，由财务逻辑转变到业务逻辑，将二者有机结合在一起，能够最大限度地挖掘企业的潜力，提升企业的价值创造能力。

第二节 管理会计职业发展与转型升级

一、现代组织对会计人才职业的需求

（一）组织需要决策支持型的会计专业人才

现代组织应对复杂快速多变的外部环境，其经营管理决策非常需要会计信息的支持与辅助，特别是对于管理会计的需求非常迫切。但是由于我国管理会计系统发展尚处于初级阶

段，会计人员对管理的决策支持作用还没有体现出来。造成这种局面的原因有两个方面：一是会计人员无法进入决策者队伍；二是现有会计人员在掌握和熟练运用管理会计工具方面还较为欠缺，工作中重视会计的核算能力的培养，对管理会计决策能力的训练不足，无法参与到决策队伍中，自身存在短板。

（二）组织需要视野宽阔的会计专业人才

在严格的企业准则体系训练下，会计人员在工作中无法跳出会计看会计，视野局限不开阔，无法注意到会计以外的信息对企业发展和决策的影响，包括对会计工作推进的影响。会计人员在工作中单向思维，无法站到企业经营管理的视角看问题，就是在一些高职位的会计人员身上也经常出现这样的问题：把会计处理方法当成处理会计工作的方法。自身和财务队伍都很努力，但是工作局面始终打不开，建议得不到采纳，走不进企业决策队伍。

（三）组织需要具有较强沟通和实践能力的会计专业人才

现实中的企业会计人员队伍，大多敬业、严谨、敏于行、讷于言，工作中实践能力较强，但是缺乏沟通能力，特别是在企业经营活动分析中，无法用通俗的语言、生动的案例将财务信息所反映的问题，传达给企业各部门，无法做到按照各部门需求解读会计信息。因此，在会计实践操作技能基础上，增强管理会计的分析能力、沟通能力，解读和翻译会计信息也是当前组织对会计人才的需求。

（四）组织需要在思想上、技能上随信息技术进步而进步的会计人员

近年来伴随互联网技术的突破，云计算、大数据已成为信息化发展方式的重大变革。这一变革不仅是技术上的，而且也是思维上的变革，作为与数字、数据打交道的会计人员，应能在这种技术和思维的变革中赢得先机。因此，如何在这种信息技术的变革中跟上时代的步伐，从IT走向DT，让云计算、大数据与会计结合，更准确些说是让云计算、大数据与管理会计结合，让现有的会计数据成为资源，成为能为企业发展、决策提供更好依据的资源，这是组织对会计人才的全新要求。

二、管理会计从业技能需求

（一）管理会计为企业提供能够产生效益的方案

项目的正确投资、资金的有效利用，是企业获得效益的前提保障。如果企业无法在项目选择上做出正确决策，甚至将大量资金闲置存放在银行，这对企业而言是在减少效益。管理会计可以利用财务会计信息，提前对市场和项目做出预测，帮助企业尽快找到收益项目，将闲置资金充分利用起来，实现企业资源的充分利用，为企业创造更大价值。

（二）管理会计可以减少决策的盲目性，降低企业经营风险

管理会计通过对企业战略、财务状况和市场环境的预测和判断，对投资等活动进行严格的数据论证，帮助企业科学决策，防止决策的随意性和片面性，用管理会计的数据分析方法向管理层提供最优方案的建议，大大降低了管理决策失误的概率。

（三）管理会计通过其价值链会计有效提升企业价值

价值链会计不是传统管理会计只关注企业自己如何提升价值，而是关注与企业相关的价

值链整体价值的提升，通过提升价值链整体价值，进而提升企业价值。当然企业可以通过优化内部价值链提升企业价值，也可以通过优化外部价值链提升企业价值。这两方面都有潜力可挖，都可以大有作为。但是一味追求大而全，对企业而言就会造成过高的成本和资源的分散，也就无法集中力量创造更大的价值。如果企业找准了自身在整个价值链中的位置，集中精力做好自己的工作，反而更有利于自己创造价值。例如，企业的优势是产品设计和制造，物流和营销并无优势可言，企业就可以与相关有物流和营销优势的企业合作，集中精力将产品设计和制造做好，使在合作中创造更多价值。

（四）管理会计为企业创造价值的关键在于找准价值增长点

企业中许多活动的价值增长情况是不一样的。有的活动可以极大地提升企业价值，有的活动则提升得非常有限，有的活动甚至在降低企业价值。例如，企业中某个创新产品，大大改善了企业产品构成，企业销售量明显增加，管理会计就要及时加以反映，是将企业有限的资源投入研究开发还是投入市场营销或者内部信息系统完善，对于这些问题，管理会计人员必须从企业战略角度出发，发现长期价值增长点，帮助企业规划利用资源，发挥资源的最大有效性。

（五）管理会计为企业创造价值还在于提高其有用性

管理会计的本质是能够为企业创造价值，不仅在理论层面上要加强对管理会计的深入研究，在实践中更要让管理会计发挥其决策有用性为企业创造实际价值。管理会计只有在企业实践中得到充分应用，并得到企业的认可，才有可能发挥其价值，否则将会流于形式，变成企业的职能机构摆设。这就需要人们了解管理会计工具和方法，并将方法付诸实践，让管理者想用、好用，并真正为企业价值决策提供成功案例，让管理会计逐步渗透企业经营管理各个环节，让所有员工在管理会计上受益。

管理会计工作人员是企业专业的财务与管理活动分析人员，他们需要全盘了解企业的战略与经营情况，更需要得到经营管理层的理解和支持。这就需要管理会计人员发挥潜力，充分利用职业技能在管理会计分析和报告上下功夫，让管理会计逐步成为引领企业经营和管理的工具，真正发挥管理会计作用为企业创造价值。

三、实践转型管理会计

财务会计人才与管理会计人才最大的区别在于思维：财务会计人员的思维是一种会计思维，偏向于账表的核算编制，而管理会计人员则是一种管理思维和商业思维，他们与业务部分有着紧密的联系，喜欢了解每个交易背后的故事，并由此将财务管理与业务更紧密地联系起来。管理会计更关注于未来价值创造，历史的数据是无法改变的，通过对历史数据的提炼总结，在规划未来时起到应有的作用，数据核算本身不能创造价值，管理会计将数据转化为结论信息，对企业具有实际指导意义。

在实际工作中，财务与业务的融合成为财务人员转型管理会计的关键。构建基于企业所需的管理会计模式，强化财务业务一体化是转型管理会计的必经之路，财务人员不能坐在办公室，必须走到生产一线，深入现场，熟悉生产流程、了解业务运营环节，学会倾听、用心观察、不断积累总结，这样才能将数据报告背后的现象生动地阐述出来，从而提高财务分析的有效性。企业的可持续发展既需要精益化的管理，又需要有一定的战略高度。财务分析必须同时兼顾企业整体与局部两个方面，要求财务人员在做财务分析时，既要站在企业战略的高度和全局的视野去洞察事物变化规律，又要通过专业财务技能做好企业精益化管理。

为积极适应新常态转型发展要求，财务人员应主动学习，不断充实完善知识结构，积累丰富的实践经验，由于管理会计工作需要考虑的因素比较多，涉及的内容也比较复杂，也要求从事这项工作的人员必须具有较强的分析问题、解决问题的能力。另外，财务人员应始终保持良好的职业素养，包括拥有冷静的头脑、缜密的思路、对数据高度敏感的神经，且为人要正直谦逊、不卑不亢，具有良好的职业道德操守。

在新常态的大时代背景下，加快发展管理会计的步伐，是中国经济改革转型的迫切需要，作为一名基层财务工作者，已深刻认识到全面推进管理会计体系建设的重要性，将管理会计理念融入本单位工作，积极投入、深度参与，做好管理会计的参与者和实践者。大力推广管理会计理念，传播管理会计思想，并为构建管理会计体系建言献策，努力争当管理会计的引领者。

第三节 管理会计师职业道德规范与能力要求

一、管理会计师职业道德

根据美国管理会计师协会（IMA）发布的《职业道德守则公告》要求，IMA 会员的行为应该符合职业道德。遵循职业道德规范实践的行为包括遵循规定人们价值的所有原则以及引导人们行为的标准。

IMA 职业道德原则包括诚实、公平、客观和负责，并对能力、机密性、正直性和可信性有要求。

（一）能力

每位会员都有如下责任：

（1）通过持续学习知识和技术，保持合适的职业竞争力。

（2）按照有关的法律、规定和技术标准，执行职业任务。

（3）提供准确、清楚、简洁和及时的决策支持信息与建议。

（4）识别和沟通妨碍负责判断或者成功开展活动的职业限制或者其他约束。

（二）机密性

每位会员都有如下责任：

（1）除了授权或法律要求之外，禁止披露工作中的机密信息。

（2）告知有关方面或人员正确使用工作过程中获得的机密信息，监管下属行为，确保信息的机密性。

（3）禁止违反职业道德或者法律使用机密信息。

（三）正直性

每位会员都有如下责任：

（1）避免潜在或者实际上的利益冲突，告知所有合适的当事人避免发生潜在的利益冲突。

（2）禁止从事任何可能损害他们按照职业道德执行任务的能力。

（3）禁止从事或者支持损害职业的活动。

（四）可信性

每位会员都有如下责任：

（1）公平客观地传递信息。

（2）充分披露会影响意向使用者理解报告、分析和建议的所有相关信息。

（3）按照组织政策和（或）适用法律，披露信息、及时性、流程或者内部控制上的延迟或者缺陷。

二、管理会计师能力要求

2014年10月，财政部发布《关于全面推进管理会计体系建设的指导意见》，意见明确指出，通过改进和加强会计人才队伍建设，培养一批适应需要的管理会计人才，带动管理会计发展。那么，作为管理会计应该具备怎样的能力与素质，才能成为合格的管理会计人才呢？

美国管理会计师协会于2016年11月8日正式发布了《管理会计能力素质框架》，从规划及报告、财务决策、信息技术、业务运营和领导力建设5个模块的28个能力素质，分5个等级详细定义了管理会计的具体能力素质要求，并希望通过能力素质框架的发布，更好地促进管理会计在中国的发展，让中国的管理会计成为创新管理和提质增效的主力军。

第一类是规划与报告能力，包含9项具体能力要求；第二类是制定决策能力，包含6项具体能力要求；第三类是技术能力，包含2项具体能力要求；第四类是运营能力，包含4项具体能力要求；第五类是领导能力，包含7项具体能力要求。其为管理会计行业的人才管理与职业发展提供了指引。

（一）第一类：规划与报告

（1）财务报表编制。该项能力要求：应用所需财务会计技能，为内部、外部利益相关方编制财务报表。

（2）会计记账。该项能力要求：应用所需财务会计技能，记录及分析财务交易。

（3）战略及战术规划。该项能力要求：评估关键经营要素，并通过实施短期及长期计划，成功驱动价值。

（4）预测。该项能力要求：预测未来财务状况和运营资源需求。

（5）编制预算。该项能力要求：编制特定时期或项目的财务计划。

（6）绩效管理。该项能力要求：比较计划、实际结果，推荐必要干预方案。

（7）成本会计和成本管理。该项能力要求：报告、分析和管理一个组织所发生的成本。

（8）内部控制。该项能力要求：执行程序与流程，确保数据安全，保护组织资产，使企业运营符合法律和报告要求。

（9）税务会计、税务管理与筹划。该项能力要求：执行程序与流程，确保税务申报的准确及时、税务战略实施有效。

（二）第二类：制定决策

（1）财务报表分析。该项能力要求：分析公司的财务报表并评价业绩。

（2）公司理财。该项能力要求：管理公司短期、长期融资需求。

（3）经营决策分析。该项能力要求：以分析技术和革新方法为基础做出决策。

（4）企业风险管理。该项能力要求：识别、评估、最小化一个组织内的风险。

（5）资本投资决策。该项能力要求：利用定量和定性方法，分析资本投资决策。

（6）职业道德。该项能力要求：与职业行为准则相一致，理解、遵守、管理和领导。

（三）第三类：技术

技术需具备的总体能力要求：驱动有效运营所要求的管理技术和信息系统能力。技术能力分为两个部分：一是管理企业资源规划系统（ERP）和总账系统的能力，该项能力要求使用ERP系统有效地控制组织的财务处理、记账和报告；二是运用信息系统和软件的能力，该项能力要求使用技术解决问题、分析数据，提高经营业绩。

（四）第四类：运营

运营需具备的总体能力要求：作为跨职能经营伙伴，为公司的营运全面转型做出贡献的能力。运营能力分四个部分：第一，掌握特定行业知识的能力；第二，运营知识的能力；第三，质量管理和持续改进的能力；第四，项目管理的能力。

（五）第五类：领导

领导需具备的总体能力要求：与他人合作并激励团队，完成组织目标的能力。具备上述能力，可以使一个财务人员成功地由"账房先生"转变为优秀的管理会计人才。

案例导入分析

都说人工智能化的发展非常迅速，迟早会代替大量人工操作。当央企、银行接连购入财务机器人的消息离人们还有点距离时，没想到"会计机器人"就这样迅速出现在人们的生活里，50多家企业已经接受了这个新伙伴，相信"会计机器人"的普及将形成烽火燎原之势！也许已经有许多会计人员在担忧自己的工作未来会不会被机器人所取代了。

对于基层财务来说，"会计机器人"是竞争者，但是对于高级财务人才来说，财务机器人反而可以成为人们的好帮手。利用财务机器人分析得到的数据结果，人们可以更好地进行规划、预算以及管理控制，进而做出决策，简直是如虎添翼。

因此，加快财务人员的升级转型，是一个职业发展的必然趋势。不想被时代淘汰的财务人员更应该从现在起转变思想，抓紧学习。作为顺应时代的财务人，要告别账房式的财务先生，努力成为战略性的财务人才。财务人员不仅是企业发展的见证者，更要成为企业价值的创造者。未来的财务行业，将是"互联网+人工智能+财务管理"的时代，人们要适应变革、拥抱变革和参与变革。

本章小结

中国管理会计目前发展相对滞后，管理会计人才极其匮乏。国内外环境的快速变化，使得传统会计工作面临挑战，急需财务会计人才向管理会计人才转变。管理会计工作需要多项技能，是与传统会计截然不同的。人们需要掌握这些技能，并加速向管理会计的过渡。

在进行管理会计职业人才培养中，财务人员除掌握管理会计岗位所需要的基本技能外，还需要掌握管理会计职业能力。

技能训练

简答题

1. 试述我国会计人才发展的现状及面临的问题。
2. 试述管理会计人才发展所需掌握的职业技能。

附 录

附表 1 复利终值系数表（FVIF 表）

n	1%	2%	3%	4%	5%	6%	7%	8%	9%	10%	11%	12%	13%	14%	15%	16%	17%	18%	19%	20%	25%	30%
1	1.010	1.020	1.030	1.040	1.050	1.060	1.070	1.080	1.090	1.100	1.110	1.120	1.130	1.140	1.150	1.160	1.170	1.180	1.190	1.200	1.250	1.300
2	1.020	1.040	1.061	1.082	1.103	1.124	1.145	1.166	1.188	1.210	1.232	1.254	1.277	1.300	1.323	1.346	1.369	1.392	1.416	1.440	1.563	1.690
3	1.030	1.061	1.093	1.125	1.158	1.191	1.225	1.260	1.295	1.331	1.368	1.405	1.443	1.482	1.521	1.561	1.602	1.643	1.685	1.728	1.953	2.197
4	1.041	1.082	1.126	1.170	1.216	1.262	1.311	1.360	1.412	1.464	1.518	1.574	1.630	1.689	1.749	1.811	1.874	1.939	2.005	2.074	2.441	2.856
5	1.051	1.104	1.159	1.217	1.276	1.338	1.403	1.469	1.539	1.611	1.685	1.762	1.842	1.925	2.011	2.100	2.192	2.288	2.386	2.488	3.052	3.713
6	1.062	1.126	1.194	1.265	1.340	1.419	1.501	1.587	1.677	1.772	1.870	1.974	2.082	2.195	2.313	2.436	2.565	2.700	2.840	2.986	3.815	4.827
7	1.072	1.149	1.230	1.316	1.407	1.504	1.606	1.714	1.828	1.949	2.076	2.211	2.353	2.502	2.660	2.826	3.001	3.185	3.379	3.583	4.768	6.275
8	1.083	1.172	1.267	1.369	1.477	1.594	1.718	1.851	1.993	2.144	2.305	2.476	2.658	2.853	3.059	3.278	3.511	3.759	4.021	4.300	5.960	8.157
9	1.094	1.195	1.305	1.423	1.551	1.689	1.838	1.999	2.172	2.358	2.558	2.773	3.004	3.252	3.518	3.803	4.108	4.435	4.785	5.160	7.451	10.604
10	1.105	1.219	1.344	1.480	1.629	1.791	1.967	2.159	2.367	2.594	2.839	3.106	3.395	3.707	4.046	4.411	4.807	5.234	5.695	6.192	9.313	13.786
11	1.116	1.243	1.384	1.539	1.710	1.898	2.105	2.332	2.580	2.853	3.152	3.479	3.836	4.226	4.652	5.117	5.624	6.176	6.777	7.430	11.642	17.922
12	1.127	1.268	1.426	1.601	1.796	2.012	2.252	2.518	2.813	3.138	3.498	3.896	4.335	4.818	5.350	5.936	6.580	7.288	8.064	8.916	14.552	23.298
13	1.138	1.294	1.469	1.665	1.886	2.133	2.410	2.720	3.066	3.452	3.883	4.363	4.898	5.492	6.153	6.886	7.699	8.599	9.596	10.699	18.190	30.288
14	1.149	1.319	1.513	1.732	1.980	2.261	2.579	2.937	3.342	3.797	4.310	4.887	5.535	6.261	7.076	7.988	9.007	10.147	11.420	12.839	22.737	39.374

续表

n	1%	2%	3%	4%	5%	6%	7%	8%	9%	10%	11%	12%	13%	14%	15%	16%	17%	18%	19%	20%	25%	30%
15	1.161	1.346	1.558	1.801	2.079	2.397	2.759	3.172	3.642	4.177	4.785	5.474	6.254	7.138	8.137	9.266	10.539	11.974	13.590	15.407	28.422	51.186
16	1.173	1.373	1.605	1.873	2.183	2.540	2.952	3.426	3.970	4.595	5.311	6.130	7.067	8.137	9.358	10.748	12.330	14.129	16.172	18.488	35.527	66.542
17	1.184	1.400	1.653	1.948	2.292	2.693	3.159	3.700	4.328	5.054	5.895	6.866	7.986	9.276	10.761	12.468	14.426	16.672	19.244	22.186	44.409	86.504
18	1.196	1.428	1.702	2.026	2.407	2.854	3.380	3.996	4.717	5.560	6.544	7.690	9.024	10.575	12.375	14.463	16.879	19.673	22.901	26.623	55.511	112.455
19	1.208	1.457	1.754	2.107	2.527	3.026	3.617	4.316	5.142	6.116	7.263	8.613	10.197	12.056	14.232	16.777	19.748	23.214	27.252	31.948	69.389	146.192
20	1.220	1.486	1.806	2.191	2.653	3.207	3.870	4.661	5.604	6.727	8.062	9.646	11.523	13.743	16.367	19.461	23.106	27.393	32.429	38.338	86.736	190.050
21	1.232	1.516	1.860	2.279	2.786	3.400	4.141	5.034	6.109	7.400	8.949	10.804	13.021	15.668	18.822	22.574	27.034	32.324	38.591	46.005	108.420	247.065
22	1.245	1.546	1.916	2.370	2.925	3.604	4.430	5.437	6.659	8.140	9.934	12.100	14.714	17.861	21.645	26.186	31.629	38.142	45.923	55.206	135.525	321.184
23	1.257	1.577	1.974	2.465	3.072	3.820	4.741	5.871	7.258	8.954	11.026	13.552	16.627	20.362	24.891	30.376	37.006	45.008	54.649	66.247	169.407	417.539
24	1.270	1.608	2.033	2.563	3.225	4.049	5.072	6.341	7.911	9.850	12.239	15.179	18.788	23.212	28.625	35.236	43.297	53.109	65.032	79.497	211.758	542.801
25	1.282	1.641	2.094	2.666	3.386	4.292	5.427	6.848	8.623	10.835	13.585	17.000	21.231	26.462	32.919	40.874	50.658	62.669	77.388	95.396	264.698	705.641
26	1.295	1.673	2.157	2.772	3.556	4.549	5.807	7.396	9.399	11.918	15.080	19.040	23.991	30.167	37.857	47.414	59.270	73.949	92.092	114.475	330.872	917.333
27	1.308	1.707	2.221	2.883	3.733	4.822	6.214	7.988	10.245	13.110	16.739	21.325	27.109	34.390	43.535	55.000	69.345	87.260	109.589	137.371	413.590	1 192.533
28	1.321	1.741	2.288	2.999	3.920	5.112	6.649	8.627	11.167	14.421	18.580	23.884	30.633	39.204	50.066	63.800	81.134	102.967	130.411	164.845	516.988	1 550.293
29	1.335	1.776	2.357	3.119	4.116	5.418	7.114	9.317	12.172	15.863	20.624	26.750	34.616	44.693	57.575	74.009	94.927	121.501	155.189	197.814	646.235	2 015.381
30	1.348	1.811	2.427	3.243	4.322	5.743	7.612	10.063	13.268	17.449	22.892	29.960	39.116	50.950	66.212	85.850	111.065	143.371	184.675	237.376	807.794	2 619.996
40	1.489	2.208	3.262	4.801	7.040	10.286	14.974	21.725	31.409	45.259	65.001	93.051	132.780	188.880	267.860	378.720	533.870	750.380	1 051.700	1 469.800	7523.200	36 119.000
50	1.654	2.692	4.384	7.107	11.467	18.420	29.457	46.902	74.358	117.390	184.570	289.000	450.740	700.230	1 083.700	1 670.700	2 566.200	3 927.400	5 988.900	9 100.400	70 065.000	497 929.000

附表 2　复利现值系数表（PVIF 表）

n	1%	2%	3%	4%	5%	6%	8%	10%	12%	14%	15%	16%	18%	20%	25%	30%	35%	40%	50%
1	0.990	0.980	0.970	0.961	0.952	0.943	0.925	0.909	0.892	0.877	0.869	0.862	0.847	0.833	0.800	0.769	0.740	0.714	0.666
2	0.980	0.961	0.942	0.924	0.907	0.889	0.857	0.826	0.797	0.769	0.756	0.743	0.718	0.694	0.640	0.591	0.548	0.510	0.444
3	0.970	0.942	0.915	0.888	0.863	0.839	0.793	0.751	0.711	0.674	0.657	0.640	0.608	0.578	0.512	0.455	0.406	0.364	0.296
4	0.960	0.923	0.888	0.854	0.822	0.792	0.735	0.683	0.635	0.592	0.571	0.552	0.515	0.482	0.409	0.350	0.301	0.260	0.197
5	0.951	0.905	0.862	0.821	0.783	0.747	0.680	0.620	0.567	0.519	0.497	0.476	0.437	0.401	0.327	0.269	0.223	0.185	0.131
6	0.942	0.887	0.837	0.790	0.746	0.704	0.630	0.564	0.506	0.455	0.432	0.410	0.370	0.334	0.262	0.207	0.165	0.132	0.087
7	0.932	0.870	0.813	0.759	0.710	0.665	0.583	0.513	0.452	0.399	0.375	0.353	0.313	0.279	0.209	0.159	0.122	0.094	0.058
8	0.923	0.853	0.789	0.730	0.676	0.627	0.540	0.466	0.403	0.350	0.326	0.305	0.266	0.232	0.167	0.122	0.090	0.067	0.039
9	0.914	0.836	0.766	0.702	0.644	0.591	0.500	0.424	0.360	0.307	0.284	0.262	0.225	0.193	0.134	0.094	0.067	0.048	0.026
10	0.905	0.820	0.744	0.675	0.613	0.558	0.463	0.385	0.321	0.269	0.247	0.226	0.191	0.161	0.107	0.072	0.049	0.034	0.017
11	0.896	0.804	0.722	0.649	0.584	0.526	0.428	0.350	0.287	0.236	0.214	0.195	0.161	0.134	0.085	0.055	0.036	0.024	0.011
12	0.887	0.788	0.701	0.624	0.556	0.496	0.397	0.318	0.256	0.207	0.186	0.168	0.137	0.112	0.068	0.042	0.027	0.017	0.007
13	0.878	0.773	0.680	0.600	0.530	0.468	0.367	0.289	0.229	0.182	0.162	0.145	0.116	0.093	0.054	0.033	0.020	0.012	0.005
14	0.869	0.757	0.661	0.577	0.505	0.442	0.340	0.263	0.204	0.159	0.141	0.125	0.098	0.077	0.043	0.025	0.014	0.008	0.003
15	0.861	0.743	0.641	0.555	0.481	0.417	0.315	0.239	0.182	0.140	0.122	0.107	0.083	0.064	0.035	0.019	0.011	0.006	0.002
16	0.852	0.728	0.623	0.533	0.458	0.393	0.291	0.217	0.163	0.122	0.106	0.093	0.070	0.054	0.028	0.015	0.008	0.004	0.001
17	0.844	0.714	0.605	0.513	0.436	0.371	0.270	0.197	0.145	0.107	0.092	0.080	0.059	0.045	0.022	0.011	0.006	0.003	0.001
18	0.836	0.700	0.587	0.493	0.415	0.350	0.250	0.179	0.130	0.094	0.080	0.069	0.050	0.037	0.018	0.008	0.004	0.002	0.000
19	0.827	0.686	0.570	0.474	0.395	0.330	0.231	0.163	0.116	0.082	0.070	0.059	0.043	0.031	0.014	0.006	0.003	0.001	0.000
20	0.819	0.672	0.553	0.456	0.376	0.311	0.214	0.148	0.103	0.072	0.061	0.051	0.036	0.026	0.011	0.005	0.002	0.001	0.000
21	0.811	0.659	0.537	0.438	0.358	0.294	0.198	0.135	0.092	0.063	0.053	0.044	0.030	0.021	0.009	0.004	0.001	0.001	0.000
22	0.803	0.646	0.521	0.421	0.341	0.277	0.183	0.122	0.082	0.055	0.046	0.038	0.026	0.018	0.007	0.003	0.001	0.000	0.000
23	0.795	0.634	0.506	0.405	0.325	0.261	0.170	0.111	0.073	0.049	0.040	0.032	0.022	0.015	0.005	0.002	0.001	0.000	0.000
24	0.787	0.621	0.491	0.390	0.310	0.246	0.157	0.101	0.065	0.043	0.034	0.028	0.018	0.012	0.004	0.001	0.000	0.000	0.000
25	0.779	0.609	0.477	0.375	0.295	0.232	0.146	0.092	0.058	0.037	0.030	0.024	0.015	0.010	0.003	0.001	0.000	0.000	0.000

续表

n	1%	2%	3%	4%	5%	6%	8%	10%	12%	14%	15%	16%	18%	20%	25%	30%	35%	40%	50%
26	0.772	0.597	0.463	0.360	0.281	0.219	0.135	0.083	0.052	0.033	0.026	0.021	0.013	0.008	0.003	0.001	0.000	0.000	0.000
27	0.764	0.585	0.450	0.346	0.267	0.207	0.125	0.076	0.046	0.029	0.022	0.018	0.011	0.007	0.002	0.000	0.000	0.000	0.000
28	0.756	0.574	0.437	0.333	0.255	0.195	0.115	0.069	0.041	0.025	0.019	0.015	0.009	0.006	0.001	0.000	0.000	0.000	0.000
29	0.749	0.563	0.424	0.320	0.242	0.184	0.107	0.063	0.037	0.022	0.017	0.013	0.008	0.005	0.001	0.000	0.000	0.000	0.000
30	0.741	0.552	0.411	0.308	0.231	0.174	0.099	0.057	0.033	0.019	0.015	0.011	0.006	0.004	0.001	0.000	0.000	0.000	0.000
31	0.734	0.541	0.399	0.296	0.220	0.164	0.092	0.052	0.029	0.017	0.013	0.010	0.005	0.003	0.001	0.000	0.000	0.000	0.000
32	0.727	0.530	0.388	0.285	0.209	0.154	0.085	0.047	0.026	0.015	0.011	0.008	0.005	0.002	0.000	0.000	0.000	0.000	0.000
33	0.720	0.520	0.377	0.274	0.199	0.146	0.078	0.043	0.023	0.013	0.009	0.007	0.004	0.002	0.000	0.000	0.000	0.000	0.000
34	0.712	0.510	0.366	0.263	0.190	0.137	0.073	0.039	0.021	0.011	0.008	0.006	0.003	0.002	0.000	0.000	0.000	0.000	0.000
35	0.705	0.500	0.355	0.253	0.181	0.130	0.067	0.035	0.018	0.010	0.007	0.005	0.003	0.001	0.000	0.000	0.000	0.000	0.000
36	0.698	0.490	0.345	0.243	0.172	0.122	0.062	0.032	0.016	0.008	0.006	0.004	0.002	0.001	0.000	0.000	0.000	0.000	0.000
37	0.692	0.480	0.334	0.234	0.164	0.115	0.057	0.029	0.015	0.007	0.005	0.004	0.002	0.001	0.000	0.000	0.000	0.000	0.000
38	0.685	0.471	0.325	0.225	0.156	0.109	0.053	0.026	0.013	0.006	0.004	0.003	0.001	0.001	0.000	0.000	0.000	0.000	0.000
39	0.678	0.461	0.315	0.216	0.149	0.103	0.049	0.024	0.012	0.006	0.004	0.003	0.001	0.000	0.000	0.000	0.000	0.000	0.000
40	0.671	0.452	0.306	0.208	0.142	0.097	0.046	0.022	0.010	0.005	0.003	0.002	0.001	0.000	0.000	0.000	0.000	0.000	0.000
41	0.665	0.444	0.297	0.200	0.135	0.091	0.042	0.020	0.009	0.004	0.003	0.002	0.001	0.000	0.000	0.000	0.000	0.000	0.000
42	0.658	0.435	0.288	0.192	0.128	0.086	0.039	0.018	0.008	0.004	0.002	0.002	0.001	0.000	0.000	0.000	0.000	0.000	0.000
43	0.651	0.426	0.280	0.185	0.122	0.081	0.036	0.016	0.007	0.003	0.002	0.001	0.000	0.000	0.000	0.000	0.000	0.000	0.000
44	0.645	0.418	0.272	0.178	0.116	0.077	0.033	0.015	0.006	0.003	0.002	0.001	0.000	0.000	0.000	0.000	0.000	0.000	0.000
45	0.639	0.410	0.264	0.171	0.111	0.072	0.031	0.013	0.006	0.002	0.001	0.001	0.000	0.000	0.000	0.000	0.000	0.000	0.000
46	0.632	0.402	0.256	0.164	0.105	0.068	0.029	0.012	0.005	0.002	0.001	0.001	0.000	0.000	0.000	0.000	0.000	0.000	0.000
47	0.626	0.394	0.249	0.158	0.100	0.064	0.026	0.011	0.004	0.002	0.001	0.001	0.000	0.000	0.000	0.000	0.000	0.000	0.000
48	0.620	0.386	0.241	0.152	0.096	0.060	0.024	0.010	0.004	0.001	0.001	0.000	0.000	0.000	0.000	0.000	0.000	0.000	0.000
49	0.614	0.378	0.234	0.146	0.091	0.057	0.023	0.009	0.003	0.001	0.001	0.000	0.000	0.000	0.000	0.000	0.000	0.000	0.000
50	0.608	0.371	0.228	0.140	0.087	0.054	0.021	0.008	0.003	0.001	0.000	0.000	0.000	0.000	0.000	0.000	0.000	0.000	0.000

附表3 年金终值系数表（FVIFA表）

n	1%	2%	3%	4%	5%	6%	7%	8%	9%	10%	11%	12%	13%	14%	15%	16%	17%	18%	19%	20%	25%	30%
1	1.000	1.000	1.000	1.000	1.000	1.000	1.000	1.000	1.000	1.000	1.000	1.000	1.000	1.000	1.000	1.000	1.000	1.000	1.000	1.000	1.000	1.000
2	2.010	2.020	2.030	2.040	2.050	2.060	2.070	2.080	2.090	2.100	2.110	2.120	2.130	2.140	2.150	2.160	2.170	2.180	2.190	2.200	2.250	2.300
3	3.030	3.060	3.091	3.122	3.153	3.184	3.215	3.246	3.278	3.310	3.342	3.374	3.407	3.440	3.473	3.506	3.539	3.572	3.606	3.640	3.813	3.990
4	4.060	4.122	4.184	4.246	4.310	4.375	4.440	4.506	4.573	4.641	4.710	4.779	4.850	4.921	4.993	5.066	5.141	5.215	5.291	5.368	5.766	6.187
5	5.101	5.204	5.309	5.416	5.526	5.637	5.751	5.867	5.985	6.105	6.228	6.353	6.480	6.610	6.742	6.877	7.014	7.154	7.297	7.442	8.207	9.043
6	6.152	6.308	6.468	6.633	6.802	6.975	7.153	7.336	7.523	7.716	7.913	8.115	8.323	8.536	8.754	8.977	9.207	9.442	9.683	9.930	11.259	12.756
7	7.214	7.434	7.662	7.898	8.142	8.394	8.654	8.923	9.200	9.487	9.783	10.089	10.405	10.730	11.067	11.414	11.772	12.142	12.523	12.916	15.073	17.583
8	8.286	8.583	8.892	9.214	9.549	9.879	10.260	10.637	11.028	11.436	11.859	12.300	12.757	13.233	13.727	14.240	14.773	15.327	15.902	16.499	19.842	23.858
9	9.369	9.755	10.159	10.583	11.027	11.491	11.978	12.488	13.021	13.579	14.164	14.776	15.416	16.085	16.786	17.519	18.285	19.086	19.923	20.799	25.802	32.015
10	10.462	10.950	11.464	12.006	12.578	13.181	13.816	14.487	15.193	15.937	16.722	17.549	18.420	19.337	20.304	21.321	22.393	23.521	24.701	25.959	33.253	42.619
11	11.567	12.169	12.808	13.486	14.207	14.972	15.784	16.645	17.560	18.531	19.561	20.655	21.814	23.045	24.349	25.733	27.200	28.755	30.404	32.150	42.566	56.405
12	12.683	13.412	14.192	15.026	15.917	16.870	17.888	18.977	20.141	21.384	22.713	24.133	25.650	27.271	29.002	30.850	32.824	34.931	37.180	39.581	54.208	74.327
13	13.809	14.680	15.618	16.627	17.713	18.882	20.141	21.495	22.953	24.523	26.212	28.029	29.985	32.089	34.352	36.786	39.404	42.219	45.244	48.497	68.760	97.625
14	14.947	15.974	17.086	18.292	19.599	21.015	22.550	24.215	26.019	27.975	30.095	32.393	34.883	37.581	40.505	43.672	47.103	50.818	54.841	54.196	86.949	127.910
15	16.097	17.293	18.599	20.024	21.579	23.276	25.129	27.152	29.361	31.772	34.405	37.280	40.417	43.842	47.580	51.660	56.110	6.965	66.261	72.035	109.690	167.290
16	17.258	18.639	20.157	21.825	23.657	25.673	27.888	30.324	33.003	35.950	39.190	42.753	46.672	50.980	55.717	60.925	66.649	72.939	79.850	87.442	138.110	218.470
17	18.430	20.012	21.762	23.698	25.840	28.213	30.840	33.750	36.974	40.545	44.501	48.884	53.739	59.118	65.075	71.673	78.979	87.068	96.022	105.930	173.640	285.010
18	19.615	21.412	23.414	25.645	28.132	30.906	33.999	37.450	41.301	45.599	50.396	55.750	61.725	68.394	75.836	84.141	93.406	103.740	115.270	128.120	218.050	371.520
19	20.811	22.841	25.117	27.671	30.539	33.760	37.379	41.446	46.018	51.159	56.939	63.440	70.749	79.969	88.212	98.603	110.290	123.410	138.170	154.740	273.560	483.970
20	22.019	24.297	26.870	29.778	33.066	36.786	40.995	45.762	51.160	57.275	64.203	72.052	80.947	91.025	120.440	115.380	130.030	146.630	165.420	186.690	342.950	630.170
25	28.243	32.030	36.459	41.646	47.727	54.865	63.249	73.106	84.701	98.347	114.410	133.330	155.620	181.870	212.790	249.210	292.110	342.600	402.040	471.980	1 054.800	2 348.800
30	34.785	40.588	47.575	56.085	66.439	79.058	94.461	113.280	136.310	164.490	199.020	241.330	293.200	356.790	434.750	530.310	647.440	790.950	966.700	1181.900	3 227.200	8 730.000
40	48.886	60.402	75.401	95.026	120.800	154.760	199.640	259.060	337.890	442.590	581.830	767.090	1013.700	1 342.000	1 779.100	2 360.800	3 134.500	4 163.210	5 519.800	7 343.900	30 089.000	120 393.000
50	64.463	84.579	112.800	152.670	209.350	290.340	406.530	573.770	815.080	1 163.900	1 668.800	2 400.000	3 459.500	4 991.500	7 217.700	10 436.000	15 090.000	21 813.000	31 515.000	45 497.000	280 256.000	165 976.000

附表 4　年金现值系数表（PVIFA 表）

n	1%	2%	3%	4%	5%	6%	8%	10%	12%	14%	15%	16%	18%	20%	22%	24%	25%	30%	35%	40%	45%	50%
1	0.990	0.980	0.970	0.961	0.952	0.943	0.925	0.909	0.892	0.877	0.869	0.862	0.847	0.833	0.819	0.806	0.799	0.769	0.740	0.714	0.689	0.666
2	1.970	1.941	1.913	1.886	1.859	1.833	1.783	1.735	1.690	1.646	1.625	1.605	1.565	1.527	1.491	1.456	1.440	1.360	1.289	1.224	1.165	1.111
3	2.940	2.883	2.828	2.775	2.723	2.673	2.577	2.486	2.401	2.321	2.283	2.245	2.174	2.106	2.042	1.981	1.952	1.816	1.695	1.588	1.493	1.407
4	3.901	3.807	3.717	3.629	3.545	3.465	3.312	3.169	3.037	2.913	2.854	2.798	2.690	2.588	2.493	2.404	2.361	2.166	1.996	1.849	1.719	1.604
5	4.853	4.713	4.579	4.451	4.329	4.212	3.992	3.790	3.604	3.433	3.352	3.274	3.127	2.990	2.863	2.745	2.689	2.435	2.219	2.035	1.875	1.736
6	5.795	5.601	5.417	5.242	5.075	4.917	4.622	4.355	4.111	3.888	3.784	3.684	3.497	3.325	3.166	3.020	2.951	2.642	2.385	2.167	1.983	1.824
7	6.728	6.471	6.230	6.002	5.786	5.582	5.206	4.868	4.563	4.288	4.160	4.038	3.811	3.604	3.415	3.242	3.161	2.802	2.507	2.262	2.057	1.882
8	7.651	7.325	7.019	6.732	6.463	6.209	5.746	5.334	4.967	4.638	4.487	4.343	4.077	3.837	3.619	3.421	3.328	2.924	2.598	2.330	2.108	1.921
9	8.566	8.162	7.786	7.435	7.107	6.801	6.246	5.759	5.328	4.946	4.771	4.606	4.303	4.030	3.786	3.565	3.463	3.019	2.665	2.378	2.143	1.947
10	9.471	8.982	8.530	8.110	7.721	7.360	6.710	6.144	5.650	5.216	5.018	4.833	4.494	4.192	3.923	3.681	3.570	3.091	2.715	2.413	2.168	1.965
11	10.367	9.786	9.252	8.760	8.306	7.886	7.138	6.495	5.937	5.452	5.233	5.028	4.656	4.327	4.035	3.775	3.656	3.147	2.751	2.438	2.184	1.976
12	11.255	10.575	9.954	9.385	8.863	8.383	7.536	6.813	6.194	5.660	5.420	5.197	4.793	4.439	4.127	3.851	3.725	3.190	2.779	2.455	2.196	1.984
13	12.133	11.348	10.634	9.985	9.393	8.852	7.903	7.103	6.423	5.842	5.583	5.342	4.909	4.532	4.202	3.912	3.780	3.223	2.799	2.468	2.204	1.989
14	13.003	12.106	11.296	10.563	9.898	9.294	8.244	7.366	6.628	6.002	5.724	5.467	5.008	4.610	4.264	3.961	3.824	3.248	2.814	2.477	2.209	1.993
15	13.865	12.849	11.937	11.118	10.379	9.712	8.559	7.606	6.810	6.142	5.847	5.575	5.091	4.675	4.315	4.001	3.859	3.268	2.825	2.483	2.213	1.995
16	14.717	13.577	12.561	11.652	10.837	10.105	8.851	7.823	6.973	6.265	5.954	5.668	5.162	4.729	4.356	4.033	3.887	3.283	2.833	2.488	2.216	1.996
17	15.562	14.291	13.166	12.165	11.274	10.477	9.121	8.021	7.119	6.372	6.047	5.748	5.222	4.774	4.390	4.059	3.909	3.294	2.839	2.491	2.218	1.997
18	16.398	14.992	13.753	12.659	11.689	10.827	9.371	8.201	7.249	6.467	6.127	5.817	5.273	4.812	4.418	4.079	3.927	3.303	2.844	2.494	2.219	1.998
19	17.226	15.678	14.323	13.133	12.085	11.158	9.603	8.364	7.365	6.550	6.198	5.877	5.316	4.843	4.441	4.096	3.942	3.310	2.847	2.495	2.219	1.998
20	18.045	16.351	14.877	13.590	12.462	11.469	9.818	8.513	7.469	6.623	6.259	5.928	5.352	4.869	4.460	4.110	3.953	3.315	2.850	2.497	2.220	1.999
21	18.856	17.011	15.415	14.029	12.821	11.764	10.016	8.648	7.562	6.686	6.312	5.973	5.383	4.891	4.475	4.121	3.963	3.319	2.851	2.497	2.220	1.999
22	19.660	17.658	15.936	14.451	13.163	12.041	10.200	8.771	7.644	6.742	6.358	6.011	5.409	4.909	4.488	4.129	3.970	3.322	2.853	2.498	2.221	1.999
23	20.455	18.292	16.443	14.856	13.488	12.303	10.371	8.883	7.718	6.792	6.398	6.044	5.432	4.924	4.498	4.137	3.976	3.325	2.854	2.498	2.221	1.999
24	21.243	18.913	16.935	15.246	13.798	12.550	10.528	8.984	7.784	6.835	6.433	6.072	5.450	4.937	4.507	4.142	3.981	3.327	2.855	2.499	2.221	1.999
25	22.023	19.523	17.413	15.622	14.093	12.783	10.674	9.077	7.843	6.872	6.464	6.097	5.466	4.947	4.513	4.147	3.984	3.328	2.855	2.499	2.222	1.999
26	22.795	20.121	17.876	15.982	14.375	13.003	10.809	9.160	7.895	6.906	6.490	6.118	5.480	4.956	4.519	4.151	3.987	3.329	2.856	2.499	2.222	1.999
27	23.559	20.706	18.327	16.329	14.643	13.210	10.935	9.237	7.942	6.935	6.513	6.136	5.491	4.963	4.524	4.154	3.990	3.330	2.856	2.499	2.222	1.999
28	24.316	21.281	18.764	16.663	14.898	13.406	11.051	9.306	7.984	6.960	6.533	6.152	5.501	4.969	4.528	4.156	3.992	3.331	2.856	2.499	2.222	1.999
29	25.065	21.844	19.188	16.983	15.141	13.590	11.158	9.369	8.021	6.983	6.550	6.165	5.509	4.974	4.531	4.158	3.993	3.331	2.856	2.499	2.222	1.999
30	25.807	22.396	19.600	17.292	15.372	13.764	11.257	9.426	8.055	7.002	6.565	6.177	5.516	4.978	4.533	4.160	3.995	3.332	2.856	2.499	2.222	1.999
40	32.834	27.355	23.114	19.792	17.159	15.046	11.924	9.779	8.243	7.105	6.641	6.233	5.548	4.996	4.543	4.165	3.999	3.333	2.857	2.499	2.222	1.999
50	39.196	31.423	25.729	21.482	18.255	15.761	12.233	9.914	8.304	7.132	6.660	6.246	5.554	4.999	4.545	4.166	3.999	3.333	2.857	2.499	2.222	1.999

参 考 文 献

[1] 李玉周，张力，李海燕. 管理会计学［M］. 成都：西南财经大学出版社，2014.
[2] 张晓雁，秦国华. 管理会计［M］. 厦门：厦门大学出版社，2016.
[3] 徐鸣，瞿炎辰. 管理会计［M］. 上海：华东理工大学出版社，2013.
[4] ［美］霍恩格伦，［美］森德姆，［美］斯特拉顿，等. 管理会计［M］. 15版. 赵伟，王思研，等，译. 大连：东北财经大学出版社，2013.
[5] 林丰岩，杨公遂. 管理会计［M］. 北京：中国经济出版社，2013.
[6] 王海民，唐云波. 现代管理会计［M］. 西安：西安交通大学出版社，2013.
[7] 财政部. 财政部关于全面推进管理会计体系建设的指导意见［R］. 2014.
[8] 财政部. 管理会计基本指引［R］. 2016.